Pour Emmanuel
et Madeleine
Le Roy Ladurie,

1797
Pour une histoire météore

en hommage,

Anouchka

Cet ouvrage a reçu le soutien du Centre national du livre.

www.anamosa.fr

Anouchka Vasak

1797
Pour une histoire météore

anamosa

Pour Mahaut et Auguste

Tout événement est un brouillard de gouttes.
Gilles Deleuze, *Dialogues*,
entretiens avec Claire Parne.

Introduction

Je tentais de trouver le point mystérieux, dans le pain, où la mie commence, où finit la croûte.

Yves Bonnefoy, *L'Arrière-pays.*

Un jour, peut-être, je penserai pluvieusement.

Dylan Thomas, *Lettre à Pamela*.

C'est d'un moment qu'il sera question. D'un moment considéré comme un pays, arrière-pays à retrouver. Arpenter ce moment-ci, tenter d'en faire le tour, sera aussi un exercice de dépaysement. Oui, il s'agit, tâche improbable, de faire le tour de l'année 1797.

1797 est une année sans histoire, une année anonyme, « ordinaire[1] ». Vraiment ? Pas tout à fait. Cette année 1797 est comme en suspens dans notre histoire, est un suspens de notre histoire, à la fin de la période appelée Révolution française. Arpentée mille fois elle aussi, la question des limites de la période : l'année 1789, la date même du 14 juillet comme début de la Révolution est discutée par les historiens. La date de sa fin, s'il en est une, est encore plus problématique. Est-ce la chute de Robespierre ou le coup d'État de Brumaire qui la clôt ? La question se pose, certes différemment, aux contemporains eux-mêmes[2]. À cela s'ajoute la une difficulté propre à toutes les années où le calendrier républicain a été en vigueur : cerner les limites, pour nous, de l'année 97, à cheval sur l'an V et l'an VI. Des événements historiques ne laissent pas pourtant de marquer cette année du Directoire : la campagne d'Italie, la victoire de Rivoli le 25 nivôse an V (14 janvier), le traité de Campo-Formio (26 vendémiaire an VI, 18 octobre) ; l'exécution de Gracchus Babeuf et Darthé, liquidation de la conjuration des Égaux, à Vendôme, le 8 prairial an V (27 mai) ; le coup d'État du 18 fructidor an V (4 septembre) contre les royalistes ; la fin de la République de Venise, le 12 mai, qui passera sous occupation autrichienne par le traité de Campo-Formio. Voilà pour l'histoire, la grande. On ne l'oubliera pas, ou plutôt, on la retrouvera au détour du chemin.

1 Comme l'est 428 pour Giusto Traina dans son ouvrage *428. Une année ordinaire à la fin de l'Empire romain*, traduction par Gérard Marino, Paris, Les Belles Lettres, 2009.

2 Voir l'ouvrage de Germaine de Staël, *Des circonstances actuelles qui peuvent terminer la révolution et des principes qui doivent fonder la république en France*, écrit en 1798, publié en 1906.

Faire de l'histoire

Arpenter un moment comme un pays, n'est-ce pas renouer avec l'histoire des Annales, qui plaçait l'espace, et la géographie, au centre de sa démarche ? Fernand Braudel étudiait la « longue durée », les processus lents déterminés par un milieu. Il parlait d'« histoire au ralenti », d'« histoire quasi immobile[3] », quand Emmanuel Le Roy Ladurie franchira le pas, lors de sa leçon inaugurale au Collège de France, de l'« histoire immobile ». C'est une année, une seule année, même si ses limites sont floues du fait des conventions calendaires, qui est l'objet de cet ouvrage. On ne parlera donc pas d'histoire immobile, mais d'histoire *tremblée* : entre deux années du calendrier républicain, l'an V et l'an VI ; entre une république qui se cherche, une contre-révolution active, et les prémices du pouvoir militaire.

En termes de méthode, il s'agirait plutôt, quant à ce moment donné, de renouer avec des approches très anciennes, désuètes, dépassées : l'une s'appelle almanach. Dans son sens restreint, l'almanach, comme chacun sait, est d'abord un calendrier annuel qui comporte, outre les éléments calendaires habituels (lunaisons, fêtes), des prévisions météorologiques et diverses rubriques notamment agricoles. L'almanach traditionnel s'inscrit dans un retour rassurant du même, tout en garantissant une maîtrise de l'aléa par la prévision météorologique. S'il ne relève pas d'une démarche d'historien, l'almanach, on le sait bien aussi, a pris d'autres formes commerciales et populaires très variées qui jouent avec la nostalgie du retour sur le passé : l'almanach de mon année de naissance prétend rassembler tous les faits marquants de cette année, en un plaisant pot-pourri.

3 Fernand Braudel, *La Méditerranée et le monde méditerranéen à l'époque de Philippe II*, I, *La Part du milieu*, Armand Colin, 1966, p. 21.

Ce genre d'ouvrage n'est pas sans rapport, dans l'ordre savant, avec une deuxième approche, dite « contextualiste » : définie par Hayden White dans *Metahistory* (1974), elle caractérise selon lui un des types de réflexion historique du XIXe siècle. Le contextualiste, écrit-il, « rend compte de "ce qui s'est passé à un moment donné" en s'attachant avant tout aux relations que des acteurs contemporains, ou des actions simultanées, entretiennent les uns avec les autres ». Son entreprise, White l'appelle « colligation » : « Appliquée à l'histoire, la colligation consiste à utiliser certains "fils" qui rattachent l'objet d'étude, individu ou institution, à un contexte socioculturel qui définit le "présent" d'une époque. »

Colligation, pourquoi pas. Mais le projet d'exhaustivité est étranger à ma démarche. Est-ce parce qu'on ne peut plus, selon le titre du livre de François Hartog, « croire en l'histoire », du moins comme science du passé[4] ? François Hartog prône un travail d'historien qui ne soit ni seulement empirique, ni totalement théorique, à la manière du gardien de phare qui travaille entre la passerelle et les cartes[5]. Dans son ouvrage *Pour une géographie littéraire*, qui s'ouvre sur « le tournant spatial » qu'auraient négocié l'histoire et les sciences humaines en général, Michel Collot attribue cette nouvelle orientation au « déclin d'un modèle historique qui avait prévalu depuis le XIXe siècle, fondé sur l'idée d'un progrès linéaire et continu, à laquelle les tragédies du XXe siècle et la fin des idéologies ont porté un coup fatal, obligeant à penser l'Histoire autrement[6] ». Le manifeste de Lucien Febvre pour les *Annales* nouvelles, « Face au vent », posait

4 François Hartog, *Croire en l'histoire*, Paris, Flammarion, 2013.
5 François Hartog, *La Chambre de veille*, Paris, Flammarion, 2013.
6 Michel Collot, *Pour une géographie littéraire*, Paris, Corti, 2014, p. 16.

la question en 1946 : comment faire de l'histoire désormais, dans un « monde perpétuellement glissant » ? Est-ce aussi ce doute porté sur le progrès linéaire qui explique, trois décennies plus tard (1978), la fameuse lecture opérée par François Furet de la Révolution française[7] ? En mettant l'accent sur l'aléatoire et l'imprévisibilité de l'événement, à l'inverse de l'historiographie marxiste, il s'inscrit dans un courant de pensée fondé sur l'incertitude, qui, sans le sentiment d'urgence éprouvé en 1945, se développera en histoire et en sciences humaines[8].

Or, ce n'est pas le modèle spatial qui prévaut chez les historiens de l'incertitude, et singulièrement chez ceux de la Révolution française. Ce n'est certes pas non plus l'histoire immobile, ce n'est pas la longue durée. Et l'histoire pour eux n'est pas linéaire :

> Je crois que l'histoire est irruptive. On ne sait pas ce qui va se passer le lendemain… Je voulais me défaire de l'annonce future de la Révolution, que le courant monte dans un seul sens vers un unique événement […]. Ce n'est pas vrai. Ça ne monte pas. Il y a plein de flux et de reflux, de retours en arrière, et puis un jour ça arrive[9].

« Un jour ça arrive. » Flux et reflux : nous voici dans l'élément liquide, dans la mer, dans la tempête. Le modèle est météorologique. La métaphore de l'événement révolutionnaire, c'est l'orage. J'avais essayé de le montrer comme un « inconscient de l'histoire » en travail dans les textes, dans les mémoires de l'Académie des sciences en particulier, rapportant l'orage du

---

7 François Furet, *Penser la Révolution française*, Paris, Gallimard, 1978.

8 Voir *Communications*, n° 95, « Les incertitudes », numéro dirigé par Alfredo Pena-Vega, Paris, Seuil, 2014.

9 « Arlette Farge, historienne du sensible » (entretien), *Écrire l'histoire*, 1, 2008.

13 juillet 1788[10]. « Je vois se former des orages qu'un jour la toute-puissance royale ne pourra calmer… », avertissait Malesherbes dans sa lettre de 1787 à Louis XVI. Orage, tempête : la science météorologique les distingue, et les métaphores respectives n'ont pas la même fonction. En 1797, on le verra, c'est la métaphore de la tempête qui prévaut, notamment sous la plume de Chateaubriand, dans son *Essai sur les révolutions*. Les travaux d'Aurelio Principato sur Chateaubriand, ceux d'Olivier Ritz sur les « métaphores naturelles » chez les premiers historiens de la Révolution, ont montré l'importance de ce réseau métaphorique, dès l'origine, dans l'historiographie de la Révolution française[11].

Penser météore

C'est ce modèle météorologique que je voudrais éprouver pour l'année 1797. Année entre deux eaux ou plus exactement « en l'air », dont on n'est pas sûr même qu'elle appartienne encore à la période dite « Révolution française ». Année aux limites floues, qui invite à interroger la découpe, les découpages et les limites, année qui nous incite à « penser météore ».

Penser météore : la voie en a été ouverte par certains philosophes, et je dois leur rendre tribut. Petit détour théorique avant de faire le tour de 97.

---

10 Anouchka Vasak, « L'orage du 13 juillet 1788. L'histoire avant la tourmente », *Le Débat*, 130, 2004, p. 171-188. Cet article prolonge un chapitre de ma thèse, *Météorologies. Discours sur le ciel et le climat des Lumières au romantisme*, Paris, Champion, 2007. Voir aussi « L'orage du 13 juillet 1788, la tempête du 18 brumaire an IX : l'inscription du politique dans le météorologique », *in* E. Le Roy Ladurie, J. Berchtold, J.-P. Sermain (dir.), *L'Événement climatique et ses représentations, XVII*e*-XIX*e* siècles*, I, Paris, Desjonquères, 2007, p. 81-90.

11 Olivier Ritz, *Les Métaphores naturelles dans le débat sur la Révolution de 1789 à 1815*, Paris, Classiques Garnier, 2016 ; Aurelio Principato, « Tourmente ou déluge : métaphores révolutionnaires chez Chateaubriand », in *L'Événement climatique et ses représentations*, *op. cit.*, p. 464- 478.

> Les idées et les concepts « philosophiques » ne sont pas des connaissances spécifiques qui se surimposent à d'autres formes de connaissance ou d'idées, mais une sorte de mouvement [...], un certain climat, une configuration instable [...], de même que le vent, les nuages, la pluie ne sont pas des éléments qui s'ajoutent à ceux qui existent dans le monde, mais simplement leur modification continuelle[12].

Auteur de *La Vie des plantes. Une métaphysique du mélange*, dont j'extrais ces lignes, Emanuele Coccia « pense météore » – quand même l'objet de son livre relève *a priori* de la terre, non du ciel. *A priori* seulement, on le verra. Avant lui, il y eut d'autres philosophes du « penser météore ».

Qu'est-ce qu'un météore ? Suivant la physique aristotélicienne, les météores sont des phénomènes singuliers suspendus (*meteoros,* μετέωρος = « qui est en haut ») entre la surface du sol et la limite inférieure des espaces célestes. Dans la science météorologique actuelle, les météores sont définis comme les phénomènes atmosphériques directement perceptibles autres que les nuages : pluie, neige, grêle, gelée blanche... Très divers, presque toujours employés au pluriel, ils ont été classés par l'Organisation météorologique mondiale en quatre groupes : hydrométéores (tels pluie, neige, brouillard), lithométéores (glace), photométéores (arc-en-ciel), électrométéores (éclair, tonnerre). Mais c'est dans un sens large que j'entendrai ce terme, considéré comme « vieilli » par l'Académie française dans l'acception de « phénomène céleste ». Je n'hésiterai pas à y associer le nuage, modèle même du penser météore[13]. Posons le météore, qui au cours de

12 Emanuele Coccia, *La Vie des plantes. Une métaphysique du mélange*, Paris, Payot-Rivages, 2016, p. 149.

13 Selon la géographe-climatologue Martine Tabeaud, les météores sont les phénomènes ayant pour cadre l'atmosphère ; le nuage étant « de l'air », il ne serait pas considéré, en bonne météorologie, comme un météore.

son histoire a toujours été rebelle à la classification, comme un mode de penser, une invitation à interroger les frontières, quelles qu'elles soient. Et suivons les philosophes du penser météore.

Il ne s'agira pas d'Aristote : pour l'auteur des *Météorologiques* (vers 340 av. J.-C.), les météores sont des phénomènes atmosphériques, mais aussi astronomiques (météorites, comètes) et souterrains (tremblements de terre). Il ne s'agira pas non plus de Descartes, dont les *Météores*, en particulier le Discours huitième « sur l'arc-en-ciel », sont bien connus[14]. Aussi différentes que soient leurs perspectives, Aristote et Descartes s'efforcent de « ranger » les météores. Du « penser météore » relève cependant chez Aristote l'intérêt pour cet objet instable : des phénomènes proprement atmosphériques, il fera des « mixtes imparfaits », situés dans une région intermédiaire, lieu commun de l'eau et de l'air. Pour Descartes, les météores, dont il exclut les phénomènes astronomiques, sont encore ces « corps intermédiaires », phénomènes « admirables » qui nous invitent à lever les yeux au ciel, lieu du divin.

Non. Le premier philosophe du penser météore, c'est en Diderot que je le vois.

« Le Philosophe » est l'un des premiers à avoir considéré notre être météore. Sans doute est-il tributaire d'une philosophie qui distingue le sujet et le monde, l'intérieur et l'extérieur, quand penser météore invite à ne pas les séparer :

> Je suis porté à croire, que tout ce que nous avons vu, connu, entendu, aperçu, jusqu'aux arbres d'une longue forêt, que dis-je, jusqu'à la disposition des branches, à la forme des feuilles, et à la variété des couleurs, des verts et des lumières ; jusqu'à l'aspect des grains de sable du

14 Sur ce sujet, voir *Météorologies…*, *op. cit.*, Introduction, et Daniel Parrochia, *Météores. Essai sur le ciel et la cité*, Seyssel, Champ Vallon, 1997.

> rivage de la mer, aux inégalités de la surface des flots soit agités par un souffle léger, soit écumeux et soulevés par les vents de la tempête, jusqu'à la multitude des voix humaines, des cris des animaux, et des bruits physiques, à la mélodie et à l'harmonie de tous les airs, de toutes les pièces de musique, de tous les concerts, que nous avons entendus, tout cela existe en nous à notre insu[15].

Plutôt que l'inscription du météorologique à l'intérieur du sujet, Jean Starobinski voit en cette page une critique de la notion d'intériorité, et même d'identité : « C'est le monde, dit-il en commentant ce passage, qui s'engouffre ainsi en nous. Mais est-il encore possible de dire *je*, ou *nous* ? [...] Si toute parole est celle de l'autre, elle en devient aussi bien la nôtre : toute différence s'efface entre l'intérieur et l'extérieur[16]. » L'« insu », ajouterai-je, est une autre intuition qui témoigne de la modernité de Diderot : intuition d'une nouvelle façon de penser le sujet, au-delà du cogito cartésien.

Il faudrait rappeler que le temps qu'il fait est pour Diderot un modèle philosophique et un mode d'écriture[17]. C'est une conversation sur la pluie et le beau temps qui assure la continuité narrative entre trois de ses dialogues : *Ceci n'est pas un conte*, *Madame de la Carlière* et le *Supplément au Voyage de Bougainville*. Le motif météorologique est même chez Diderot

15 Denis Diderot, *Éléments de physiologie*, in *Œuvres complètes* (DPV), XVII, Paris, Hermann, 2009, p. 469.

16 Jean Starobinski, « La parole des autres », in *Diderot, un diable de ramage*, Paris, Gallimard, 2012, p. 77.

17 Voir Thierry Belleguic, en particulier « Diderot et le temps qu'il fait : portrait de l'écrivain en météorologue », *Tangence*, 73, Université Laval, Québec, automne 2003, p. 9-37. Voir aussi Anouchka Vasak, « Parler de la pluie et du beau temps : enjeux philosophiques et esthétiques d'un lieu commun dans les dialogues de Diderot », *in* Jean-Pierre De Giorgio, Françoise Laurent, Françoise Le Borgne (dir.), *Espace-temps du dialogue littéraire*, Maison des sciences de l'homme, Clermont-Ferrand, 2016, p. 167-177.

un principe d'écriture : refus de la clôture, accueil de la parole de l'autre. Nuage et brouillard sont ainsi au cœur d'un débat philosophique sans issue[18] : le brouillard se lèvera-t-il ?

> A – Cette superbe voûte étoilée sous laquelle nous revînmes hier et qui semblait nous garantir un beau jour, ne nous a pas tenu parole.
> B – Qu'en savez-vous ?
> A – Le brouillard est si épais qu'il nous dérobe la vue des arbres voisins.
> B – Il est vrai ; mais si ce brouillard qui ne reste dans la partie inférieure de l'atmosphère que parce qu'elle est suffisamment chargée d'humidité, retombe sur la terre ?
> A – Mais si au contraire il traverse l'éponge, s'élève et gagne la région supérieure où l'air est moins dense et peut, comme disent les chimistes, n'être pas saturé ?
> B – Il faut attendre.
> A – En attendant, que faites-vous ?
> B – Je lis.
> A – Toujours ce Voyage de Bougainville ?
> B – Toujours[19].

Diderot, qui de son propre aveu « s'occupe plutôt à former des nuages qu'à les dissiper, et à suspendre les jugements qu'à juger[20] », fait du dialogue une nécessité de la pensée.

---

18 Le sous-titre du *Supplément au Voyage de Bougainville* est « De l'inconvénient d'attacher des idées morales à des actions physiques qui n'en comportent pas ».

19 Denis Diderot, *Supplément au Voyage de Bougainville*, in *Contes et romans*, Paris, Gallimard, coll. « Bibliothèque de la Pléiade », 2004, p. 541.

20 Denis Diderot, *Lettre sur les sourds et muets*, in *Œuvres philosophiques*, Paris, Gallimard, Bibliothèque de la Pléiade, 2010, p. 222. Voir sur ce sujet Baldine Saint Girons, « Former des nuages ou bien les dissiper ? Le choix de Diderot ». *In* Pierre Glaudes et Anouchka Vasak (dir.), *Les Nuages, du tournant des Lumières au crépuscule du romantisme (1760-1880)*, Paris, Hermann, coll. « MétéoS », 2017, p. 15-34.

Hokusai, *Printemps à Enoshima, promeneurs au bord de la mer*, 1797.

On le voit partout dans son œuvre, comme dans *Le Rêve de d'Alembert* : la parole divague, dit-vague, se distribue comme les molécules dont nous sommes faits, en un continuum qui est au principe de la philosophie matérialiste.

Sans justifier le saut chronologique, je saluerai en Bergson, on ne s'en étonnera pas, le deuxième philosophe du penser météore. Dans *La Pensée et le Mouvant* par exemple, il s'interroge sur les bords et les limites, en tant qu'ils sont indécidables, mêlés, sécants, et sur ces objets que Michel Serres dira « à bords fluents ». Le modèle de Michel Serres est explicite, c'est le nuage : si le nuage n'est pas un météore au sens strict, il n'est pas non plus, chez lui, une simple métaphore. Il engage à adopter un mode de perception inhabituel, qui ne se laisse pas arrêter par les contours et les limites. « Toute chose du monde, écrit Michel Serres, est nuage en son genre[21]. » Affaire de point de vue. « Nuages, tourbillons, flux, bruits, toutes masses premières sans qualités ou sans propriétés définies[22] » indiquent ainsi la voie du « penser météore » : cesser de voir les frontières et les définitions, être sensible au mobile, au diffus, accueillir l'aléatoire. Voici venu, dit Michel Serres, le règne des fluides. Il s'ouvre en 1797 : quand Hokusai commence à travailler sur l'écume et les ondes, et approche progressivement la *Grande Vague de Kanagawa* (1826-1833). Une vague apparaît dès son *Printemps à Enoshima* (1797). Le nuage est de l'eau, le nuage est un fluide. Comme l'écume, mousse à la surface d'un liquide.

21 Michel Serres, *Le Passage du Nord-Ouest. Hermès V*, Paris, Minuit, 1980, p. 49.
22 *Ibid.*, p. 54.

Nuage, transformation silencieuse

Penser météore, c'est reconnaître ce presque rien, furtif et mobile. C'est percevoir les liaisons, les réseaux, ce qui se passe entre. C'est, comme en contemplant les nuages, être sensible aux « transformations silencieuses » : la pensée chinoise nous y invite. En mettant au jour les transitions subtiles que la langue chinoise accueille, François Jullien nous convie à une autre expérience de l'espace et, ce faisant, du temps. Marquer le point de partage entre deux espaces, entre deux moments : un tel effort de démarcation est étranger à la pensée chinoise, et chacun, pour peu qu'il s'y arrête, ou plutôt qu'il ne s'arrête pas, peut en faire l'expérience. Premier train :

> Quand je vais de Paris en Bretagne, je regarde souvent, de la fenêtre du train, s'approcher la grande modification attendue. Mais toujours elle échappe. Au Mans, nous sommes encore dans la dépendance de Paris et du fameux « bassin », le paysage reste ouvert. Or, à Laval, nous avons définitivement basculé dans un pays étrange, retiré, devenu secret, en dépit de sa platitude. Et pourtant, nulle démarcation entre les deux. [...] Un grand chavirement s'est produit au cours du trajet, mais sans fissure qui le trahisse. Comme si rien ne s'était passé. Car cette prégnance, cette « atmosphère », ne sont pas délimitables en termes de propriétés et sont donc réfractaires à notre prise ontologique[23].

Il en va de même pour les nuages, dont le passage incessant d'une forme à l'autre est « transformation silencieuse ». La

---

23 François Jullien, *Les Transformations silencieuses*, Paris, Grasset, coll. « Bibio essais », 2009, p. 52-53.

pensée météore enseigne le lâcher-prise ontologique. Peut-on dire qu'Yves Bonnefoy gagne l'arrière-pays par une forme de lâcher-prise précisément ? Il dit d'abord la merveilleuse confusion du réel, la difficulté à séparer et à identifier les frontières, « l'inquiétude » éprouvée aux « carrefours[24] ». Dans la première page de *L'Arrière-pays*, il évoque une expérience d'enfance qu'on pourrait appeler « transformation silencieuse », même si elle est itérative – comme l'est d'ailleurs le voyage en train évoqué par François Jullien. Voici le second train. C'est le soir d'avant le grand départ en vacances, avant la longue nuit de voyage, avant l'arrivée dans l'autre pays, celui des grands-parents, Toirac :

> Et le soir, aux dîners, sous l'ampoule jaune, je tentais de trouver le point mystérieux, dans le pain, où la mie commence, où finit la croûte, – bien vainement. Toutefois, ce faisant, j'anticipais au moins sur la nuit qui allait venir, nuit du départ en vacances, nuit énigmatique, sacrée, où, le train roulant régulièrement dans la campagne invisible ou traversant un tunnel ou s'arrêtant pour une minute aux abords silencieux d'une gare, je me demanderais, à peu près : est-ce ici que finit ce que je quitte, est-ce ici que l'autre monde commence[25] ?

Un tel mode de perception ne nécessite pas de déplacement dans l'espace. Le sujet peut laisser advenir le monde dans sa bouillonnante confusion. C'est d'une telle saisie du monde que nous parle Virginia Woolf dans *Mrs Dalloway* ou dans *La Promenade au phare*. C'est ce monde-là aussi dont la peinture

---

24 « J'ai souvent éprouvé un sentiment d'inquiétude, à des carrefours ». Yves Bonnefoy, première page de *L'Arrière-pays*, Paris, Gallimard, 2003 [1972], coll. « Poésie/Gallimard », 2015, p. 9.

25 *Ibid.*, p. 101-102. Je cite ici plus longuement le passage placé en exergue de cette introduction.

impressionniste nous révèle la vérité de l'expérience dans sa fugacité. Les manifestations météorologiques, même discrètes, même les moins spectaculaires, ont une « puissance unifiante », écrit encore Jean-Pierre Richard dans un merveilleux petit article, « Proust météo ». Elles révèlent le flux général du monde, auquel le souvenir donne parfois accès, comme on le voit dans *L'Arrière-pays*. C'est ainsi que Swann se remémore les débuts de son amour pour Odette :

> Il sentit l'odeur du fer du coiffeur par lequel il se faisait relever sa « brosse » pendant que Lorédan allait chercher la petite ouvrière, les pluies d'orage qui tombèrent si souvent ce printemps-là, le retour glacial dans sa victoria, au clair de lune, toutes les mailles d'habitudes mentales, d'impressions saisonnières, de réactions cutanées, qui avaient étendu sur une suite de semaines un réseau uniforme dans lequel son corps se trouvait repris[26].

Cheveux, pluie, mailles, réseau ont partie liée avec l'expérience existentielle, sa nature météorologique. La phrase de Proust, elle-même réseau et mailles, nous la rend sensible.

Une histoire de climat

Alors, penser météore, au-delà des systèmes climatiques dont la caractéristique est d'être non linéaires, c'est saisir les phénomènes, au sens large, dans l'horizon de leur apparition. La phénoménologie y invitait déjà : l'indéterminé, l'in-terminé,

---

26 Marcel Proust, *Un Amour de Swann*, Paris, Gallimard, coll. « Folio », 1980, p. 209. Cité par Jean-Pierre Richard, « Proust météo », dans *Essais de critique buissonnière*, Paris, Gallimard, 1999, p. 114.

est le mode sécant, non borné, de perception phénoménologique du monde[27].

Tel est notre être au monde : une expérience de l'immersion où terre et air, dedans et dehors, sont en continuité. Me suivra-t-on dans l'émerveillement qu'a suscité en moi la lecture d'Emanuele Coccia, *La Vie des plantes* ? Où est le météore quand le sujet en est les plantes, et ce qu'on pense être leur nature, terrestre, chtonienne ?

Là :

> Nous ne sommes pas des habitants de la terre : nous habitons l'atmosphère. La terre ferme n'est que la limite extrême de ce fluide cosmique au sein duquel tout se communique, tout se touche et tout s'étend[28].

Là aussi :

> Dans tout climat la relation entre contenu et contenant est constamment réversible : ce qui est lieu devient contenu, ce qui est contenu devient lieu. Tout climat présuppose cette inversion topologique constante, cette oscillation qui défait les contours entre sujet et milieu, celle qui inverse les rôles[29].

---

27 C'est la « structure d'horizon » des phénoménologues. « Mon point de vue est pour moi bien moins une limitation de mon expérience qu'une manière de me glisser dans le monde entier. Quand je regarde l'horizon, il ne me fait pas *penser* à cet autre paysage que je verrais si j'y étais, […], je ne me *représente* rien, mais tous les paysages sont déjà là dans l'enchaînement concordant et dans l'infinité ouverte de leurs perspectives. » Maurice Merleau-Ponty, « La chose et le monde naturel », *Phénoménologie de la perception*, Paris, Gallimard, 1945, p. 380. Voir aussi, pour la littérature et l'expérience du paysage, l'ouvrage essentiel de Michel Collot, *La Poésie moderne et la structure d'horizon*, Paris, PUF, 2005.

28 Emanuele Coccia, *La Vie des plantes, op. cit.*, p. 51.

29 *Ibid.*, p. 41-42. L'architecture météorologique conçue par Philippe Rahm « comme dispersion des bordures, vaporisation des structures, évaporation des limites » est une des applications concrètes et contemporaines de la pensée météore. Philippe Rahm, *Architecture météorologique*, Paris, Archibooks, « Crossborders », 2009, p. 9.

Là surtout :

> Comprendre un climat, c'est saisir un

On peut objecter à cette vision du monde sa ... un peu mystique. On peut aussi reprocher à Emanuele Coccia une certaine approximation dans les concepts de climat, météorologie, voire atmosphère, ici distinguée du climat, que l'auteur semble considérer comme une réalité locale. En fait le mot *climat* n'a plus le sens antique, que l'on entend ici, ce sens tombé en désuétude avec l'invention de la science météorologique moderne, de « portion ou zone de la surface de la terre, terminée par deux cercles parallèles à l'équateur[31] » : le climat est devenu lui-même un concept dynamique. Osons alors « faire le rapprochement » : nouveau type de physique, nouvelle métaphysique. Est-elle si nouvelle, pourtant, cette « métaphysique du mélange » ? On peut y voir une spectaculaire régression, Dieu en moins, vers cette « prose du monde » médiévale où tout est en correspondance, ou bien vers la vision du monde du romantisme allemand et ses « totalités organiques[32] ». Ici, le contextualisme évoqué plus haut peut cependant venir au secours de la modernité. Car il se trouve que l'année 1797 voit en particulier avec les travaux de Lamarck la naissance d'une conception dynamique et sans rupture de l'univers, qu'on appellera *transformisme*. L'année 1797 à laquelle il est temps de revenir pour exposer la méthode avec laquelle on se propose d'en faire le tour, cette année-là porte en son sein des événements qui révèlent un bougé dans la vision du monde, ou ce que Patrick Boucheron appelle dans

30 *Ibid.*, p. 145-146.

31 D'Alembert, article « Climat », *Encyclopédie*, t. I, 1751.

32 Voir les ouvrages de Judith Schlanger *Les Métaphores de l'organisme* (Paris, l'Harmattan, 1995) et *Critique des totalités organiques* (Paris, Vrin, 1971).

le bien nommé *Entretemps* « l'imperceptible effritement de l'ordre ancien[33] » : la naissance du sujet moderne, le sommeil de la raison qui engendre des monstres, un nouveau langage, de nouvelles images.

Dessiner un paysage, écrire une carte

Faire le tour de l'année 1797, ce sera, autant que possible, ne pas en suivre la ligne, improbable, mais tenir plusieurs fils à la fois, dans une simultanéité postulée. Non que « tout » se passe en même temps, mais c'est un paysage que je voudrais dessiner. Pas de perspective chronologique donc, pas de ligne, mais des stations, des arrêts sur image, dont l'ensemble, mouvant, dessinerait ce paysage. En cela je voudrais m'inscrire, sans jeu de mots, dans le sillage du livre de l'anthropologue Tim Ingold *Une brève histoire des lignes*[34]. L'auteur montre comment les lignes quadrillent le monde, si l'on considère en particulier les activités les plus concrètes. Le point tend à dessiner une ligne, de même que le voyageur inuit, traversant le territoire, devient une ligne. Voyager n'est pas pour lui une activité de transition : « Le voyageur et sa ligne sont ici une seule et même chose[35]. » La ligne n'est pas pure succession de points : l'ensemble des lignes constitué par les trajets multiples des Inuits fabrique sur le territoire un entrelacs, non une surface continue. De même, on peut, suivant la conception des aborigènes Warlpiri, considérer la vie comme un ensemble de traces, « la somme de toutes

---

33 Patrick Boucheron, *L'Entretemps. Conversations sur l'histoire*, Paris, Verdier, 2012, p. 96.

34 Tim Ingold, *Une brève histoire des lignes*, traduit de l'anglais par Sophie Renaut, Bruxelles, Zones sensibles, 2011.

35 *Ibid.*, p. 101.

les inscriptions de ses mouvements, quelque chose qu'on peut retrouver sur le sol[36] ». Le mouvement l'emporte sur le point fixe, y compris dans la perception : « Dans la vie réelle, nous percevons l'environnement non pas depuis un point stationnaire, ni à partir d'une succession de [...] points, mais au cours d'un déplacement sur ce que Gibson appelle "chemin d'observation"[37]. » Dans certaines activités cependant, la ligne tend à constituer une surface, comme dans le tricot (fil transformé en surface) ou la broderie : broder consiste à travailler sur une surface préexistante, dont le résultat est « une mosaïque de fils[38] ». Écrire 1797, c'est tendre vers la surface, vers la mosaïque de fils. Que je voudrais ne pas fixer pour autant en une broderie parfaite. Car les lignes bougent. Les lignes bougent en histoire, comme dans la calligraphie chinoise. À la différence de l'écriture cursive occidentale tracée par une plume, les caractères chinois sont dessinés par un pinceau : il produit une trace de largeur variable, et peut être déplacé dans plusieurs directions. Si le texte occidental, dans son aspect concret, a souvent été identifié au tissage, c'est à la danse que l'on peut comparer l'écriture chinoise. L'objet des maîtres calligraphes n'était pas de représenter les formes et les contours des choses, mais « de reproduire à travers le geste les rythmes et les mouvements du monde[39] ». Tâche vaine, pour l'historien occidental ! Mais si l'on essayait de s'en approcher ? Retrouver les traces d'une année dessinant un entrelacs mouvant. Parcourir l'année à la recherche de ces traces, comme celles que les Inuits laissent sur leurs territoires. Ne pas s'en tenir au point, à la date précise, mais regarder « à côté », dans les

36 Roy Wagner, cité par Tim Ingold, *op. cit.*, p. 106.
37 *Ibid.*, p. 213.
38 *Ibid.*, p. 73.
39 *Ibid.*, p. 173-175.

coins, dans le voisinage. Ici, l'enfant sauvage de l'Aveyron, vu pour la première fois en 1797 dans les bois de Lacaune, indique la voie : celle d'un trajet furtif, celle d'un sujet qui échappe toujours, déjouant les limites administratives et les interrogeant, trajet à reconstituer à partir des traces qu'il a laissées.

Un archipel

Quant aux stations de l'année 1797, ce seront autant d'îlots ou d'îles formant archipel, éminences dont le trait est de n'en avoir aucun de défini, tant le dessin d'une île est aléatoire, qu'elle soit ou non recouverte par la marée. Voici un autre guide du penser météore, qui a théorisé le nuage avant l'île : Hubert Damisch.

> Une île n'a pas de frontières, elle n'a que des bords, ou faudrait-il dire, un bord et un seul : son littoral tel qu'il se laisse représenter de façon plus ou moins approximative par une ligne continue, ainsi qu'il en va, par convention, du littoral en général[40].

Îles et nuages sont parents ; même curiosité, même amour pour deux objets apparemment très différents relient la *Théorie du nuage*[41] et *Le Messager des îles*. Faire un essai d'histoire météore, c'est présenter chaque chapitre, moment non circonscrit, événement ou simple fait, comme une île. Plus que l'île qui dit isolement, non communication, c'est l'archipel qui formera la configuration de 97, chapelet d'îles émergées.

---

40 Hubert Damisch, *Le Messager des îles*, Paris, Seuil, 2012, p. 49.
41 Hubert Damisch, *Théorie du nuage. Pour une histoire de la peinture*, Paris, Seuil, 1972.

On sautera ainsi d'île en île. Il n'y aura ni ordre ni hiérarchie. Chaque chapitre aura son autonomie, et aucun n'existera isolément. Considéré de plus loin, ou de plus haut, l'ensemble fera paysage, éclairé par intermittence, comme par ces phares et leurs chambres de veille : dans cette pièce où s'élabore la navigation à partir des cartes, François Hartog voit la métaphore du travail de l'historien, guetteur de temps, passeur entre la pratique et la théorie, l'observation et l'interprétation.

La première station de 1797 se fera entre chien et loup : c'est l'entrée en scène de l'enfant sauvage de l'Aveyron. Les deux chapitres suivants interrogeront encore les frontières : ils s'arrêteront sur le trouble qui vient brouiller les classifications, dans les deux sciences qui ne portent pas encore les noms, respectivement, de psychiatrie et de biologie. Mais aussi en météorologie, cette « science des météores » qui est au cœur du système de Lamarck. Du météore, l'auteur d'une classification des nuages aujourd'hui oubliée donne la définition suivante :

> MÉTÉORES : On nomme ainsi différents phénomènes qui naissent, paraissent et disparaissent plus ou moins rapidement dans le sein de l'atmosphère terrestre, et qui, en certaines de ses régions, s'y montrent, les uns avec une sorte de constance ou de continuité, les autres avec une espèce de périodicité, tandis qu'ailleurs ils s'y offrent tous sous une multitude infinie de variations, et avec une si grande irrégularité dans leur succession, qu'ils semblent n'appartenir à aucun ordre de causes déterminable [...]. Ce sont les nuages, les pluies, les grêles, les brouillards, le serein, la rosée, les vents, les tempêtes, les orages et leurs dérivés[42].

42 Jean-Baptiste Lamarck, *Nouveau Dictionnaire d'histoire naturelle.*

La station suivante, limitrophe, s'appellera Charenton : son « asile », sa prison, son illustre pensionnaire, le marquis de Sade. Tout bouge alors : la langue (chapitre VI), les images (VII et VIII) de 1797 portent l'empreinte des orages passés comme des tempêtes en cours. L'édifice ancien se fissure : que reste-t-il des hommes illustres du siècle qui s'achève, les philosophes des Lumières (IX) ? Quelques femmes sortent de l'obscurité, mettent en question leur condition de mineure, au prix de leur liberté, parfois de leur vie (X). Au terme de ce parcours non linéaire, c'est un nouveau rapport au signe, initié par l'auteur de la *Vie de Henry Brulard*, qui se fait jour *vers* 1797. Tout est dans cette préposition, dans l'approximation : refus du point fixe. Tant le monde qui s'ouvre alors ne nous advient que diffracté, en mille gouttelettes diffuses ; le romantisme allemand nous invite à le regarder ainsi, fragmenté.

Infinie, impossible tâche de l'exploration complète de ces espaces.

Certains philosophes, ainsi que le pose Michel Serres à sa manière sans précaution, « savaient le continu et le discontinu, les mondes séparés, l'univers fractal, et le monde fluent, à la fois, passages et ruptures. Le chemin existe, il n'existe pas. C'est ainsi. C'est ainsi en mer, de Davis à Beaufort, c'est ainsi dans les phénomènes, nuages et rochers, c'est ainsi pour le savoir, quelle que soit la carte[43] ». Dans les *Travailleurs de la mer*, Victor Hugo a merveilleusement décrit l'archipel, l'archipel de la Manche, cette parenté entre rochers et nuages. Quant à l'impossibilité d'en faire le tour complet, d'en prendre la mesure exacte, c'est précisément celle à laquelle se confronte l'historien. En 1797, Laplace travaille à sa *Mécanique céleste* dont les deux premiers livres seront publiés en 1799 ; il assoit un système stable, clos,

43 Michel Serres, *Le Passage du Nord-Ouest*, *op. cit.*, p. 23.

où l'hypothèse de l'existence de Dieu n'est pas nécessaire ; plus tard – c'est le démon de Laplace –, il imaginera un point de vue universel, une intelligence totale qui embrasserait tout l'univers[44].

Y a-t-il un point commun entre le système de Laplace et le système politique, progressivement totalitaire, qui se met en place dans ces années-là ? Un fantasme de contrôle universel est combattu par ceux qui y voient aussitôt un péril pour la liberté des idées : Germaine de Staël, Benjamin Constant. Plus tard aussi, dans la *Vie de Henry Brulard*, Stendhal évoquera ce moment, qui précède de peu son entrée à l'école centrale (1796). Trouble du calendrier, et début de l'emprise napoléonienne :

> Pour moi je tremblais pour l'examen qui devait me faire sortir de Grenoble ! Si j'y venais jamais, quelques recherches dans les Archives de l'Administration départementale, à la Préfecture, m'apprendront si l'école centrale a été ouverte en 1796 ou seulement en 1797.
>
> On comptait alors par les années de la République, c'était l'an V ou l'an VI. Ce n'est que longtemps après, quand l'Empereur l'a bêtement voulu, que j'ai appris à connaître 1796, 1797. Je voyais les choses de près alors.
>
> L'Empereur commença alors à élever le trône des Bourbons et fut secondé par la lâcheté sans bornes ni mesure de M. Laplace. Chose singulière, les poètes ont du cœur, les savants proprement dits sont serviles et lâches[45].

Des voix dissidentes prennent leurs distances avec le système dont l'emprise se joue à ce moment-là. En 1797, Napoléon Bonaparte est élu à l'Institut, section des Arts mécaniques.

---

44 Pierre-Simon Laplace, *Essai philosophique sur les probabilités*, Paris, Bachelier, 1840, p. 4.

45 Stendhal, *Vie de Henry Brulard*, Paris, Gallimard, coll. « Folio », 1973, p. 237.

Il serait trop simple de dire que le savoir est mis aussitôt en coupe réglée. Mais une certaine vision totalisante du monde, espace, idées, conduira à une forme de résistance, qu'on peut appeler « romantisme ».

On peut l'appeler aussi, dans l'ordre des connaissances, Idéologie. Les relations entre l'Empereur et les Idéologues seront d'opposition. Volney n'en sera qu'après le 18 Brumaire. Mais dans ses cours d'histoire à l'École normale de l'an III, l'auteur des *Ruines* (1791), insistant sur la relativité des points de vue, met en question la certitude historique :

> Pour moi, que la comparaison des préjugés et des habitudes d'hommes et de peuples divers a convaincu et presque dépouillé de ceux de mon éducation et de ma propre nation ; qui, voyageant d'un pays à l'autre, ai suivi les nuances, et les altérations de rumeurs et de faits que je vis naître ; qui, par exemple, ai trouvé accréditées aux États-Unis des notions très fausses d'événements de la Révolution française dont je fus témoin [...], je ne puis m'empêcher d'avouer que chaque jour je suis plus porté à refuser ma confiance aux *historiens* et à *l'histoire* [...].
>
> [Si] j'ose recommander un précepte aux instituteurs de tout ordre, aux parents instituteurs-nés de leurs enfants, c'est de ne pas subjuguer leur *croyance* par une autorité magistrale ; c'est de ne pas les habituer à croire sur parole, à croire ce qu'ils ne conçoivent pas ; c'est, au contraire, de les prémunir contre ce double penchant à la *crédulité* et à la *certitude*, d'autant plus puissant, qu'il dérive de l'ignorance, de la paresse et de l'orgueil, naturels à l'homme[46].

46 Volney, *Leçons d'histoire*, Avertissement de Volney (édition de 1800), *in* Daniel Nordman (dir.), *L'École normale de l'an III*, vol. 2 : *Leçons d'histoire, de géographie, d'économie politique*, Paris, Éditions rue d'Ulm, Dunod, 1994, p. 56-57.

C'est cette mise en doute de la certitude historique, l'affirmation de l'impossible totalité des connaissances du passé – quand même Volney en appelle à la science, fondée sur la démonstration et l'évidence de faits « bien positifs et bien constatés » –, qui nous guidera.

Dire le tout de 97 est impossible, comme il est impossible de délimiter strictement ce moment :

> [Q]u'est-ce que prendre la Bastille ou défendre Montmartre contre les Versaillais ? C'est un segment de l'histoire. [...] Coupure est un mathématisme, une décision de la raison, une impossible physique, dans les limites de l'expérience[47].

Je passerai donc d'île en île, et ferai ainsi ce qu'on n'appelle plus guère de l'histoire-géographie.

Instantané mobile

Mon dernier, ou premier guide est Jean-Christophe Bailly. Dans *Le Dépaysement*, sous-titré *Voyages en France*, Jean-Christophe Bailly se propose de donner « l'instantané mobile d'un pays[48] ». Ses « Voyages en France », annonce-t-il dans son introduction, n'en feront pas le « tour », mais seront autant de stations, choisies à partir d'une liste, qui en constitueront les chapitres : une liste, c'était le point de départ, « conçue comme un programme de lieux à visiter ou à revoir ». Mais au fil de l'écriture se met en place, poursuit-il, « une logique de tuilage – tel chapitre entraînant tel autre ». Le résultat

47 Michel Serres, *La Distribution. Hermès IV*, Paris, Minuit, 1977, p. 37.
48 Jean-Christophe Bailly, *Le Dépaysement. Voyages en France*, Paris, Seuil, 2011, p. 12.

sera ce « livre composite », « tatouage mobile », dont chaque chapitre, chaque lieu visité, dans lequel l'histoire affleure sous la géographie, le temps sous l'espace, constituera un « point de cristallisation ». Le voyage est aussi ce qui se passe entre les chapitres[49]. De même qu'aux confins de l'Espagne et de la France, à Sare, en dépit de la « différence si vive entre la donnée française (même occitane) et la donnée espagnole », « une chaîne de contiguïtés et d'échos [...] se répartit sur les deux versants de façon à peu près égale en une sorte de fondu enchaîné[50] », de même le livre travaille à son unité en fondu enchaîné – expression qui revient à plusieurs reprises – en dépit de la singularité de ses chapitres, par ce jeu de contiguïtés et d'échos qui s'établit entre eux. L'auteur emploie certains mots pour évoquer soit la non-rupture, l'absence de frontière claire (« porosité[51] », à propos des espaces frontaliers entre France et Espagne), soit la diffusion des empreintes d'un moment historique (« capillarité[52] », à propos de l'Empire romain dont la Fontaine de Nîmes révèle les souterrains réseaux symboliques), et ces mots désignent le travail même, voire le principe, du livre.

Je vois 1797 en pointillé dans *Le Dépaysement* : par exemple, lorsque Jean-Christophe Bailly évoque Vendôme et le procès de Babeuf : « L'histoire entière, je ne vais pas la raconter[53] », prévient-il. Mais il s'y arrête, trouvant là, à Vendôme, le lieu où déployer son intuition d'un « inconscient du paysage ». 97

49 Le propos d'Anselm Kiefer pour la série de « dioramas » qu'il a exposés au Palais de Tokyo (Exposition *Dioramas*, 14 juin-10 septembre 2017) me semble aller dans le même sens. Il évoque les tableaux de meules de foin de Monet : « Je ne vois pas les tableaux en soi, individuellement, ce qui me fascine c'est l'espace entre les tableaux, un espace permanent et qui ne trouve pas le repos. »

50 *Ibid.*, « Vérité en deçà, erreur au-delà... », p. 185.

51 *Ibid.*, p. 186.

52 *Ibid.*, p. 247.

53 *Ibid.*, p. 226.

existe en filigrane lorsqu'il décrit les transparents de Carmontelle : oui, on date les *Saisons* de 1798, mais sans certitude. Et que veut dire « dater » une œuvre d'art ? Peut-on, dans ces années-là, dater l'œuvre, sa manifestation dans l'espace public, comme on date la parution d'un livre ? Encore n'est-ce pas si clair quand il s'agit d'un livre : le cas de Germaine de Staël, figure majeure de la période, est exemplaire à cet égard. Certains de ses livres, les plus politiques, sont posthumes[54]. Les *Saisons* de Carmontelle inaugurent un nouveau mode de représentation parent des expériences d'*eidophysicon* de Loutherbourg et qui annonce les dioramas. Or, ce nouveau mode de représentation, en « fondu enchaîné » quant aux transparents de Carmontelle, n'est pas sans rapport avec le projet de ce livre. En 97 le paysage bouge. C'est ce bougé, ce sont les interstices, les contradictions d'un moment incertain comme l'est si souvent le temps qu'il fait, qui seront l'objet de ce livre, essai d'histoire météore.

---

54 *Des circonstances actuelles qui peuvent terminer la Révolution et des principes qui doivent fonder la république en France*, cité plus haut ; *Considérations sur la Révolution française*, publication posthume, 1818.

Chapitre I

L'enfant sauvage de l'Aveyron entre chien et loup

Les poumons s'emplissent d'une inspiration délicieuse quand on roule vers la fin de l'après-midi sur la route qui, par Saint-Sernin, avant de plonger vers Lacaune, suit pendant longtemps une ligne sommitale, tandis que partout au loin émerge et s'allonge sur l'horizon, sans coupures, sans ressauts brusques, sans arêtes, le troupeau des douces montagnes rases, fourrées de bruyères, et parfois sommées de longues barres de forêts, dont la couleur semble déjà tout infusée de nuit et fait penser à ces teintes d'ardoise tendres et de cendre bleue qui flottent autour du disque de la lune, quand il apparaît longtemps avant le coucher du soleil dans un jour clair.

Julien Gracq, *Carnets du grand chemin*.

1797, c'est l'entrée en scène de celui qu'on appellera Victor de l'Aveyron. Il n'est pas le premier « enfant sauvage ». Linné les a recensés, Bonnaterre à sa suite[1]. Mais la nouveauté, c'est que se joue là une affaire de confins. De frontière, de territoire. Frontières géographiques, frontières anthropologiques qui interrogent la définition de l'homme. C'est dans ces années-là qu'est fondée la Société des observateurs de l'homme (1799-1803). Affaire de politique aussi bien, comme l'a montré Jean-Luc Chappey : cette porte ouverte sur l'altérité – à la faveur notamment du traitement moral imaginé par Pinel pour soigner les aliénés, et surtout de « l'éducation d'un homme sauvage » entreprise par Itard – se referme à peine entr'ouverte. Fermée par Pinel lui-même dans le cas de l'enfant sauvage, peut-être même par Itard qui se voit contraint de renoncer à son éducation et s'adonne à des recherches physiologiques sur la surdité ; fermée plus généralement par l'entreprise de re-définition ou de définition tout court engagée par le Premier Consul : séparation stricte des disciplines, affirmation de la frontière homme/femme, humain/animal, science/littérature[2].

L'histoire de l'enfant de l'Aveyron se situe aux marges de deux moments. Celui, en son extrémité, de sa relégation dans la case « idiot » dans les premières années de l'Empire. Et celui de l'origine, c'est-à-dire de sa découverte : là, l'enfant sauvage se démarque d'une autre altérité, radicale et mystérieuse, celle de la Bête du Gévaudan, dont le territoire se trouve être géographiquement frontalier de l'Aveyron.

---

1 P. J. Bonnaterre, *Notice historique sur le sauvage de l'Aveyron et sur quelques autres individus qu'on a trouvés dans les forêts, à différentes époques*, Paris, Panckoucke, an VIII (1800).

2 Jean-Luc Chappey, *Sauvagerie et Civilisation. Une histoire politique de Victor de l'Aveyron*, Paris, Fayard, 2017, p. 161.

C'est bien au printemps de l'an V (1797) qu'apparaît pour la première fois, dans les bois de La Caune, aux confins du Tarn et de l'Aveyron, l'enfant sauvage, l'enfant furtif. Le début du premier mémoire d'Itard sur le sauvage de l'Aveyron ne précise pas de date, mais toute l'histoire est contenue dans cette phrase, la sauvagerie (il vit nu dans les bois), la chasse, la capture (an VII, 1799) et la sortie du bois :

> Un enfant de onze ou douze ans, que l'on avait entrevu quelques années auparavant dans les bois de La Caune, entièrement nu, cherchant des glands et des racines dont il faisait sa nourriture, fut, dans les mêmes lieux, et vers la fin de l'an 7, rencontré par trois chasseurs qui s'en saisirent au moment où il grimpait sur un arbre pour se soustraire à leurs poursuites[3].

L'enfant est à la fois sujet (de la phrase) et objet (« fut rencontré ») : c'est là son histoire, sa marque, son destin. Les « quelques années auparavant » sont la réponse aux questions posées par Itard, alors « médecin de l'Institution nationale des sourds-muets » au préfet de l'Aveyron : « L'enfant connu sous le nom de sauvage de l'Aveyron avait été aperçu dans les bois de la Caune environ trois ans auparavant. On le prit à cette époque mais il s'échappa et regagna les bois[4]. » C'est en mars ou mai 1797 que cet enfant a été « trouvé », ou plutôt, comme l'écrit le préfet, « aperçu ». La notice de l'abbé Bonnaterre, professeur à l'école centrale de Rodez,

3 J.M.G. Itard, *De l'éducation d'un homme sauvage, ou Des premiers développements physiques et moraux du jeune sauvage de l'Aveyron*, vendémiaire an X (septembre-octobre 1801), *in* Thierry Gineste, *Victor de l'Aveyron, dernier enfant sauvage, premier enfant fou*, Paris, Le Sycomore, 1981, p. 220.

4 Archives départementales de l'Aveyron, liasse Mercadié, cité par T. Gineste, *op. cit.*, p. 209.

chef-lieu de l'Aveyron, où l'enfant demeurera six mois avant d'être transféré à Paris, permet d'établir ce premier moment, ce premier lieu :

> Il y a trois ans et demi qu'on aperçut dans la partie du bois de Lacaune, appelée La Bassine, département du Tarn, un enfant entièrement nu, qui fuyait à l'approche des hommes[5].

Lieu-dit précis, mais aux confins orientaux du département du Tarn. Toute l'histoire de l'enfant de l'Aveyron se situe dans un entre-deux, territorial et temporel d'abord : entre deux départements, entre deux calendriers, le républicain et le chrétien, rétabli entre 1806 et 1808, moment de clôture de l'histoire qui marque aussi, précise Jean-Luc Chappey, « la suppression de la notion de "république" et des symboles dans les actes et les papiers officiels[6] ».

Quelque trente ans plus tôt, dans d'autres confins limitrophes – mais le département est créé en France en 1790 –, c'est une bête, la Bête, que l'on cherche à capturer.

Bête et idiot. Lieux communs

Bête et idiot : voici en effet deux figures parentes et étrangères à la fois, de part et d'autre de la rupture révolutionnaire. « Bête », c'est la Bête du Gévaudan, qui sema la terreur dans une partie de l'Auvergne entre le printemps 1764 et juin 1767 ; « idiot », c'est la catégorie dans laquelle la « science spéciale »,

5 P. J. Bonnaterre, *in* T. Gineste, *op. cit.*, p. 159. Harlan Lane donne la date de floréal an V (16 mai 1797) pour la nouvelle parue dans *Le Censeur des journaux* (Harlan Lane, *L'Enfant sauvage de l'Aveyron*, Paris, Payot, 1979).

6 J.-L. Chappey, *op. cit.*, p. 166.

la psychiatrie du XIXe siècle incarnée d'abord par Philippe Pinel, puis Esquirol, Seguin ou Belhomme, rangera finalement l'enfant sauvage de l'Aveyron. En 1797, quelque chose de nouveau se joue dans la représentation de l'espace, du pouvoir et de l'homme. C'est bien de territoire qu'il est question : géographique, et symbolique. L'emprise, l'empreinte aussi bien, sur l'espace et le temps qui caractérise tout pouvoir engage une vision de l'homme qu'une lecture historique ne peut mettre au jour que si elle passe par l'imaginaire.

Frappante dès l'abord, la proximité géographique des deux histoires. Le Gévaudan, plateau entre la Margeride et l'Aubrac, est, géographiquement, en Auvergne. Sous l'Ancien Régime, l'Auvergne est, administrativement, une partie de la province ecclésiastique nommée « Aquitaine première » et une circonscription militaire. Le territoire de la Bête (environ 120 personnes tuées, blessées ou attaquées, selon Michel Louis[7]), ce sont les départements actuels de la Lozère, de la Haute-Loire, du Cantal, de l'Ardèche (Saint-Étienne-de-Lugdarès) et de l'Aveyron (Saint-Chély-d'Aubrac). Tous appartiennent à l'actuelle région Auvergne-Rhône-Alpes, sauf l'Aveyron, qui, comme le Tarn des bois de Lacaune, est situé dans la région désormais nommée « Midi-Languedoc-Roussillon ». Le trajet de l'enfant sauvage après sa capture reflète la structure administrative de la France révolutionnaire, qui créa les départements en 1790 : capturé à La Bassine à la fin de messidor an VII, il est emmené à Lacaune (Tarn), puis à Saint-Sernin (Aveyron) le 19 nivôse, à l'hospice de Saint-Affrique le 20 nivôse, enfin au chef-lieu du département, Rodez, le 15 pluviôse ; autant d'étapes gravies, pense-t-on, dans la hiérarchie de la civilisation, jusqu'à Paris où il arrive le 6 août 1800. Contiguïté géographique entre les deux figures,

7 Michel Louis, *La Bête du Gévaudan*, Paris, Perrin, coll. « Tempus », 2003.

donc, mais aussi parenté, jusqu'à un certain point du moins, de la littérature à laquelle leurs histoires donnent lieu : pour l'essentiel, des lettres officielles, des relations, des rapports[8].

On peut s'en tenir à un premier type d'interprétation, qui consiste à considérer, en historien, les textes comme des documents nous livrant une information sur une période donnée. À la lecture de ces documents, on mesure par exemple, de part et d'autre de la Révolution, la profonde transformation du découpage administratif : il y a un monde entre « l'imbroglio administratif » (Pierre Goubert) d'Ancien Régime et ce que nous percevons encore comme la rationalité du découpage issu de la réforme de 1790. La réforme administrative de 2016, qui découpe la France en douze grandes régions, montrera cependant combien l'investissement affectif demeure intense dès que l'on touche à l'espace national. Quoi qu'il en soit, l'histoire de la Bête du Gévaudan nous « renseigne » sur la division administrative de la France dans la deuxième moitié du XVIIIe siècle, cette superposition de circonscriptions à la fois et d'abord ecclésiastiques (17 provinces ecclésiastiques divisées en 136 diocèses), judiciaires (parlements), militaires (gouvernements), fiscales (généralités). L'essentiel des documents relatifs à la Bête consiste en « relations à l'Intendant », c'est-à-dire en rapports envoyés par Lafont, syndic du diocèse de Mende,

8 La plupart des rapports concernant le sauvage de l'Aveyron sont publiés dans l'ouvrage de Thierry Gineste ainsi que dans celui d'Harlan Lane. De nombreux documents relatifs à la Bête du Gévaudan sont repris dans le livre de l'abbé Pourcher, du diocèse de Mende, *Histoire de la Bête du Gévaudan, véritable fléau de Dieu, d'après les documents inédits et authentiques, 1763-1768*, 1889, rééd. en fac-similé aux éd. Altaïr, t. I et II, 2000. Le livre de François Fabre, *La Bête du Gévaudan* (1901), édition complétée par Jean Richard, éd. Gérard Tisserand, diffusion de Borée, 2001, reprend bon nombre de ces documents et en cite d'autres. Voir aussi la somme de Jean-Marc Moriceau, *La Bête du Gévaudan. Mythe et réalités*, Paris, Tallandier, 2021.

à Saint-Priest, intendant du Languedoc. Plus s'étendent les ravages de la Bête, plus se renforce l'emprise administrative et la centralisation, engageant, par exemple, au-delà du commandant des troupes locales à Langogne (Duhamel), le commandant général des troupes de la province du Languedoc, le comte de Moncan, qui entreprend la levée d'une quasi-armée. De même, le comte de Saint-Florentin, secrétaire d'État puis ministre de Louis XV, obtient du roi une « gratification de six mille livres à ceux qui pourront tuer la Bête féroce », gratification à l'occasion de laquelle l'intendant d'Auvergne rend une ordonnance en vue d'organiser les chasses collectives (19 février 1765). La Cour fait appel au même moment à un gentilhomme normand, Denneval, « le plus grand louvetier du royaume », pour organiser des battues (d'où une rivalité entre le commandant des troupes locales et ce gentilhomme), puis en juin 1765, après l'échec et le discrédit de Denneval, à Antoine de Beauterne, le « porte-arquebuse » du roi (lettre de Saint-Florentin à L'Averdy, contrôleur général des finances, 8 juin 1765). Mais l'histoire de la Bête, telle qu'elle nous advient par les documents textuels et iconographiques, révèle autant l'empreinte du pouvoir jusque dans les coins les plus reculés du royaume que les échos d'une parole populaire : on l'entend à travers certaines lettres de paroissiens lettrés ou de curés de campagne rapportant des récits de paysans, ou encore les complaintes et chansons, anonymes ou non, comme la complainte du sabotier ou la « chanson à la gloire de Jean Chastel » composée par Estaniol. De cette double veine, aristocratique et populaire, témoignent certains dessins, gravures ou estampes.

Ainsi la « Représentation de la Bête du Gévaudan qui a fait tant de ravages dans ce pays », qui met en présence la Bête et la Cour. Fantasme, car la Bête ici « représentée » au

« Représentation de la Bête du Gévaudan qui a fait tant de ravages dans ce pays », vers 1765. Bibliothèque nationale de France.

double sens du terme, n'est pas la Bête : le dénommé Antoine de Beauterne qui s'enorgueillit de l'avoir tuée au cours d'une chasse n'a tué qu'un grand loup, et c'est un paysan, un drôle de paroissien, Jean Chastel dit « Le Masque » (le sorcier) qui la tuera en juin 1767. Se mêlent ici paroles aristocratiques et paroles populaires, désir de maîtrise par le pouvoir et croyances magiques de paysans, mais aussi considérations de pseudo-savants, comme ce Joas de Papoux de Nîmes qui propose à l'évêque de Mende (mai 1765) d'appâter la Bête avec des femmes postiches, composées de « trois vessies de cochons et [du] col d'une brebis ou mouton dépouillés à chaux vives[9] », ou ce curé de Nouvel qui envisage de disposer dans la forêt plusieurs « femmes feintes, revêtues de leurs ornements ordinaires[10] ».

L'histoire de l'enfant sauvage de l'Aveyron suscite quant à elle une parole essentiellement savante, médicale, philosophique. D'après Thierry Gineste[11], le succès, populaire quoique urbain, du mélodrame de Pixérécourt *Victor, ou l'Enfant de la forêt* (1797), adaptation d'un roman de Ducray-Duminil paru l'année précédente[12], pourrait expliquer le choix que fit Jean-Marc-Gaspard Itard, le médecin qui entreprit son éducation, du prénom « Victor ». Bon nombre de « rapporteurs » de l'histoire, dont Itard bien sûr, sont des lecteurs des philosophes des Lumières, qui citent Condillac (l'*Essai sur l'origine des connaissances humaines* recense les cas d'enfants sauvages) ou Rousseau (note 3 du *Discours sur l'origine de l'inégalité*, *Essai sur l'origine des langues*) : n'a-t-on pas avec l'enfant sauvage « l'origine » même sous les yeux ? Le

9 Abbé Pourcher, *op. cit.*, I, p. 236.
10 *Ibid.*, p. 263.
11 Thierry Gineste, *op. cit.*, p. 38.
12 François Guillaume Ducray-Duminil, *Victor, ou l'Enfant de la forêt*, édition de Łukasz Szkopiński, Paris, Classiques Garnier, 2019.

21 thermidor an VIII dans son compte rendu à *La Gazette de France*, l'abbé Sicard, directeur de l'Institut des sourds-muets, écrit :

> Nous ne savons encore que très peu de choses sur cet enfant qui va être, dans ce moment, l'objet des observations des vrais philosophes, et qu'iront visiter sans doute avec empressement ceux qui, depuis longtemps, désiraient qu'on élevât loin de toute société et de toute communication intellectuelle, un enfant à qui personne n'eût jamais parlé, et dont on aurait épié jusqu'aux moindres mouvements qu'il aurait employés pour l'expression de ses premières pensées ; si tant est qu'on puisse penser sans signes fixes et convenus. Cet enfant est tout trouvé.

Le débat ouvert par les philosophes des Lumières sur le rapport entre la langue et les signes reste, ravivé par le groupe des Idéologues, d'une actualité brûlante. En l'an IV (1796), Destutt de Tracy lit à l'Institut un mémoire dans lequel il développe sa position sur la question, en prenant appui sur l'exemple des enfants sauvages et des sourds-muets de naissance[13] – la figure du sourd-muet de naissance était déjà au cœur de la *Lettre sur les sourds-et-muets* de Diderot (1751). Pour l'Idéologue, la pensée se développe à la faveur du langage de convention. L'année suivante, 1797, un concours organisé par la Classe des sciences morales et politiques, porte sur « l'influence des signes sur la formation des idées[14] ». Cette même année 1797, le premier président de la Société des observateurs de l'homme, Joseph de Maimieux, publie la

13 Destutt de Tracy, *Mémoire sur la faculté de penser*, lu le 2 floréal an IV, 21 avril 1796, publié dans les *Mémoires de l'Institut national des sciences et des arts, pour l'an IV de la République*, tome premier, Baudouin imprimeur, thermidor an VI.

14 Jean-Luc Chappey, *op. cit.*, p. 74.

Pasigraphie ou Premiers éléments du nouvel art-science d'écrire et d'imprimer en une langue de manière à être lu et entendu dans toute autre langue sans traduction[15].

Cette parole savante passe par une forme écrite cependant comparable à celle qui accompagne l'histoire de la Bête du Gévaudan, et qui jalonne son trajet : les rapports et relations. Poursuivant cette lecture historique « classique », on dira que ces rapports officiels *révèlent* la nouvelle organisation administrative de la France issue de la réforme engagée par la Constituante dès septembre 1789 : suppression des divisions provinciales, découpage de la France ; ce sera la réforme du 15 janvier 1790, née du projet du député Thouret, par laquelle la France se voit divisée en 83 départements. De ce nouveau découpage *témoigne* la multiplicité des rapports échangés par les représentants de l'administration à tous les échelons, dès la capture de l'enfant : du commissaire cantonal de Saint-Sernin au commissaire central de Rodez, du commissaire central de l'Aveyron à l'Institut des sourds-muets à Paris puis, après l'abandon par Itard de son entreprise d'éducation du sauvage, renvoi des années plus tard (5 mars 1811) de l'enfant sauvage hors de l'institution (lettre du ministre de l'Intérieur, comte de l'Empire, Montalivet, aux administrateurs des Sourds-muets). Les rapports *reflètent* donc une nouvelle organisation de l'espace, mais aussi l'organisation de l'espace du savoir dans la France consulaire puis impériale :

– notice historique sur le sauvage de l'Aveyron, par P.J. Bonnaterre, professeur d'histoire naturelle à l'école centrale du département de l'Aveyron ;

– rapports faits à la Société des observateurs de l'homme (fondée en 1799) à Paris, par « le citoyen Pinel, médecin de l'hospice de la Salpêtrière » (29 novembre 1800 et mai 1801) ;

15 Cité par Jean-Luc Chappey, *op. cit.*, p. 92.

– réponse d'Itard, médecin à l'Institut des sourds-muets à Pinel (qui diagnostique l'« idiotisme ») dans un premier mémoire, vendémiaire an X (*De l'éducation d'un homme sauvage ou Des premiers développements physiques et moraux du jeune sauvage de l'Aveyron*) ;
– second mémoire d'Itard : « Rapport fait à son excellence le ministre de l'Intérieur sur les nouveaux développements et l'état actuel du sauvage de l'Aveyron » (18 septembre 1806[16]).
L'enfant sauvage, comme la Bête du Gévaudan, perturbe les frontières : ici, ce sont les frontières administratives ainsi que la définition des champs du savoir que son itinéraire interroge. Dès sa capture, il s'inscrit dans un espace administratif compliqué. Ainsi, le département de l'Aveyron est, dès sa création, objet de l'attention des autorités politiques parce qu'il a vu la création d'une « armée chrétienne du Midi » en 1791. Peu après sa capture, l'enfant sauvage est confié aux soins de Pierre-Joseph Bonnaterre, professeur à l'école centrale de Rodez : les écoles centrales sont alors de création récente, et si Rodez a été préférée dans l'Aveyron à Villefranche comme siège de l'école centrale du département, c'est aussi en raison de la fiabilité politique de ses professeurs. Bonnaterre profitera cependant de l'arrivée du sauvage pour essayer de faire entendre sa voix aux autorités parisiennes, oublieuses des situations financières très précaires de nombre des professeurs nommés à Rodez[17].

De l'enfant sauvage, on peut, suivant Jean-Luc Chappey, faire une « histoire politique ». Elle nous enseigne notamment que la figure de l'abbé Sicard incarne à elle seule les troubles de l'époque. Personnalité éminente reconnue par les autorités

16 Les deux rapports d'Itard ont été publiés pour la première fois en 1964 par Lucien Malson, *Les Enfants sauvages*, Paris, 10/18, 1964.
17 Jean-Luc Chappey, *op. cit.*, p. 38-43.

depuis 1789, l'instituteur des sourds-muets est en butte aux attaques des patriotes lorsque est promulguée la Constitution civile du clergé (1790) : on l'accuse alors d'avoir donné asile à des prêtres réfractaires, et de s'en prendre au jacobin Valentin Haüy, directeur des Jeunes aveugles. Retranché dans son Institut, il ressurgit sur la scène publique à la chute de Robespierre, en étant notamment nommé professeur de grammaire à l'école normale de l'an III. Mais lors du coup de force républicain du 18 fructidor an V (4 septembre 1797), Sicard doit se résoudre à la clandestinité. Après le 18-Brumaire, le 10 nivôse an VIII (31 décembre 1799), au moment même où la capture de l'enfant sauvage devient publique, Sicard est autorisé par Lucien Bonaparte, ministre de l'Intérieur, à reprendre ses fonctions de directeur de l'Institut national des sourds-muets[18].

Mais revenons, sans quitter l'« histoire politique », au territoire qui nous occupe, de la Bête et de l'enfant. La confrontation des deux figures révèle, de part et d'autre de la coupure révolutionnaire, une transformation radicale de la relation au temps et à l'espace, catégories assurément informées par le pouvoir. L'histoire de la Bête s'inscrit dans un temps et un espace fortement marqués par l'empreinte chrétienne et ecclésiastique ; le repère temporel est souvent la fête religieuse, le repère spatial la paroisse : « Lorsque je fus à St Denis, écrit par exemple le syndic du diocèse à l'intendant le 6 mai 1765, j'appris qu'une bête ressemblant à un gros loup suivie par deux chiens que personne n'appuyait, parut, sur cette paroisse au bois de Mézeri au-dessous duquel une fille […] avait été dévorée le Vendredi-Saint[19]. » Curés des paroisses, commissaires du diocèse, évêque de Mende

18 Jean-Luc Chappey, *op. cit.*, p. 80-88.
19 Pourcher, *op. cit.*, II, p. 577.

interviennent directement, par exemple en accordant des gratifications aux chasseurs. Et la Bête peut bien être appelée « fléau de Dieu » par cet abbé Pourcher, auteur du premier ouvrage historique sur la Bête en 1889, qui écrit dans sa préface :

> Il est évident, par les nombreux documents apportés dans cette triste affaire, que le roi et ses premiers officiers ne négligèrent dans les commencements absolument rien ; mais tous ces actes officiels prouvent d'une manière péremptoire que Dieu est plus puissant que les hommes et que les uns et les autres manquèrent gravement en négligeant d'implorer son secours et en ne voulant pas reconnaître que la cause de ce fléau était la suppression de la fête de saint Sévérien, premier évêque de Mende, et l'abandon de la liturgie romaine.

Tout autre est la relation au temps et à l'espace lisible dans la littérature relative à l'enfant sauvage de l'Aveyron : nouveau découpage du temps par le calendrier révolutionnaire puis retour au calendrier grégorien le 1er janvier 1806 (le passage est manifeste dans les lettres échangées, de même que l'apostrophe au « citoyen ministre » se voit remplacée par celle de « Monseigneur » en 1806), renforcement constant de l'emprise et de la centralisation administratives. Sans doute cette centralisation n'est-elle pas le fait de la Révolution et du jacobinisme, la création du corps des intendants sous l'Ancien Régime relevant bien de la volonté de contrôle par la monarchie sur l'ensemble du territoire. L'analyse de Tocqueville, développée dans *L'Ancien Régime et la Révolution*, est connue : « La centralisation administrative est une institution de l'Ancien Régime et non pas l'œuvre de la Révolution et de l'Empire comme on le dit[20]. » Mais cette centralisation, renforcée par la Révolution puis par le Consulat et le Directoire, est exacerbée sous l'Empire : il s'agit bien de traquer le sauvage qui se joue des frontières, de l'inscrire dans un cadre, de le conduire sur un territoire balisé, quadrillé. C'est au nom du principe selon lequel « administrer doit être le fait d'un seul » que Bonaparte nomme les préfets : préfet dans le département, sous-préfet dans l'arrondissement, maire dans la commune, chacun se voyant délégué, à son échelle, le « pouvoir d'administrer ». C'est en pleine histoire du sauvage de l'Aveyron que la loi du 28 pluviôse an VIII renforce encore le dispositif, créant des conseils généraux, d'arrondissement, et municipaux. Émerge en effet, lors de la capture de l'enfant, le personnage du préfet de l'Aveyron dans les rapports qu'il échange directement avec le ministre de l'Intérieur (19 prairial an VIII, 4 messidor an VIII).

Les deux histoires de la Bête et de l'enfant révèlent également la profonde transformation de l'espace rural et des cultures de part et d'autre de la Révolution. L'histoire de la Bête nous présente le tableau d'une partie de la France soumise à la précarité des récoltes engendrée par les aléas météorologiques, précarité renforcée par les ravages de la Bête, et plus encore par un système agraire caractéristique du Midi de la France sous l'Ancien Régime. Ce système, que la Bête oblige justement à reconsidérer, se verra progressivement modifié : pas de vaine pâture ici, mais un système biennal (jachères-céréales) qui ignore le troupeau commun au profit du troupeau individuel. La Bête, qui attaque principalement les femmes et les enfants qui gardent les troupeaux, contraint

20 Alexis de Tocqueville, *L'Ancien Régime et la Révolution*, livre II, chapitre II, Paris, Gallimard, coll. « Folio Histoire », 1967, p. 98.

à la « compascuité » ou « dépaissance commune[21] ». Sur l'autre versant, celui de l'Aveyron post-révolutionnaire, si les aliments proposés au sauvage[22] ne sont jamais que l'ordinaire des campagnes françaises (noix, châtaignes, haricots secs), on notera la dilection de l'enfant pour la pomme de terre, crue ou cuite, cette plante qu'on a appelée « révolutionnaire », même si le mémoire de Parmentier est de 1770.

Poursuivant ce type de lecture documentaire, on pourrait encore suivre à la trace dans l'histoire de la Bête – comme paysans du Gévaudan, gentilshommes normands et grands veneurs de la Cour pistent la Bête – les signes avant-coureurs d'une fêlure du système monarchique. Cette voie nous fera cependant buter sur un piège. Il est vrai que résonnent dans certaines lettres des paroles de révolte : révolte des bourgeois de Malzieu contre le gentilhomme Denneval et son fils qui les engagent dans de harassantes battues (février 1765), plaintes contre Duhamel, commandant des troupes à Langogne, et ses troupes qui « traitent le Gévaudan en vrai pays de conquête ; exigent tout sans payer ». M. de La Barthe, de Marvejols, poursuit, s'adressant à l'intendant du Languedoc, le marquis de Saint-Priest : « Les chevaux, qui sont aussi peu nécessaires qu'une troisième roue à un chariot, détruisent les récoltes et je crois qu'il ne manque plus que brûler pour avoir une vraie image de guerre. Les plaintes se multiplient et le paysan est au désespoir[23]. » Plaintes, aussi, de la communauté villageoise de Saint-Alban relayées par le comte de Morangiès (3 mai 1765[24]). Mais pratiquer une telle lecture relève de ce que François Furet appelait « l'illusion rétrospective » par laquelle nous imprimons après coup une

---

21 Lettre de Lafont à Saint-Priest, 2 avril 1765, *in* Pourcher, *op. cit.*, p. 433-434.

22 Notice historique de Bonnaterre.

23 Pourcher, *op. cit.*, I, p. 182-183.

24 Pourcher, *op. cit.*, II, p. 560 *et sq.* et p. 590-597.

interprétation née de la connaissance où nous sommes de l'événement historique. En effet, faut-il donner une portée révolutionnaire à ce qui n'est pas des « doléances », au sens historique que nous donnons à ce terme après les cahiers dits de..., mais des plaintes assumées par les aristocrates locaux qui semblent ici faire corps avec les paysans ? Qu'on écoute le comte de Morangiès lorsqu'il s'adresse au syndic du diocèse :

> Il est bien clair que [Denneval] cherche l'occasion de nous nuire. J'y ai peut-être plus de part que personne, cela ne m'étonne pas infiniment. Parce que j'y ai affiché aux yeux de ce Normand l'amour de ma patrie, le zèle pour l'humanité, la droiture et la délicatesse dont mon cœur est pénétré. [...] Je vous serai [...] bien obligé de prévenir M. l'Intendant à ce sujet, afin de m'éviter le désagrément d'être forcé de mettre sous les yeux de la Cour et de tout le royaume, la conduite de cet imposteur[25].

Les mots « patrie », « patriotisme » invoqués par le comte de Morangiès, un fameux roué, contre « ce Normand de Denneval » n'ont assurément pas le sens que lui donne le préfet de l'Aveyron en juin 1800, lorsqu'il veut mettre l'enfant sauvage, dont le premier nom a été « Saint-Sernin », du canton où il a été trouvé[26], sous la « tutélaire protection » du ministre de l'Intérieur, représentant de l'État : « Il faut bien que la patrie l'adopte, dit-il, puisqu'il n'a point de famille. » Hypothèse étayée notamment par le changement

---

25 Pourcher, *op. cit.*, II, p. 598.
26 Constans Saint-Estève, commissaire du gouvernement, 31 janvier 1800.

sémantique du terme de « pays » : le sujet monarchique s'identifie à un espace régional, quand le citoyen est conduit à s'identifier à l'espace national.

Entrons à présent en d'autres territoires, interrogeons les frontières, aventurons-nous en terrain symbolique. C'est celui du « penser météore ». Où l'on verra que les deux figures de la Bête et de l'enfant sauvage sont l'envers l'une de l'autre.

Bête et idiot. Nouvelles frontières

On observe donc, dans le cas de la Bête comme dans celui de l'enfant sauvage, une forte inscription, extrêmement circonstanciée, dans le temps et dans l'espace. C'est de cet effet de rationalité qu'on peut partir pour entrer en terrain symbolique. On est frappé, en particulier, par la litanie des dates et des chiffres, par le goût de la liste et de la récapitulation (terme employé par l'abbé Pourcher) : ces listes produisent un effet de réel en même temps que de persistance mentale, comme on parle de persistance rétinienne. Il y a par exemple la récapitulation de Pourcher « Journal des ravages de la Bête du Gévaudan, depuis le mois de juillet 1764 jusqu'en juin 1765 », ou « L'état des endroits où nous avons jeté du poison, en partant de Mende, à l'occasion de la Bête », établi par les commissaires de diocèse au printemps 1767[27]. Même effet, qui ne manque pas d'ailleurs de poésie, produit par l'énoncé successif des dates du calendrier révolutionnaire dans le « rapport sur le Sauvage de l'Aveyron quant à son séjour à l'Institution » le 15 juin 1806[28], ou dans le récapitulatif des

27 Fabre, *op. cit.*, p. 153.
28 Gineste, *op. cit.*, p. 267.

dépenses faites par Antoine de Beauterne, voire dans la petite liste dressée par la veuve Guérin lorsqu'elle quitte l'Institut à l'été 1811 :

> Je reconnais avoir chez moi les objets ci-après désignés, appartenant à l'Institution des Sourds-Muets et qui m'ont été confiés pour l'usage du Sauvage de l'Aveyron mis en pension chez moi, savoir : une vieille couchette en chêne avec une barre – une paillasse – un matelas – un traversin – et une couverture en laine (marqués S.M.)[29].

L'une et l'autre figure suscitent une fureur de la mesure, de la rationalisation qui a peut-être partie liée avec la folie, du moins avec le choc face à l'extraordinaire. Il s'agit d'intégrer le phénomène (Constans Saint-Estève emploiera l'expression « être phénoméneux » à propos du sauvage) dans des catégories qui préexistent, et cela d'autant plus que les deux êtres sont « mutiques » : la Bête l'est par nature, et l'enfant sauvage est envoyé chez les Sourds-muets parce qu'il ne parle pas et semble ne pas entendre. De même que la Bête et l'enfant sauvage, pour un temps insaisissables, se jouent des frontières géographiques, fuient ou fuguent[30], de même ils échappent à toute catégorisation. Récapitulons à notre tour.

Pour la Bête qui, selon Buffon qui l'examina alors qu'elle était dans un état de putréfaction avancée, n'est jamais qu'un « loup énorme », la plupart des descriptions vont dans le sens du phénomène monstrueux (chat-tigre, hyène, singe,

29 *Ibid.*, p. 311.

30 Voir par exemple la « Relation générale et circonstanciée de tous les désordres commis par la Bête qui ravage le Gévaudan et les pays circonvoisins »,12 avril 1765.

loup-garou), quand la parole n'échoue pas à nommer : « Cette Bête, dira le curé d'Aumont, ressemble à un loup, mais ce n'est pas un loup. » Monstre, la Bête est aussi personnifiée : elle est « rusée », on prétend même l'avoir entendue parler. Mais son mutisme, car c'est son trait le plus constant, ne fait que renforcer le soupçon de sa possible humanité, du moins dans son essence démoniaque. L'interprétation selon laquelle la Bête aurait une part d'humanité court jusqu'à la période contemporaine. Selon Michel Louis[31], la Bête serait un hybride de loup et de chienne. Protégée d'une cuirasse, elle aurait été dressée à tuer par Antoine Chastel, fils de Jean Chastel, pour venger un autre fils envoyé aux galères en 1762. Les Chastel, qui ont eu maille à partir avec le porte-arquebuse du roi, seraient eux-mêmes dirigés par le comte de Morangiès, débauché sadique. Il s'agit, on le voit, d'entretenir « le mystère de la Bête ».

Quant au sauvage, c'est dans la catégorie « idiots » que les premiers aliénistes entendent le ranger.

Voici les pièces du dossier « enfant de l'Aveyron » auxquelles je recourrai :

- premier rapport Pinel du 8 frimaire an IX, qui compare « l'état actuel des fonctions organiques et des facultés morales de l'enfant connu sous le nom de Sauvage de l'Aveyron » et les « traits principaux de plusieurs enfants ou adultes de l'un et l'autre sexe, détenus dans les hospices, à titre d'un état plus ou moins complet d'idiotisme ou de démence[32] » ;
- deuxième partie du rapport Pinel (mai 1801) qui place l'enfant sauvage « en dessous même de certains idiots[33] » ;

31 Louis, *La Bête du Gévaudan*, *op.cit.*

32 Gineste, *op. cit.*, p. 201-202.

33 *Ibid.* p. 212.

Frontispice de l'ouvrage de J.M.G. Itard, *De l'éducation d'un homme sauvage, ou Des premiers développements physiques et moraux du jeune sauvage de l'Aveyron*, Paris, chez Goujon fils, imprimeur-libraire, vendémiaire an X (1801).
Bibliothèque nationale de France.

– *Dictionnaire des sciences médicales* de 1818, qui prolonge les conclusions de Pinel. L'entrée « Idiot », rédigée par Esquirol, sera reprise intégralement dans le tome 2 de son traité *Des maladies mentales* (1838) qui consacre un long chapitre à l'« idiotie » :

> Et ces hommes trouvés dans les bois, sur lesquels l'éloquence des philosophes du dernier siècle a appelé l'intérêt du monde civilisé, qu'on a montrés, avec affectation, à la curiosité publique, comme des hommes parfaits, bien supérieurs aux Newton et aux Bossuet ; ces infortunés n'étaient point des sauvages, c'étaient des idiots, des imbéciles abandonnés ou fugitifs, que l'instinct de leur conservation, et mille circonstances fortuites, ont préservés de la mort.
>
> Une mère coupable, une famille infortunée abandonne son fils idiot ou imbécile ; un imbécile s'échappe de la maison paternelle, et s'égare dans les bois, ne sachant se retrouver ; des circonstances favorables protègent son existence ; il devient léger à la course, afin d'éviter le danger ; il grimpe sur les arbres, pour se sauver du péril ; pressé par la faim, il se nourrit de tout ce qui tombe sous sa main – il est peureux, parce qu'il a été effrayé ; il est entêté, parce que son intelligence est faible : ce malheureux est rencontré par des chasseurs, amené dans une ville, conduit dans une capitale, placé dans une école nationale, confié aux instituteurs les plus célèbres ; la cour, la ville s'intéressent à son sort et à son éducation ; les savans font des livres pour prouver que c'est un sauvage, qu'il deviendra un Leibnitz, un Buffon : le médecin observateur et modeste assure que c'est un idiot. On appelle de ce jugement ; on fait de nouveaux écrits ; chacun veut tirer parti de

> cet événement ; les meilleures méthodes, les soins les plus éclairés sont mis en œuvre pour l'éducation du prétendu sauvage. Mais, de toutes ces prétentions, de tous ces efforts, de toutes ces promesses, de toutes ces espérances, qu'est-il résulté ? Que le médecin observateur avait bien jugé. Le sauvage n'était autre qu'un idiot. Concluons de ceci que ces hommes dépourvus d'intelligence, isolés, trouvés dans les montagnes, dans les forêts, sont des imbéciles, des idiots, bien égarés ou abandonnés[34].

Où est la différence entre le sauvage et l'idiot ? Elle est dans un regard porté sur l'altérité. Itard, qui écrit à la première personne, compatit avec le sauvage, au point que sous sa plume l'enfant de l'Aveyron devient une figure romantique de l'humain « jeté sur ce globe[35] », formule qui ouvre le premier mémoire et la possibilité d'une identification. Victor, qui n'a pas encore de nom, est à l'Institut des sourds-muets, sous le regard du médecin Itard :

> Un matin qu'il tombait abondamment de la neige et qu'il était encore couché, il pousse un cri de joie en s'éveillant, quitte le lit, court à la fenêtre, puis à la porte, va, vient avec impatience de l'une à l'autre, s'échappe à moitié habillé, et gagne le jardin. Là, faisant éclater sa joie par les cris les plus perçants, il court, se roule dans la neige, et la ramassant par poignées, s'en repaît avec une incroyable avidité[36].

---

34 E. Esquirol, article « Idiot », in *Dictionnaire des sciences médicales par une société de médecins et de chirurgiens*, Paris, Panckoucke, 1818, p. 510-511.

35 Itard, *De l'Éducation d'un homme sauvage…*, Avant-propos, *in* Gineste, *op. cit.*, p. 218.

36 *Ibid.*, p. 226.

Si dans certains fantasmes la Bête représente l'humanité dévoyée, l'interprétation des aliénistes tend, elle, à rejeter l'« idiot » aux confins de l'humanité. Pourtant, certaines planches jalonnant le traité *Des maladies mentales* rendent sensible la souffrance des idiots de la Salpêtrière. La leçon d'Itard, du moins celle des deux mémoires sur le sauvage, transparaît ici aussi, formulée par Thierry Gineste :

> Itard reconnaît en soi-même cette part inavouable de tout homme, cette part complètement humaine de l'homme et que le sauvage montre sans pudeur : l'homme en tant que sujet est assis sur un gouffre d'horreur [...]. La tentative abandonnée d'Itard, c'est cette découverte que le chemin de l'autre n'est que dans un entre-chien-et-loup peut-être impraticable et pourtant inévitable[37].

Oui, Itard renoncera à faire l'éducation du sauvage et se tournera vers une médecine purement physiologique. Les descriptions des cerveaux pratiquées par Esquirol sur dissection font froid dans le dos : l'« idiotie » peut être localisée, par là assignée. Voici un de ses comptes rendus anatomiques d'idiot :

> Les poumons atrophiés étaient refoulés vers la portion supérieure de la poitrine ; les plèvres contenaient de la sérosité, ainsi que la cavité péritonéale. Le cœur était petit et très mou. Les muscles décolorés se déchiraient facilement. Le squelette de cette idiote, qui fait partie de ma collection, est remarquable par sa légèreté,

37 *Ibid.*, p. 74.

> par l'énorme courbure de la colonne vertébrale, par la direction étrange du bassin et par l'étroitesse de la cavité gauche de la poitrine[38].

Bref, on assiste dans ces années-là, à l'aube du XIXe siècle et de l'Empire, à « des transformations majeures des conditions de perception de l'Autre[39] ». L'année 1797 était celle d'une porte qui s'ouvre, d'une intrusion dans les représentations. La porte ouverte, la Société des observateurs l'a vue aussi. De Gérando, en présentant le premier rapport d'Itard, dira à propos de l'enfant : « Il a franchi la limite, il est sur notre territoire[40]. » L'enfant sauvage, enfant météore, a permis, furtivement, de penser les confins.

---

38 E. Esquirol, *Des maladies mentales considérées sous les rapports médical, hygiénique et médico-légal*, vol. 2, Paris, J.B. Baillière, 1838, p. 329.

39 Chappey, *op. cit.*, p. 183.

40 Présentation du rapport de J.M.G. Itard par Joseph-Marie de Gérando à la Société des observateurs de l'homme le 20 octobre 1801 (28 vendémiaire an X), *in* Gineste, *op. cit.*, p. 256.

Chapitre II

Aux origines du mal du siècle

Ainsi, lorsque la rigueur du temps chassait tout le monde du jardin, c'était le moment qu'il choisissait pour y descendre. Il en faisait plusieurs fois le tour et finissait par s'asseoir sur les bords du bassin.
Je me suis souvent arrêté, pendant des heures entières, et avec un plaisir indicible, à l'examiner dans cette situation ; à voir comment tous ces mouvements spasmodiques et ce balancement continuel de tout son corps diminuaient, s'apaisaient par degrés ; et comme insensiblement sa figure insignifiante ou grimacière prenait un caractère bien prononcé de tristesse ou de rêverie mélancolique, à mesure que ses yeux s'attachaient fixement sur la surface de l'eau et qu'il y jetait lui-même de temps en temps quelques débris de feuilles desséchées.

J.M.G. Itard, *Mémoire sur les premiers développements de Victor de l'Aveyron.*

Les premiers aliénistes, et d'abord Philippe Pinel, qui relégua pourtant l'enfant de l'Aveyron dans la catégorie des « idiots », ont profondément modifié le regard porté sur la maladie mentale. Jean Starobinski a montré dans sa thèse de médecine comment la philosophie sensualiste du XVIIIe siècle négociait le passage d'une conception humorale à une conception nerveuse de la maladie mentale[1]. Esquirol, le successeur de Pinel, traitera la mélancolie comme une « maladie de la sensibilité ». Cependant, frappante est la coexistence de plusieurs discours dans les écrits des fondateurs de la psychiatrie : d'un côté demeurent des restes de l'ancienne théorie du tempérament, par exemple chez Cabanis[2], qui parle de « tempérament mélancolique ». D'un autre côté, le discours physiologiste gagne du terrain, comme on a pu le voir dans les descriptions anatomiques d'Esquirol. Mais ce qui se fait jour entre ces deux discours concurrents, ce sont les contours du « sujet moderne ». Il apparaît dans les silhouettes dessinées par les récits de cas, en particulier chez Pinel. Il apparaîtra aussi dans la littérature des premiers enfants du siècle.

C'est bien en 1797 que, du côté médical, commence l'histoire. 1797 : première édition de la *Nosographie philosophique* de Pinel ; rédaction du premier chapitre « Manie périodique ou intermittente » qui ouvrira son *Traité médico-philosophique*[3] (1800) ; mémoire du comte de Broutet « sur l'Hospice des Insensés d'Avignon » (18 juillet 1797) ; réouverture de l'hospice de Charenton (15 juin 1797). Les hôpitaux sont réorganisés. Surtout, l'année 1797 est celle qui voit la suppression des chaînes aux aliénés : c'est Jean-Baptiste Pussin, gardien

1 Jean Starobinski, « Histoire du traitement de la mélancolie », thèse déposée en 1959 à Genève, reprise dans *L'Encre de la mélancolie*, Paris, Seuil, 2012.

2 Pierre-Jean-Georges Cabanis, *Rapports du physique et du moral de l'homme*, 2 volumes, Paris, 1802.

3 Philippe Pinel, *Nosographie philosophique*, Paris, Maradan, an VI (1797), et *Traité médico-philosophique sur l'aliénation mentale et la manie*, Paris, Richard, an IX (1800).

de Bicêtre qu'on appellera le « gouverneur des fous », qui fait remplacer les chaînes par la camisole, en prairial an V[4] (mai 1797). Dans ce contexte a vu le jour le « traitement moral des aliénés » fondé par Pinel et le nouveau discours qui accompagne les descriptions de la maladie mentale.

Sur les marges de la littérature médicale résonne aussi cette première personne, celle du médecin Itard décrivant, au début du XIXᵉ siècle, le sauvage de l'Aveyron. Les récits de cas rapportés par Pinel et certaines « observations » d'Esquirol, bien avant les *Krankengeschichten* de Freud, frappent par leur parenté avec les paroles des premiers enfants du siècle : René, Oberman, Adolphe. Y a-t-il un lien entre ces figures mélancoliques, à la frontière du roman et de l'autobiographie pour les unes, issues de la littérature médicale pour les autres ? La Révolution et ses orages, « désirés » par certains, peuvent-ils expliquer une telle proximité de discours ?

Révolution et aliénation

Cette hypothèse s'est vue étayée par le beau livre de Laure Murat *L'Homme qui se prenait pour Napoléon*[5]. L'auteure y montre que la Révolution française, prise dans son ensemble, a généré de nouvelles pathologies mentales, des cas liés aux « événements

4 « J'ai tellement cherché à adoucir l'état de ces infortunés, qu'au mois de prairial de l'an V, je suis venu à bout de supprimer les chaînes (dont on s'était servi jusque-là pour contenir les furieux), en les remplaçant par des camisolles [*sic*] qui les laissent promener et jouir de toute la liberté possible, sans être plus dangereux. » Jean-Baptiste Pussin, « Observations faites par le C. Pussin sur les fous », premier nivôse an VI (1798), cité dans E. Esquirol, *Des Passions considérées comme causes, symptômes et moyens curatifs de l'aliénation mentale*, suivi de « Documents pour servir à l'histoire de la naissance de l'asile 1797-1811 », édités par Marcel Gauchet et Gladys Swain, Paris, Librairie des Deux-Mondes, 1980, p. 60.

5 Laure Murat, *L'Homme qui se prenait pour Napoléon. Pour une histoire politique de la folie*, Paris, Gallimard, 2011.

de la Révolution », comme le rapporte Pinel dans son « Tableau général des fous de Bicêtre au nombre d'environ 200 ». Si l'on ne peut pas dire que la Révolution a vu une augmentation du nombre de fous, la hantise de la guillotine, la suspicion généralisée sous la Terreur ont produit des souffrances mentales nouvelles, cas inédits que Pinel range dans une catégorie à part. « La Révolution, observe Laure Murat, invente la folie moderne ou du moins jette les bases de son organisation administrative et de son traitement médical, en se reconnaissant, pour une large part et dans le même mouvement, à la source même de ses ravages. Elle soignerait donc ce qu'elle a contribué à créer, sinon à étendre[6]. » Laure Murat souligne les qualités de rédacteur de Pinel, qui affirmera dans son *Traité médico-philosophique* avoir « toujours mis un grand prix à la Séméiologie », étude des symptômes cliniques certes, mais aussi analyse, comme on l'entend depuis Ferdinand de Saussure, des systèmes de signes[7].

Le premier chapitre du *Traité* de Pinel, écrit en 1797, identifie précisément la période révolutionnaire comme propre à favoriser les observations sur les aliénés :

> L'hospice de Bicêtre, confié à mes soins, à titre de médecin, durant l'an 2 et l'an 3 de la République, m'ouvrit un vaste champ pour poursuivre mes recherches sur la Manie, commencées à Paris depuis quelques années. Quelle époque plus favorable que celle des grands orages de la révolution, toujours propre à donner une activité brûlante aux passions, ou plutôt à produire la manie sous toutes ses formes[8] ?

6 *Ibid.*, p. 84.
7 *Ibid.*, p. 88.
8 Philippe Pinel, « Circonstances favorables pour mes recherches sur la Manie », *Traité médico-philosophique sur l'aliénation mentale, ou La Manie*, an IX, Paris, L'Harmattan, 2006, p. 9.

Passions encore : c'est le mot-titre de la thèse d'Esquirol, où il conserve un reste de sens moral, *Des Passions considérées comme causes, symptômes et moyens curatifs de l'aliénation mentale* (1805). La permanence souterraine de ce sens moral peut expliquer aussi certains effets littéraires, qui ne sont pas sans évoquer les moralistes du siècle classique, effets produits par le récit de ces cas que Pinel appellera « historiettes ». Dans un texte liminaire, Esquirol donne une explication générale au lien entre Révolution et aliénation :

> Les secousses politiques en mettant en jeu toutes les passions, en donnant plus d'essor aux passions factices, en exagérant les passions haineuses, en multipliant les besoins de certains individus, en privant les autres d'une fortune devenue nécessaire à leurs habitudes, les commotions politiques augmentent le nombre des aliénés : c'est ce qu'on a observé pendant la révolution d'Angleterre ; c'est ce qu'on observe en France depuis notre tourmente révolutionnaire[9].

Dès la *Nosographie philosophique*, Pinel faisait état d'une augmentation de certaines pathologies pendant la Révolution ; c'est le cas des cancers du sein, qu'il range dans la classe des hémorragies internes, ordre premier « Lésions, anomalies de la menstruation ». Mais à ces cancers, il attribue une cause morale : « Des chagrins profonds, l'ennui, le dégoût de la vie sont très propres à en accélérer le développement, ou même à l'exciter d'une manière directe. » Il en donne un exemple particulier :

> On croit avoir observé que le nombre de cancers aux mamelles s'est fortement accru depuis la révolution, et que les religieuses souvent tirées de leurs cloîtres, souvent

---

9 Esquirol, *Des Passions, op. cit.*, p. 15.

> réduites au dénuement le plus absolu, après avoir joui longtemps d'une vie régulière et commode, en ont offert des exemples fréquents[10].

En matière d'aliénation mentale, les « orages de la révolution » ont entraîné certaines pathologies que Pinel et à sa suite Esquirol recensent et classent, le second reprenant ici ou là des cas de Pinel. Ce sont d'abord des récits, dont voici quelques exemples tirés du *Traité médico-philosophique* :

> Un militaire, encore dans un état d'aliénation, après avoir subi le traitement ordinaire de l'Hôtel-Dieu, est tout à coup dominé par l'idée exclusive de son départ pour l'armée, et après avoir tenté en vain toutes les voies de la douceur, on a recours à la force pour le faire entrer le soir dans sa loge[11].

> Un jeune homme consterné du renversement du culte catholique en France, et dominé par des préjugés religieux, devint maniaque, et après le traitement usité de l'Hôtel-Dieu, il est transféré à Bicêtre[12].

> Un des plus fameux horlogers de Paris s'infatue de la chimère du mouvement perpétuel, et pour y parvenir, il se livre au travail avec une ardeur infatigable ; de-là la perte du sommeil, l'exaltation progressive de l'imagination, et bientôt un vrai délire par le concours des terreurs renaissantes qu'excitaient les orages de la révolution. Le renversement de sa raison est marqué

10 Pinel, *Nosographie philosophique*, *op.cit.*, t. II, 2e édition, an XI [1802], p. 496.
11 Pinel, *Traité médico-philosophique*, *op. cit.*, p. 58.
12 *Ibid.*, p. 59.

> par une singularité particulière. Il croit que sa tête a tombé sur l'échafaud, qu'on l'a mise, pêle-mêle, avec celle de plusieurs autres victimes, et que les juges, par un repentir tardif de leur arrêt cruel, avaient ordonné de reprendre ces têtes, et des rejoindre à leurs corps respectifs ; mais que, par une sorte de méprise, on avait rétabli sur ses épaules celle d'un de ses compagnons d'infortune[13].

Les « historiettes » sont aussi des portraits déployés souvent en une phrase au présent s'ouvrant par un substantif précédé d'un article indéfini : « un militaire », « un jeune homme », « un des plus fameux horlogers de Paris ».

Le nombre des aliénés reçus à Bicêtre ne semble pas, on l'a dit, augmenter de façon significative entre 1789 et 1793, mais Pinel fait état du recensement effectué en l'an III (1794) et observe que sur cent treize aliénés « sur lesquels [il a] pu obtenir des informations exactes », trente « avaient été réduits à cet état [...] par des événements de la révolution[14] », soit environ un quart de la population de l'hospice.

La suite du *Traité* évoque de nombreux autres cas liés à la Révolution. L'écriture présente les mêmes traits, en dépit de variantes. Certains cas plus développés donnent lieu à de véritables saynètes, d'autres sont des portraits simplement esquissés. Difficile pour le lecteur actuel de résister à l'effet de fiction produit par ces récits, qui usent de procédés propres au roman, notamment en modulant les degrés du discours dans la parole rapportée (direct, indirect, narrativisé).

---

13 *Ibid.*, p. 66-67. Laure Murat s'arrête également sur ce cas dans le chapitre « 1793 ou comment perdre la tête », dans *L'Homme qui se prenait pour Napoléon, op. cit.*, p. 99-100.

14 Pinel, *Traité médico-philosophique, op. cit.*, p. 110.

Cas de délire mélancolique :

> L'intendant d'un grand seigneur perd sa fortune à l'époque de la révolution ; il passe plusieurs mois dans les prisons, toujours livré aux frayeurs d'être conduit au supplice ; sa raison s'égare ; il est transféré comme aliéné à Bicêtre, et finit par se croire roi de France[15].

Cas de démence :

> Un homme d'un patriotisme ardent, mais peu éclairé, qui était un des plus zélés admirateurs du fameux Danton, se trouve présent à la séance du Corps législatif où fut prononcé le décret d'accusation contre ce député ; il se retire dans une sorte de consternation et de désespoir, reste renfermé chez lui plusieurs jours, livré aux idées les plus sinistres et les plus mélancoliques. « Comment ? Danton un traître ! répète-t-il sans cesse ; on ne peut plus se fier à personne et la République est perdue ! » Plus d'appétit, plus de sommeil, et bientôt l'aliénation la plus complète : il subit le traitement usité au ci-devant Hôtel-Dieu, et il est conduit à Bicêtre. Je l'ai gardé plusieurs mois aux infirmeries de cet hospice, livré à une sorte de rêvasserie douce, à un babil confus et non interrompu de termes les plus disparates ; il parlait tour à tour de poignards, de sabres, de vaisseaux démâtés, de vertes prairies, de sa femme, de son chapeau, etc. ; il ne songeait à manger que lorsqu'on mettait ses aliments dans sa bouche, et il était absolument réduit à une existence automatique[16].

---

15 *Ibid.*, p. 143.
16 *Ibid.*, p. 162-163.

Le registre est tantôt presque comique, tantôt pathétique, au diapason du drame humain déployé sous nos yeux. Anecdotes, portraits, ébauches de romans, scènes théâtrales se succèdent dans ces récits où passe pourtant la commotion historique de la Révolution, grand fracas dont on a une idée dans le cas suivant, d'idiotisme (« oblitération des facultés intellectuelles et affectives ») :

> Un artilleur, l'an deuxième de la République, propose au Comité de salut public le projet d'un canon de nouvelle invention, dont les effets doivent être terribles ; on en ordonne pour un certain jour l'essai à Meudon, et Robespierre écrit à son inventeur une lettre si encourageante, que celui-ci reste comme immobile à cette lecture, et qu'il est bientôt envoyé à Bicêtre dans un état complet d'idiotisme[17].

D'autres cas utilisés par Pinel dans le courant de l'argumentation du *Traité* donnent la mesure de ce « fond inépuisable d'historiettes plus ou moins piquantes » dans lequel puise l'aliéniste. Un de ces cas mérite qu'on s'y arrête. C'est celui d'un ouvrier tombé dans une « mélancolie profonde » parce qu'il a laissé « un jour échapp[er] en public quelques réflexions sur le jugement et la condamnation de Louis XVI ». Il fait l'objet d'un récit de thérapie morale, provisoirement réussie, récit en effet particulièrement « piquant ». Car pour guérir l'aliéné, Pinel imagine, en accord avec trois jeunes médecins, une véritable mise en scène :

> Je me concerte donc avec trois jeunes médecins, et je charge du principal rôle celui qui a l'air le plus grave

17 *Ibid.*, p. 68.

> et le plus imposant. Ces commissaires en habit noir et avec tout l'appareil de l'autorité, se rangent autour d'une table et font comparaître le mélancolique.

Est alors prononcée, de façon prétendument officielle, une sentence d'acquittement :

> Nous, commissaires, en vertu du plein pouvoir qui nous a été accordé par l'Assemblée nationale, avons procédé, suivant les formes usitées, à l'examen juridique du cit..., et nous reconnaissons n'avoir trouvé en lui que les sentiments du plus pur patriotisme ; il est donc acquitté de toute poursuite intentée contre lui, et ordonnons qu'il recouvre sa liberté entière et qu'il soit rendu à sa famille[18].

Ces « fictions curatives » (Starobinski) ont pu inspirer le directeur de l'hospice de Charenton quand Sade y fut interné : les fameuses représentations théâtrales données par le divin marquis à la demande de Coulmier se prétendaient inscrites dans le cadre du traitement moral.

Nous avons parlé, pour nous lecteurs contemporains, d'effets de fiction produits par ces récits de cas. Ils sont moins évidents dans les textes d'Esquirol, qui systématise et développe l'approche nosologique de Pinel :

> Non seulement les passions sont la cause la plus commune de l'aliénation, mais elles ont avec cette maladie et ses variétés des rapports de ressemblance bien frappants.

---

18 *Ibid.*, p. 233-236. Mais du jour où l'ouvrier fut informé que la sentence n'était qu'une plaisanterie, il retomba dans son « ancien délire ».

> Toutes les espèces d'aliénation ont leur analogie, et pour ainsi dire leur type primitif dans le caractère de chaque passion[19].

Chez Esquirol, l'aspect « historiette » s'efface derrière une typologie d'allure plus scientifique. En 1805, Esquirol n'écrit plus dans l'œil du cyclone révolutionnaire. Mais il relève à son tour, au gré de ses « observations », des cas pathologiques liés à la Révolution et à ses développements. Le style est comparable à celui de Pinel, en particulier dans l'esquisse du portrait et l'emploi de la parataxe, c'est-à-dire de l'absence de subordination :

> Un curé de 58 ans, d'une constitution robuste, menait avant la révolution une vie active. Au commencement de la révolution, il se prononce pour la réforme du haut-clergé ; mais il est très affecté des excès de la révolution et de la destruction totale de la religion. Il perd différentes sommes qu'il avait placées. Les églises sont rouvertes pour devenir bientôt des temples décadaires. M.*** tombe alors dans la plus grave mélancolie. Il devient sombre, taciturne, ne veut plus manger. Il s'accuse d'avoir commis des crimes horribles ; désespéré de la miséricorde divine, il dit être un scélérat indigne de jouir de la vie.

Mais l'effet de fiction tend à disparaître derrière l'accélération du récit – ce que la narratologie appelle « sommaire » –, et ce, en dépit de l'emploi du présent :

> Pendant deux ans, il passe dans cet état. On lui apporte les articles organiques du concordat. Aussitôt après la lecture de cette pièce, M.*** court de tous côtés, voit

---

19 Esquirol, *Des Passions…*, *op. cit.*, p. 21.

> ses amis, leur annonce sa guérison. En effet, depuis cette époque, il jouit d'une santé parfaite[20].

Voilà le curé atteint puis guéri par les circonstances : une révolution, au sens propre. Quand Pinel donne une description de l'humanité, Esquirol écrit en thérapeute. La mention même de la guérison atténue l'effet pathétique que peut produire le portrait de la souffrance mentale.

Les récits de cas permettent surtout à Esquirol de présenter les vertus de nouvelles thérapies : exercices du corps, culture de la terre, bains tièdes ou bains de surprise, « traitement moral ». Pinel n'en est pas l'inventeur. Il se réclame de Crichton, de Willis, fait état d'expériences thérapeutiques en Angleterre, à Vienne, en Hollande, salue le rôle de Pussin et des « concierges » d'hospices. Mais selon Jan Goldstein, « le lien entre la révolution et le traitement moral fut bien plus que circonstanciel : il détermine la nature même de la thérapie. [...] La douceur est à la fois posée comme un traitement médical et une exigence politique[21] ». Le comte de Broutet, auteur de ce mémoire, primé, « sur l'Hospice des insensés d'Avignon » (18 juillet 1797) où, il est vrai, il déplore « les temps désastreux de la révolution », s'adressait dès 1792, en réponse à l'enquête nationale lancée par Tenon, à la Convention nationale et aux « amis de l'humanité » :

> Il est temps que les insensés soient traités plus humainement, et plus attentivement [...]. Il était réservé aux

20 *Ibid.*, p. 76-77. Une note précise : « Extrait de l'excellente Dissertation sur la mélancolie », par M. Carpentier.

21 Jan Goldstein, *Consoler et classifier. L'essor de la psychiatrie française*, traduction de Françoise Bouillot, Paris, Les Empêcheurs de penser en rond, 1997 [*Console and Classify. The French Psychiatric Profession in the Nineteenth Century*, Cambridge University Press, 1987].

> représentants si éclairés d'une nation régénérée, aux vrais amis de l'humanité, de venir au secours de ces infortunés si dignes de compassion, qui peuvent devenir encore d'excellents républicains[22].

Dans son introduction au *Traité médico-philosophique*, Pinel met aussi l'accent sur ce moment, la Révolution, favorable à la mise en pratique d'un nouveau traitement, qui doit ses fondements théoriques aux Lumières, puis à l'Idéologie. Il revendique dans le même mouvement une nouvelle manière d'écrire en harmonie avec ce programme humaniste :

> Un ouvrage de Médecine publié en France à la fin du XVIIIe siècle, doit avoir un autre caractère que s'il avait été écrit à une époque antérieure ; un certain essor dans les idées, une liberté sage et surtout l'esprit d'ordre et de recherche qui règne dans toutes les parties de l'histoire naturelle doit le distinguer ; ce ne sont plus des vues particulières ou l'intérêt de quelque corporation puissante qui doivent l'avoir dicté. C'est une philanthropie pure et franche[23].

C'est ce nouvel esprit qui a rendu possible un autre regard sur la folie, que l'usage lexical signale et entérine : les « fous » deviennent des « insensés », puis « aliénés », en vertu de l'idée-phare de Pinel, que demeure souvent dans le sujet un reste de raison. Une telle approche a sans doute été inaugurée par ceux qui sont au plus près des malades, comme Pussin, surveillant de l'hospice de Bicêtre, ou Haslam, apothicaire de l'hôpital de Bethléem à Londres.

---

22 Mémoire du 18 juillet 1792. Le comte de Broutet était sur la « fatale charrette » lorsqu'un courrier suspendit *in extremis* l'exécution de la sentence.

23 Pinel, Introduction au *Traité médico-philosophique, op. cit.*, p. LVI.

> Je voudrais bien qu'en médecine on comptât pour quelque chose, comme on le fait en physique, en chimie, en botanique, un jugement sain, une sagacité naturelle, un esprit inventif, dépouillés de tout autre privilège ; qu'on s'informât peu si tel homme a fait certaines études d'usage, ou rempli certaines formalités, mais seulement s'il a approfondi quelque partie de la science médicale, ou s'il a découvert quelque vérité utile[24].

Il est vrai que si l'esprit des Lumières et de l'Idéologie a favorisé en Europe la naissance du traitement moral, les circonstances révolutionnaires elles-mêmes ont souvent fait obstacle à sa mise en œuvre : désorganisation de l'administration, massacre des prisons[25], terrible disette de l'an IV[26]. Le traitement moral, parce qu'il repose sur l'idée que la folie n'est pas, le plus souvent, d'ordre anatomique, permet aussi de considérer les circonstances de la Révolution au nombre des « causes » possibles de la folie.

Le lien Révolution/aliénation est pourtant à chercher ailleurs que dans une causalité strictement historique. Ailleurs, ou, plus largement, dans cette « révolution moderne de l'identité qui accompagne les révolutions de la liberté et de l'égalité[27] ». Elle a produit au moins pour un temps un nouveau discours, qui construit une subjectivité, voire institue le sujet. Cette subjectivité, on la dira « romantique », parce que nous y reconnaissons la modernité. Romantique aussi, parce qu'elle porte en elle une forme de mélancolie. Faut-il voir dans cette mélancolie, sensible dans l'écriture

---

24 *Ibid.*, p. XLVI-XLVII.

25 Pinel, *Traité médico-philosophique*, *op. cit.*, p. 153-154.

26 *Ibid.*, p. 217-220.

27 Marcel Gauchet, « De Pinel à Freud », *in* Gladys Swain, *Le Sujet de la folie. Naissance de la psychiatrie*, Paris, Calmann-Lévy, 1997, p. 12.

de Pinel, non dans celle d'Esquirol, une forme de folie *aussi* ? Bien que revendiquant pour la science qu'il a contribué à fonder une « liberté sage », un « esprit d'ordre et de recherche », Pinel semble succomber lui-même au plaisir de la fiction. Il ne suffit pas de dire que la science alors se démarque mal de la littérature, même si c'est indéniable. Point de territoires distincts jusqu'au début du XIXe siècle, comme l'observe Mme de Staël dans *De la littérature*. Mais la contagion mélancolique est sensible chez Pinel, pris entre le siècle précédent, dont il endosse les habits quand il se fait moraliste, et le siècle suivant, auquel appartient pleinement Esquirol, siècle qui exige scientificité et partage les territoires.

Voilà pourquoi, à une certaine distance des circonstances, et parmi d'autres figures de la galerie de portraits dessinés par les aliénistes, se distingue, « chue d'un désastre obscur », la silhouette sombre du jeune homme mélancolique et rêveur, première incarnation, presque contemporaine de René, de l'enfant du siècle.

Les premiers enfants du siècle

Les récits de cas rapportés par Pinel, plus encore que par Esquirol, relèvent de plusieurs genres ou formes littéraires : « historiette », anecdote, conte, fable, mais aussi théâtre. Pinel en a conscience, mais il s'efforce de replacer ces cas sur le terrain médical, qui est aussi philosophique et moral. Telle est la souffrance du mélancolique :

> Ce serait un fond inépuisable d'historiettes plus ou moins piquantes, que le rapprochement des observations particulières rapportées par les Médecins, sur les lésions

> de l'imagination, sur les illusions qui les dominent, et sur les expédients plus ou moins ingénieux qu'on a tentés pour les guérir. On regarderait même ces faits comme des contes frivoles, si les hospices ne fourmillaient de pareils exemples d'autant plus saillants, qu'ils sont souvent l'écueil de tous les moyens que peut employer la médecine[28].

Certains cas ne s'ouvrent-ils pas aussi comme de plaisantes fables ? Telle celle de l'horloger ou celle du missionnaire :

> Un missionnaire, par ses fougueuses déclarations et l'image des tourments de l'autre vie, épouvante tellement un vigneron crédule, que ce dernier se croit franchement dévolu aux brasiers éternels[29]...

La littérature fournit d'ailleurs le modèle de certains tableaux pathologiques, et les moralistes, La Bruyère en tête, sont convoqués comme de fins observateurs des travers de l'humanité, que le médecin rencontre *in vivo* :

> L'esprit de légèreté extrême et d'une folle distraction, les inconvenances extravagantes et sans cesse répétées, les étourderies bizarres qui forment le caractère de Ménalque dans l'ouvrage de La Bruyère (chap. III), sont loin d'être un de ces tableaux imaginaires qui n'existent que dans les romans. Le médecin observateur peut remarquer quelquefois dans la société ce premier degré

---

28 Pinel, *Traité médico-philosophique*, *op. cit.*, Section VI, « Principes du traitement médical des aliénés », § 3, « La Guérison de la mélancolie souvent très difficile ; variété des moyens à mettre en usage », p. 231-232.

29 *Ibid.*, « Exemple d'une mélancolie avec bigoterie », p. 72.

> de démence dont on trouve des modèles complets dans les hospices[30].

Rien d'étonnant non plus à retrouver, par exemple, le Gnathon de La Bruyère sous la plume d'Esquirol ; car poser que les passions sont les « causes, symptômes et moyens curatifs de l'aliénation mentale », c'est s'inscrire dans la continuité des moralistes classiques, mais aussi de Descartes (*Traité des passions de l'âme*) ou de Le Brun (*Conférence sur l'expression générale et particulière*). La proximité stylistique entre la page d'Esquirol décrivant l'orgueil et le caractère de La Bruyère est frappante – à l'humour près : même usage de la parataxe, du présent descriptif, du pronom « il » en anaphore, des pronoms indéfinis, des possessifs. Esquirol assume la comparaison :

> La peinture que les moralistes ont tracée de l'orgueil offre les mêmes traits que la manie ou la mélancolie orgueilleuse. L'homme dévoré de cette passion affecte une grandeur qui trompe et qui en impose ; il juge et décide de tout sans discrétion et sans prudence ; tout ce qui est en opposition avec ses idées est injuste et déraisonnable ; la résistance l'aigrit, et ne fait que l'affermir dans ses sentiments. Il est rare qu'il cède aux remontrances et aux raisons, à moins qu'ils ne flattent son amour-propre. Si on le contrarie, il met en œuvre la colère et la vengeance. Plein de lui-même, de son mérite et de ses perfections, il croit être seul digne de l'estime qu'on fait de lui, du rang qu'il tient dans le monde, du respect qu'on lui porte, des louanges qu'on lui donne, de la soumission qu'on lui témoigne ; tout son être l'anime : il compose son front et ses yeux ; il modifie le

30 *Ibid.*, p. 161.

> ton de sa voix ; il règle sa démarche ; ne paraît qu'avec ostentation ; il ne marche qu'avec bruit ; il ne se confond point avec le vulgaire, il exige la première place ; tous les moyens lui conviennent pour atteindre son but[31].

Sans doute l'aliéniste rédigeant sa thèse recourt-il « naturellement » à des procédés stylistiques enseignés dans les classes de rhétorique et dont il est pétri. L'hypotypose, la prosopographie et l'éthopée[32] en sont quelques-uns :

> Voyez-vous cet homme, le visage enflammé, la physionomie convulsive, les yeux rouges, étincelants ; le corps vacillant ? Ses membres préludent à quelque acte de vengeance : les propos les plus vifs et les plus humiliants sont sur ses lèvres ; sa voix est rauque, dure et menaçante ; ses phrases sont courtes, rapides, entrecoupées ; il semble que l'organe de la parole n'a pas assez de mobilité pour suffire à l'expression des idées qui se présentent en foule et sans ordre à son imagination exaltée par la colère. Applaudit-on à ses emportements, il se croit soutenu et redouble d'imprécations et de fureurs. Le contrarie-t-on de vive force, le mal est à son comble ; les excès de tout genre vont terminer cette scène terrible[33].

Un tel texte réclamerait une analyse stylistique de détail qui mettrait en évidence le travail concerté de l'écrivain à travers, par exemple, les interrogations oratoires, les rythmes ternaires,

31 Esquirol, *Des Passions…*, *op. cit.*, p. 24.

32 « L'hypotypose peint les choses d'une manière si vive et si énergique, qu'elle les met en quelque sorte sous les yeux, et fait du récit une description ou une image, un tableau, ou même une scène vivante ». Prosopographie : description physique ; éthopée : description morale. (Fontanier, *Les Figures du discours* [1827].)

33 Esquirol, *Des Passions…*, *op. cit.*, p. 21-22.

binaires. Dans son ouvrage *Lire le délire*, Juan Rigoli recense maints traits stylistiques, mais aussi les genres littéraires croisés par la littérature des aliénistes (autobiographie, journal intime, roman épistolaire monodique) et parvient à la conclusion que « l'aliénisme s'est tenu constamment au point de rencontre de la littérature et de la médecine[34] ».

La littérature aliéniste du « moment 1800 », à la frontière de formes classiques héritées du Grand siècle d'une part, et d'une nouvelle approche du sujet qui requiert un nouveau langage d'autre part, rencontre ainsi la littérature des premiers romantiques. La transition se joue sans doute avec la mélancolie. Pinel précise que cette affection est un « chagrin profond tourné en habitude » :

> [dont la « terminaison »] est tantôt un penchant irrésistible au suicide, tantôt un délire doux ou un état de fureur, mais avant cet égarement total il survient plusieurs affections : vésanies passagères, air sombre ou plutôt sauvage misanthropie ; traits du visage altérés, regard en dessous et farouche, trouble et confusion dans les idées, sorte d'état de stupeur ou d'ivresse, puis tout à coup explosion de la manie la plus violente[35].

Esquirol en donne le tableau suivant :

> Dans la mélancolie triste, le visage est pâle, les traits de la face concentrés, la physionomie douloureuse ; les yeux caves, abattus, le regard soupçonneux, les mouvements lents. Ce ne sont que des plaintes sourdes, des

34 Juan Rigoli, *Lire le délire. Aliénisme, rhétorique et littérature en France au XIXe siècle*, Paris, Fayard, 2001.

35 Pinel, *Traité médicaux-philosophique*, *op. cit.*, Introduction, p. XXIX.

> gémissements, des soupirs entremêlés de monosyllabes qui s'échappent sans but [...]. L'homme arrivé au dernier degré du désespoir, et le mélancolique, ne s'occupent que de leurs infortunes vraies ou imaginaires. Ils ne songent à leur famille et à leurs amis que par élans, ou bien pour s'en plaindre, ou pour se reprocher à eux-mêmes leurs prétendus torts. La vue des personnes les plus chères, loin de les arracher à leurs sombres idées, aggrave leurs maux, aigrit leur chagrin[36].

On appréciera, dans cette page, l'art de la métaphore et de l'euphémisme. Quelques pages plus loin, Esquirol ne contraint plus son lyrisme, lorsqu'il évoque le cas de l'« amant désespéré » insensible au secours d'un ami :

> Cet ami rare, et je l'ai vu, le cœur gros de soupirs, les yeux baignés de larmes, espère, par ses soins affectueux, rendre à son ami cette raison, cette sensibilité, source de leur attachement et de leur bonheur. Bientôt, malheureux ami ! tu seras compris dans la proscription générale, et tes soins seront pour ton ami malade des preuves nouvelles que tu t'es laissé corrompre par ses ennemis[37].

La description du mélancolique, de l'amant désespéré, sourd aux prévenances de l'ami rare, tout évoque les textes de fiction du XVIIIe siècle sur son versant sensible et larmoyant, avec ses grandes figures mélancoliques : le chevalier Des Grieux, qui n'écoute pas les conseils de Tiberge ; Cleveland, du même abbé Prévost ; Saint-Preux ; le Dorval du *Fils naturel*, traître malgré lui à son ami Clairville ; bien sûr, le Werther de

---

36 Esquirol, *Des Passions...*, *op. cit.*, p. 25-26.
37 *Ibid.*, p. 33.

Goethe, insensible aux soins de Wilhelm, et, bien plus tard, le personnage d'Octave de *La Confession d'un enfant du siècle* (1836), que n'atteignent pas les conseils de son ami Desgenais. Partout, même fermeture au monde. Werther le formulait en ces termes : « L'univers autour de moi a disparu[38]. » On sait que Werther inaugure le paradigme du mélancolique romantique (*Sturm und Drang*) ; subtile, si variée y est la déclinaison de la mélancolie, *Trauer, Missmut, Schwermut, Wehmut*... Sans doute le roman de Goethe *Les Souffrances du jeune Werther* (1774) semble-t-il éloigné de la période qui nous occupe, du moment transitionnel de l'entre-deux-siècles. Du moins *Werther* semble avoir initié, avec le type du mélancolique, objet d'une reproduction constante jusqu'en 1830 au moins, un nouveau discours sur le sujet, que l'on peut identifier à travers une sorte de mutation stylistique. La description de la « passion », qui se voit chargée alors d'un sens nouveau, ne se dit plus sur un mode essentialiste, tous les aspects renvoyant à l'essence d'un « caractère ». Le mode discursif est celui de l'instabilité et de la variation. La Révolution en France a-t-elle précipité ce sentiment d'instabilité, a-t-elle introduit le temps à l'intérieur de la personne ? A-t-elle favorisé aussi une perception de la maladie mentale qui prend en charge cette instabilité ? C'est d'abord l'intermittence qui caractérise ce mode discursif.

Et typique dans tous nos textes est la récurrence des adverbes ou locutions adverbiales « tantôt... tantôt », « quelquefois », « parfois », qui disent la mobilité d'un être imprévisible, insaisissable à celui-là même qui écrit. Ainsi le Werther de Goethe :

---

38 « Die ganze Welt verliert sich um mich her », *Les Souffrances du jeune Werther*, éd. bilingue, traduction Bernard Groethuysen, Paris, Gallimard, coll. « Folio », 1990, p. 99.

> Quelquefois [*oft*] il ralentissait sa marche précipitée ; quelquefois il s'arrêtait, et semblait vouloir retourner sur ses pas. Il continua cependant son chemin, toujours livré à ces idées, à ces conversations solitaires ; et arriva enfin, presque malgré lui, à la maison de chasse[39].

Le René de Chateaubriand (1802) :

> Mon humeur était impétueuse, mon caractère inégal. Tour à tour bruyant et joyeux, silencieux et triste, je rassemblais autour de moi mes jeunes compagnons ; puis, les abandonnant tout à coup, j'allais m'asseoir à l'écart, pour contempler la nue fugitive, ou entendre la pluie tomber sur le feuillage[40].

Ou Oberman de Senancour (1804) :

> Je suis moi-même plus incertain, plus variable que ce climat bizarre. Ce que j'aime aujourd'hui, ce qui ne me déplaît pas, lorsque vous l'aurez lu, me déplaira peut-être, et le changement ne sera pas grand. Le temps me convient, il est calme, tout est muet ; je sors pour longtemps : un quart d'heure après on me voit rentrer[41].

Et encore Adolphe de Benjamin Constant (1816) :

> Quelquefois je cherchais à contraindre mon ennui ; je me réfugiais dans une taciturnité profonde : on prenait cette taciturnité pour du dédain. D'autres fois, lassé

---

39 Goethe, *Werther*, *op. cit.*, p. 303.
40 Chateaubriand, *René*, Garnier-Flammarion, 1964, p. 149.
41 Senancour, *Obermann*, Paris, Gallimard, coll. « Folio », 1984, p. 392.

> moi-même de mon silence, je me laissais aller à quelques plaisanteries, et mon esprit, mis en mouvement, m'entraînait au-delà de toute mesure[42].

L'intermittence est une notion capitale pour Pinel ; rappelons le titre du premier chapitre de son *Traité médico-philosophique* : « Manie périodique ou intermittente. » Peut-être la psychiatrie contemporaine parlerait là de « troubles bipolaires », ou de symptômes « maniaco-dépressifs ». Dans l'intermittence, lisible dans les tableaux de mélancoliques en médecine comme dans la littérature du mal du siècle, on voudra bien voir un aspect de la « révolution anthropologique » qui se poursuit au tournant des XVIIIe-XIXe siècles[43]. À la mélancolie comme « mal du siècle », Oberman avance une explication historique : « La politique, dans la véritable acception de ce mot, s'est absentée de notre terre » (1804). Il est difficile d'affirmer que les circonstances révolutionnaires auraient entraîné une pathologie particulière, le Werther de Goethe en ayant été atteint bien plus tôt. Mais la Révolution française est sans aucun doute à l'origine d'une conscience historique. Est-ce le sens du mot « *Historismus* » qui selon Zeev Sternhell apparaît pour la première fois en 1797 sous la plume de Friedrich Schlegel[44] ? Sternhell cite ici Meinecke, selon lequel l'historicisme serait une révolte contre l'idée que l'homme « est resté fondamentalement toujours semblable à lui-même[45] ».

42 Benjamin Constant, *Adolphe*, Paris, Garnier-Flammarion, 1965, p. 56-57.

43 Expression employée par Jean Rohou à propos du XVIIe siècle. Voir « la révolution anthropologique du XIXe siècle », *Le Débat*, n° 130, mai-août 2004.

44 Zeev Sternhell, *Les Anti-Lumières. Du XVIIIe siècle à la guerre froide*. Paris, Fayard, 2006. Introduction, p. 22.

45 Friedrich Meinecke, *Die Entstehung des Historismus*, Munich, R. Oldenbourg Verlag, 1959. Cité par Zeev Sternhell, *op. cit.*, p. 23.

Ce que l'on peut affirmer, c'est que la littérature aliéniste participe d'un nouveau discours sur le sujet, né dans la seconde moitié du XVIIIe siècle. Désormais, le sujet se conçoit sur un mode historique, éventuellement individuel et non-collectif, et la souffrance morale peut être circonstancielle[46]. Sans doute la question du lien entre l'histoire et la maladie morale (évitons de la dire « mentale ») sera-t-elle vraiment différente pour la génération de 1830. Dans le fameux chapitre II de *La Confession d'un enfant du siècle* (1836), Musset pourra donner à la « maladie morale abominable » des enfants du siècle une explication limpide de conscience historique :

> Toute la maladie du siècle présent vient de deux causes ; le peuple qui a passé par 93 et par 1814 porte au cœur deux blessures. Tout ce qui était n'est plus ; tout ce qui sera n'est pas encore. Ne cherchez pas ailleurs le secret de nos maux[47].

Mais la littérature des années 1800, celle des aliénistes et la « vraie », a du moins fait franchir aux mélancoliques un pas hors aliénation, vers « nous ». Sur le versant littéraire, ce pas se traduit par l'usage de la première personne. Sur le versant médical, c'est à Pinel sans doute que l'on doit une

46 Voir la réponse de Goethe à Eckermann disant que « Werther a fait époque » : « L'âge de Werther, répond Goethe, n'appartient pas [...] au cours de l'histoire universelle de la civilisation, mais à l'histoire particulière de quiconque doué d'un sens inné de liberté se débat au milieu des contraintes sociales d'un monde vieilli et doit apprendre à s'y reconnaître et à s'y adapter [...]. Et il serait fâcheux qu'au moins une fois dans sa vie chacun n'ait pas une époque où Werther semble avoir été spécialement écrit pour lui. » Vendredi 2 janvier 1824, *Conversations de Goethe avec Eckermann*, traduction J. Chuzeville, Paris, Gallimard, 1988, p. 454. Il est vrai que Goethe inscrit Werther sur le terrain de la seule individualité. Mais les « contraintes sociales d'un monde vieilli » participent à l'historicisation de la question.

47 Musset, *La Confession d'un enfant du siècle*, Paris, Classiques Garnier, 1977, p. 36.

telle mutation. Marcel Gauchet le souligne : « C'est ainsi qu'en raffinant méticuleusement son tableau des vésanies, un aliéniste d'inspiration étroitement médicale, souvent, a pu néanmoins dresser, en creux, le portrait d'un parfait inconnu dont il a fallu s'apercevoir, à un moment donné, qu'il n'était autre que nous-mêmes[48]. »

48 Gauchet, « De Pinel à Freud », *in* Swain, *Le Sujet de la folie*, *op. cit.*, p. 30.

Chapitre III

Classifications intermittentes

Classe IV. *NEVROSES*. Ordre Ier. *VESANIES*
Genre XLV. Hypocondrie
Espèce 1re. *Hypocondrie simple*
Espèce 2e. Hypocondrie avec lésion organique
Genre XLVI. Mélancolie
Espèce 1re. *Délire sur un objet unique*
Espèce 2e. *Mélancolie avec penchant au suicide*
Genre XLVII. Manie
Espèce 1re. *Manie sans délire*
Espèce 2e. *Manie avec délire*
Espèce 3e. *Démence*
Espèce 4e. *Idiotisme*
Genre XLVIII. Somnambulisme
Espèce 1re. *Somnambulisme*
Genre XLIX. Hydrophobie
Espèce 1re. *Hydrophobie spontanée*
Espèce 2e. *Hydrophobie par contagion*

Philippe Pinel, « Tableau synoptique des névroses, des maladies lymphatiques, et des indéterminées », *Nosographie philosophique*, 2e édition, an XI.

La question de la classification met en abyme 1797 comme penser météore. En 1797, le principe de classification hérité de Linné est mis à mal par l'intrusion du temps, ou de l'histoire. Non pas justement l'histoire naturelle (Linné, Buffon...), qui cédera le pas à la biologie, mot inventé par Lamarck, mais l'histoire[1]. Partout, au XVIIIe siècle, on fait des classifications : en histoire naturelle, en botanique, en mathématiques (d'Alembert classifie les courbes), en médecine, et bientôt, à l'aube du siècle suivant, en météorologie. En 1802 en effet, de part et d'autre de la Manche, on inventera des classifications de nuages : celle de Luke Howard[2] l'emportera ; celles de Lamarck tomberont dans l'oubli. Car le naturaliste Lamarck se perd dans ses multiples propositions, où les nuages « coureurs », les nuages de tonnerre ou diablotins le disputent aux « nuages en lambeaux demi-terminés ». La météorologie est le lieu où, dans cette période, la classification entre en zone de turbulence.

Auparavant, la médecine s'emploiera à classer les maladies : c'est dans la *Nosographie philosophique* de Pinel que cette entreprise trouve une expression systématique et pourtant minée de l'intérieur. Un premier trouble s'insinue dans la rationalité invoquée.

La manie de la classification

Car l'entreprise de Linné qui inspire toutes les classifications du siècle des Lumières est rationnelle et, comme l'indique le

1 Voir Michel Foucault, « Classer », *Les Mots et les Choses*, Paris, Gallimard, 1966. En particulier p. 150 et 176.

2 Luke Howard, *On the Modifications of Clouds*, publié en trois livraisons dans le *Philosophical Magazine* d'Alexander Tilloch, 1803. Pour la traduction, voir Luke Howard, *Sur les modifications des nuages*, suivi de Goethe, *La Forme des nuages selon Howard*, traduction et introduction Anouchka Vasak, Paris, Hermann, 2012.

titre de sa grande œuvre, systématique. Ce, même si Linné par son *Système de la nature* veut démontrer que le plan de l'univers, créé par Dieu, est « simple et génial[3] » : vision imprégnée de religiosité donc. Le système hiérarchisé de Linné, c'est en cela qu'il est rationnel, « permet d'opérer une classification par ordre d'extension décroissante[4] » : classes, ordres, genres, espèces, variétés. Ce système révèle toute son efficacité, et l'on sait combien elle sera durable, pour les classifications du règne végétal : c'est la fameuse « nomenclature binaire » qui « consiste à attribuer aux objets naturels un nom de famille et un prénom sur le modèle des patronymes bourgeois[5] ». Il sera moins opérant pour le règne animal, le règne minéral, et, surtout, pour la classification des humains en races ou variétés qui ouvre la voie à l'anthropologie physique[6] (et à ses dérives, souligne Jean-François Battail). Lorsque Luke Howard invente en 1802 la classification des nuages[7] qui est encore la nôtre aujourd'hui, il s'inscrit dans la continuité de Linné : auteur d'un article de botanique publié dans les *Linnean Society's Transactions*, il affirme, pour les « modifications des nuages », vouloir introduire une « nomenclature méthodique » en latin, marchant en cela dans les pas de Linné[8]. Comme l'a montré Michel Foucault, et c'est encore vrai pour les classifications de nuages (Lamarck, Howard) du début du XIXe siècle, le principe du système de Linné est fondé sur le visible. L'œil

3 Jean-François Battail, « Un Suédois à la conquête du monde », essai faisant suite à Carl von Linné, *Carnets de voyage en Suède*, Paris, Éditions Michel de Maule, 2008, p. 213.
4 *Ibid.*, p. 210.
5 *Ibid.*, p. 213.
6 Linné, *Anthropomorpha* [1760].
7 Luke Howard, *On the Modifications of Clouds, and on the Principles of Their Production, Suspension, and Destruction*, Londres, *Philosophical Magazine*, n° 62 et 64, 1803.
8 Voir Anouchka Vasak, « Essai sur Luke Howard », *in* Luke Howard, *Sur les modifications des nuages*, *op. cit.*, p. 22-23.

est bien le sens valorisé, au détriment de l'ouïe, du goût, du toucher. Et si certains naturalistes, certains philosophes ont mis l'accent sur la nécessité de penser la nuance, les gradations (Charles Bonnet, Maupertuis), et les individus plutôt que les classes et les genres (Buffon), le XVIIIe siècle, selon Foucault, est incapable d'une philosophie transformiste, *a fortiori* évolutionniste. Sur ce point, à la faveur de la pensée de Lamarck et des difficultés qu'il a rencontrées, on se permettra, on le verra, de prendre quelque distance avec Foucault.

Pour l'heure, observons les effets de la « manie » de classification sur la médecine, notamment la psychiatrie naissante : l'année 1797 nous en donne l'occasion. Il se trouve que le modèle végétal de Linné, comme l'a montré l'autre Foucault, celui de l'*Histoire de la folie*, s'applique particulièrement bien à la maladie : « Le grand souci des classifications au XVIIIe siècle est animé par une constante métaphore qui a l'ampleur et l'obstination d'un mythe : c'est le transfert des désordres de la maladie à l'ordre de la végétation[9]. » Avec la classification des maladies, on assisterait à une « seconde naturalisation[10] ». Mais si la médecine vient se loger comme « naturellement » dans la méthode de Linné, la folie résiste, par sa « fluidité » et sa « profondeur », à la « cohérence du plan nosographique[11] ». Est-ce la « nature » de la folie de résister, ou peut-on historiciser cette résistance ? C'est ce que l'on peut penser en regardant de près la *Nosographie philosophique* (parue en 1797[12]) de Pinel, et surtout les transformations

9 Michel Foucault, « Le fou au jardin des espèces », dans *Histoire de la folie à l'âge classique*, Paris, Gallimard, coll. « Tel », 1972, p. 245.

10 *Ibid.*, p. 246.

11 *Ibid.*, p. 252.

12 On trouve parfois 1798 comme date de parution de la *Nosographie philosophique, ou La méthode de l'analyse appliquée à la médecine*. Mais la notice de la BnF indique bien 1797. L'exemplaire lui-même indique « À Paris, chez Maradan, an VI ». http://gallica.bnf.fr/ark:/12148/bpt6k85083b

de sa classification dans ses œuvres ultérieures, en particulier dans le *Traité médico-philosophique* paru en 1800. Car les frontières bougent, contrairement à ce que dit Foucault[13]. Alors, comment en 1797 Pinel négocie-t-il la méthode de Linné pour la description systématique des maladies, dite « nosographie » ?

Dans son introduction à la *Nosographie philosophique*, et ce passage restera inchangé d'édition en édition, lesquelles sont profondément différentes les unes des autres, Pinel critique le programme formulé par un « médecin du siècle dernier » : « Une maladie étant donnée, trouver le remède », et lui substitue cette question : « Une maladie étant donnée, déterminer son vrai caractère et le rang qu'elle doit occuper dans un tableau nosologique[14]. » La *nosologie*, terme qui, selon le dictionnaire, appartient au « français médical du dix-huitième siècle », est l'« étude des caractères distinctifs des maladies » ; la *nosographie* prend le sens de « description et classification méthodique des maladies ».

Pourquoi Pinel remanie-t-il constamment cette classification d'une édition à l'autre de la *Nosographie philosophique*, pourquoi déplace-t-il cette question dans le *Traité médico-philosophique* de 1800 ? La deuxième édition (an XI) de la *Nosographie*, postérieure à la première édition du *Traité*, propose en annexe de chacun des trois volumes des tableaux synoptiques[15] sensiblement différents de la première édition de la *Nosographie*, voire radicalement

13 « D'un bout à l'autre de l'âge classique, le monde de la folie s'articule selon les mêmes frontières ». Foucault, *Histoire de la folie*, *op. cit.*, p. 260.

14 *Ibid.*, p. IV-V.

15 Voir ces tableaux en annexe : 1. « Tableau synoptique de la classe des fièvres primitives » ; 2. « Tableau synoptique des phlegmasies et hémorragies » ; 3. « Tableau synoptique des névroses, des maladies lymphatiques et indéterminées ». *Nosographie philosophique*, deuxième édition, an XI.

différents du classement du *Traité médico-philosophique*. La présentation de la classification sous forme de tableaux marque nettement la filiation linnéenne, cette « façon de nouer les choses à la fois au regard et au discours[16] ». Mais la difficulté de Pinel à s'en tenir à une seule classification ne laisse pas d'interroger : là est le point sensible de 1797. Comment la théorie de Pinel évolue-t-elle entre la *Nosographie* et le *Traité*, quel est l'enjeu souterrain de cette classification problématique ?

Trois cas d'espèce

Pinel, parti de l'observation au chevet des malades, emploie le mot d'« affections[17] », terme de sens médical. Pour évoquer ici ces trois affections – nostalgie, hystérie et mélancolie –, on les illustrera autant que possible par des « cas », comme la littérature de la discipline l'a toujours fait. Mais cet usage didactique du cas (on se souvient que Pinel parle dans son *Traité médico-philosophique*, à propos de la mélancolie, d'un « fond inépuisable d'historiettes plus ou moins piquantes[18] ») est, à ce moment historique – ce « moment 1800 » cerné par Michel Serres[19], mais aussi par Marcel Gauchet –, tout à fait significatif dans l'histoire particulière de la psychiatrie qui se constitue alors sur un mode *empirique*, par le biais de l'observation « au lit même des patients ».

---

16 Michel Foucault, *Les Mots et les Choses*, *op. cit.*, p. 143.

17 Beaucoup plus tard, se fondant sur trois figures de la folie dont celle du *Cauchemar* de Füssli, Starobinski parlera de « fureurs » : son approche est plus littéraire que médicale. Jean Starobinski, *Trois Fureurs*, Paris, Gallimard, 1974.

18 Pinel, *Traité médico-philosophique*, *op. cit.*, p. 231.

19 Michel Serres, « Paris 1800 », in *Éléments d'histoire des sciences*, Paris, Bordas, 1993.

Cas n° 1 : nostalgie

Jean Starobinski a montré comment la nostalgie s'est constituée en maladie dès la fin du XVIIe siècle[20], sous l'influence de la thèse de Johannes Hofer, *Dissertatio medica de nostalgia* (Bâle, 1688), qui fait entrer le *Heimweh* (regret, *desiderium patriae*) dans la nosologie. La médicalisation de la nostalgie se poursuit au XVIIIe siècle avec l'application de critères issus de la physique tel qu'on le voit en particulier dans les travaux de Scheuchzer sur les soldats suisses exilés de leur patrie : vue par Scheuchzer, « la nostalgie est une question de pression atmosphérique[21] ». Mais voilà que dans les années 1796-1797, Emmanuel Kant écrit une *Anthropologie in pragmatischer Hinsicht*[22] (Anthropologie du point de vue pragmatique) qui déplace la lecture médicale de la nostalgie : ce n'est pas le lieu de sa jeunesse que regrette le nostalgique, mais un temps de sa vie. Rien ne dit que Pinel ait connu ce travail de Kant, contemporain de sa *Nosographie philosophique*. Mais Kant contribuera à déplacer l'interprétation de la nostalgie vers les sensations de l'enfance perdue, jusqu'à ce que Freud développe les notions de fixation et de régression[23]. La *Nosographie philosophique* se tient dans cet entre-deux, entre un discours médical et la description d'une affection qui bientôt sera considérée comme un sentiment. Cette tendance est sensible pour autant qu'on déploie le « fond inépuisable d'historiettes ».

---

20 Jean Starobinski, « La leçon de la nostalgie », dans *L'Encre de la mélancolie*, *op. cit.*

21 *Ibid.*, p. 264. J.J. Scheuchzer, *Natur-Geschichte des Schweitzerlandes* [1705].

22 Kant, *Anthropologie in pragmatischer Hinsicht*, 1798. Kant, *Anthropologie du point de vue pragmatique*, précédé de Foucault, Introduction à l'*Anthropologie*, Paris, Vrin, 2008.

23 *Ibid.*, p. 280.

Pour Pinel, la nostalgie se voit attribuer des causes morales ; elle n'est pas à strictement parler une maladie, même si le cas ici décrit médicalise ce qui nous apparaît comme un portrait aux accents romantiques :

> Une jeune fille de seize ans, guérie de la teigne à l'hospice de la Salpêtrière, abandonnée à cette époque de ses parents, tombe peu à peu dans une tristesse profonde, dans la crainte de ne plus revoir son pays natal. Dès cet instant, morosité sombre, éloignement pour tout amusement, recherche de la solitude ; excès de joie manifesté quand on lui parlait de son pays, et soin particulier de ramener la conversation sur cet objet favori ; en même temps, sorte d'inertie, répugnance pour toute sorte d'exercices, grande sensibilité à l'impression du froid, perte d'appétit, chaleur sèche à la peau, sommeil agité par des rêves ; tous les soirs, un paroxysme pendant lequel le pouls était fréquent et développé, les joues rouges et animées, la chaleur plus intense, et souvent suivie de sueur. Il se manifesta dans la suite des resserrements de la poitrine, avec une toux légère sans expectoration ; le pouls devint petit et fréquent, la mémoire très affaiblie. Ses parents la rappelèrent auprès d'eux à cette époque ; quoiqu'elle fût réduite alors à un état désespéré, on a appris que sa santé est pleinement rétablie[24].

On remarque que dans la cinquième édition (1813), ce cas, toujours intégré à l'ordre des « fièvres malignes et ataxiques[25] », est précédé d'une courte phrase d'introduction : « La nostalgie

---

24 Pinel, *Nosographie philosophique*, t. 1, Classe première fièvres primitives, Ordre cinquième fièvres ataxiques (malignes), deuxième édition (1803), *op. cit.*, p. 269-270.

25 C'est-à-dire qu'il y a « incoordination des mouvements volontaires » (Dictionnaire Robert).

s'accompagne quelquefois de fièvre lente nerveuse[26]. » La nostalgie n'est plus présentée que comme un sentiment de peine, et la fièvre n'est qu'un symptôme occasionnel, beaucoup plus occasionnel que dans les premières éditions, où le cas est précédé de cette phrase : « Je ferai remarquer qu'en rapprochant les maladies par ordre de leurs affinités, rien ne se rapporte plus à la fièvre lente nerveuse, que celle qui accompagne *si souvent* la nostalgie[27]. » La nostalgie se voit désormais décrite comme une affection « morale ».

Cas n° 2 : hystérie

Le deuxième cas est rangé par Pinel dans la classe troisième (hémorragies internes), qui fait suite à la classe (seconde) des phlegmasies[28] internes ; on peut cependant parler d'« hystérie », on verra pourquoi.

> Catherine Bouchet, âgée de 18 ans, d'un tempérament délicat et nerveux, avait été réglée sans accident à l'âge de 16 ans. La menstruation se renouvela régulièrement pendant trois ans. Le quatrième mois, suppression des menstrues par un chagrin profond, palpitations, douleur gravative à l'épigastre ; cette suppression continuée pendant une année, et toujours vers les époques ordinaires de leur retour sentiment de pesanteur à l'épigastre, douleurs dans les grandes articulations, céphalalgie, vertiges, fausses sensations

26 Pinel, *Nosographie philosophique*, cinquième édition, chez JA Brosson, Paris, 1813, p. 213.

27 Pinel, *Nosographie philosophique*, deuxième édition (1803), *op. cit.*, p. 269. C'est nous qui soulignons.

28 Phlegmasie : « Inflammation purulente du tissu sous-cutané ou du tissu conjonctif de soutien d'un organe. » (Dictionnaire Le Robert.)

de diverses couleurs, surtout d'un rouge de feu, fièvre éphémère souvent renouvelée. Elle entra à l'infirmerie de la Salpêtrière vers le milieu du mois de nivôse de l'an 8, et y éprouva successivement les affections suivantes : 1° pendant près de deux mois, toujours accès de fièvre quotidien, entre 3 et 5 heures de l'après-midi, frissons qui semblaient partir du dos, et ensuite chaleur et sueurs partielles qui commençaient par le creux de l'estomac et s'étendaient à la poitrine, au visage et aux grandes articulations, se prolongeant dans la nuit et se terminant de 4 à 10 heures du matin ; 2° nouvelle éruption de menstrues le 26 germinal après une année de suppression, leur durée de douze jours, et pendant tout ce temps cessation de tous les autres symptômes ; 3° le jour de cessation des menstrues, vomissement des aliments et à la suite une excrétion de sang, qui se répéta depuis chaque jour avec sueur une ou deux heures après le dîner et à la dose de 2 ou 3 onces ; 4° affection hystérique marquée par le sentiment d'un globe qui semblait partir de l'ombilic sans aucune détermination de causes et de temps ; ce globe paraissait s'élever verticalement à travers l'estomac et en suivant la direction de l'œsophage, et, parvenu à la gorge, il produisait un étouffement léger et sans perte de connaissance ; quelquefois il semblait s'arrêter au milieu de la poitrine, y éclater et même descendre vers le lieu de son premier départ. Saignée du pied pratiquée ce 13 floréal ; depuis cette saignée, toujours sentiment de pesanteur dans la région de l'estomac, douleurs dans les membres abdominaux et la région des reins, resserrement spasmodique du diaphragme, globe hystérique mais plus d'hématémèse. Depuis cette époque, l'état de la malade a toujours été en s'améliorant ; le

> temps, l'exercice corporel et les distractions ont fini par rétablir entièrement le flux menstruel, et la guérison a été complète[29].

Le cas de Catherine Bouchet n'est pas, d'après Pinel, un cas d'hystérie ; il le traite suivant le symptôme, l'aménorrhée. Mais la guérison de la malade s'étant produite semble-t-il spontanément, sans traitement particulier, on est tenté de porter le diagnostic d'hystérie, si l'on veut suivre Pinel lui-même, du moins si l'on s'en tient à la définition étymologique qu'il en donne :

> Le siège primitif de l'hystérie, comme l'indique son nom, est la matrice, et très souvent aussi une continence austère est une de ses causes déterminantes. [...] Aussi faut-il en revenir le plus souvent au précepte d'Hippocrate, qui recommande le mariage aux filles vierges attaquées d'hystérie[30].

Quoi qu'il en soit, l'hystérie pose un problème de classification, déjà formulé par Pinel juste avant le cas de Catherine Bouchet :

> Il semble [...] qu'il soit impossible de faire entrer dans un système régulier de connaissances médicales la suppression des menstrues, puisqu'il faudrait faire entrer comme caractères distinctifs de cette espèce les symptômes de toutes les autres maladies, ce qui semble renverser toute idée d'un ordre méthodique[31].

29 Pinel, *Nosographie philosophique*, tome second, Classe troisième : Hémorragies internes, Ordre premier : Lésions, anomalies de la menstruation, Genre XXXVIII : Aberrations de la menstruation, Espèce seconde : Aménorrhée, deuxième édition (1803), *op.cit.*, p. 476-478.

30 Pinel, *Nosographie philosophique*, deuxième édition, p. 103.

31 *Ibid.*, p. 476.

Si l'hystérie est, selon Foucault, dans la médecine « classique » version tardive (fin XVIIIe) entendue comme un excès de sensibilité[32], une sorte de « névrose » majuscule (au sens de maladie de la sensibilité), son classement bouge constamment chez Pinel. Ce problème de classification apparaît bien d'une édition à l'autre de la *Nosographie*, et aura un traitement tout différent encore, comme la mélancolie, dans le *Traité médico-philosophique* paru en l'an IX (1800).

Dans la deuxième édition, l'hystérie est devenue un spasme et cesse d'être une « vésanie[33] ». Il est vrai que Pinel y insiste dès l'origine : l'hystérie est trop souvent « confondue avec l'hypocondrie par tous les auteurs ». Dans le tome troisième de la seconde édition de la *Nosographie* (an XI, 1803), consacré aux névroses, car l'hystérie, la vraie, en est une (qu'elle relève des « vésanies », comme dans la première édition, ou des « spasmes » dans la deuxième), Pinel donne un cas spécifique d'hystérie, un cas « pur » :

> Une jeune personne d'un teint brun, d'une constitution forte et saine, tombe à l'âge de dix-sept ans, sans aucune cause connue, dans une sorte de manie, ou plutôt dans une suite d'actes d'extravagance, qui consistait à parler seule, sauter, déchirer ses habits, les jeter au feu. Cet état dure cinq mois, et disparaît pendant l'été par la dissipation et de fréquents voyages à la campagne, qui furent suivis d'une première éruption des menstrues ; mais après une rétention de trois mois de cette évacuation périodique, il se manifesta des accès d'hystérie qui se renouvelaient tous les mois [...]. Pour faire cesser cet état de spasme et d'apathie, je prescrivis des courses répétées dans la campagne,

32 Foucault, *Histoire de la folie*, *op. cit.*, p. 372.
33 Vésanie, de *vesanus*, « insensé » : « aliénation, folie. » (Dictionnaire Le Robert.)

> dans une voiture ouverte en tout sens, et propre à faire respirer un air pur [...]. L'évacuation menstruelle s'est régularisée, et la jeune personne a depuis ce temps-là joui d'une bonne santé ; mais pour prévenir toute rechute, j'ai fortement insisté sur la nécessité du mariage vers l'approche de l'hiver ; et c'est ainsi qu'une guérison solide s'est terminée en remplissant le vœu de la nature[34].

Cas n° 3 : mélancolie

La troisième affection, la mélancolie, est encore plus significative des problèmes de classification qui se posent à Pinel, et de leur enjeu dans la question des « rapports du physique et du moral de l'homme ». Si l'on se reporte aux classifications successives, il apparaît que, dans la *Nosographie*, la mélancolie est toujours restée une névrose (classe) et une vésanie (ordre). Il faut entendre névrose au sens de « maladie nerveuse » : en cela, Pinel se démarque d'une conception humorale de la mélancolie, étymologiquement « bile noire », tout en conservant, comme Cabanis mais à un moindre degré, la notion d'un tempérament mélancolique[35]. Pinel va en réalité infléchir la conception de la mélancolie, et au-delà, de la maladie mentale, non sans succomber pour un temps à la frénésie classificatrice. Dans la deuxième édition de la *Nosographie philosophique*, la vésanie n'est plus synonyme d'« égarement d'esprit ». Dans la première, la mélancolie appartient au même « ordre » que l'hypocondrie, la manie et l'hystérie, qui en sont des « genres » différents. Dans la deuxième édition, elle est un genre de vésanie, comme

34 Pinel, *Nosographie philosophique*, tome troisième, Classe quatrième : Névroses, Ordre second : Spasmes, Genre LII : Hystérie, Espèce première : Hystérie, deuxième édition, *op. cit.*, p. 100. Première édition, *op. cit.*, p. 22-24.

35 Starobinski, « Histoire du traitement de la mélancolie », in *L'Encre de la mélancolie, op. cit.*, p. 80.

l'hypocondrie, la manie, le somnambulisme, l'hydrophobie. On observe en fait, entre la première et la deuxième édition, une nouvelle spécification du classement. L'édition de l'an VI s'en tient à trois divisions : CLASSE – ORDRE – GENRE. L'édition de l'an XI introduit une nouvelle subdivision après le genre : l'espèce. Il y a ainsi deux espèces de mélancolie : « délire sur un objet unique » et « mélancolie avec penchant au suicide ». Dans les deux éditions, Pinel prend ses distances avec l'antique catégorie du « tempérament mélancolique » hérité de la théorie humorale de Galien.

> Mais avant de considérer la mélancolie comme maladie, ne doit-on pas examiner si, dans l'état actuel de nos connaissances, on doit admettre une disposition physique et morale qu'on puisse appeler tempérament mélancolique, sur lequel le galénisme s'est montré si fécond en théories vaines[36] ?

Mais Pinel, conscient sans doute de frôler les limites de l'entreprise classificatoire, insistera en 1803 sur la subdivision en « espèces », tout en ironisant sur la difficulté attachée à une telle division :

> Sous ce point de vue, rien n'est plus contraire à la méthode que de vouloir admettre des divisions dans cette maladie en espèces suivant l'objet particulier sur lequel s'exerce l'idée erronée, avec une passion exclusive, et de donner pour caractères distinctifs la panophobie ou frayeur nocturne, la démonomanie ou l'idée d'être possédé par le démon, le délire mélancolique dont Hoffmann a fait l'histoire,

36 Pinel, *Nosographie philosophique*, première édition, tome deuxième, *op. cit.*, p. 16 ; deuxième édition, tome troisième, *op. cit.*, p. 23.

> l'érotomanie ou la passion de l'amour portée au plus haut degré, la nostalgie ou le regret profond d'être éloigné de ses foyers, une sorte d'illusion ou de charme qui fait croire qu'on jouit du bonheur suprême, la crainte superstitieuse des peines d'une autre vie, ou bien une mobilité extrême et un penchant irrésistible à se mouvoir et à courir sans but et sans motif, la singularité de se voir changé en chien, en lièvre, en loup ou dans un autre animal quelconque avec des penchants analogues. Toutes ces directions vicieuses que peuvent prendre l'entendement et la volonté sont sans doute très propres à donner lieu à des développements étendus et très piquants sur la nature humaine dans l'état de maladie, mais ne peuvent être prises pour fondements de la division de la mélancolie en espèces[37].

La nostalgie fait retour ici comme une possibilité aussitôt récusée de mélancolie. De même, Pinel distingue quatre espèces de « manie » dans la deuxième édition de la *Nosographie* : « manie sans délire », « manie avec délire », « démence », « idiotisme ».

Sous les espèces de la mélancolie

Surtout, et là est la nouveauté, le *Traité médico-philosophique*[38] de 1800 retient pour ce qui était dans la *Nosographie* la classe IV « Névroses[39] » la seule catégorie générique

37 *Ibid.*, deuxième édition, tome troisième, p. 23.

38 Pinel, *Traité médico-philosophique, sur l'aliénation mentale, ou la manie*. La récente réédition de l'ouvrage met en avant la notion d'« aliénation mentale » en choisissant pour titre *L'Aliénation mentale ou la manie*, et pour sous-titre *Traité médico-philosophique*, Paris, L'Harmattan, 2006.

39 Voir en annexe les tableaux synoptiques de la *Nosographie philosophique*, deuxième édition, et notamment le « Tableau synoptique des névroses, des maladies lymphatiques, et des indéterminées ».

d'« aliénation mentale » ou « manie ». Touchons-nous là à la fin de la classification ? Non seulement il n'est plus question de division des « névroses » (classe) en ordres et genres, mais les expressions d'« aliénation d'esprit » ou d'« égarement d'esprit » sont remplacées par celle d'« aliénation mentale ». La manie n'est plus un genre de « vésanie », mais un quasi-synonyme d'« aliénation mentale ». Dans la section IV du *Traité* (« Division de l'aliénation mentale en espèces distinctes »), Pinel distingue désormais cinq espèces d'aliénation, et ne parle plus de « classe », ni d'« ordre », ni de « genre » :

> Section IV. Division de l'aliénation mentale en espèces distinctes.
> Première espèce d'aliénation. *Mélancolie ou délire exclusif.*
> Deuxième espèce d'aliénation. *Manie sans délire.*
> Troisième espèce d'aliénation. *Manie avec délire.*
> Quatrième espèce d'aliénation. *Démence ou abolition de la pensée.*
> Cinquième espèce d'aliénation. *Idiotisme ou oblitération des facultés intellectuelles et affectives.*

La mélancolie, « première espèce d'aliénation », se voit quant à elle subdivisée en deux « formes opposées », du moins quant au « délire mélancolique ». On en vient à se demander si la mélancolie, cette maladie « protéiforme », ne remet pas en question le principe même de la classification. La distinction théorie/exemple semble ici perdre son sens, au profit d'une sorte de galerie de portraits des fous de Bicêtre :

> Rien n'est plus inexplicable, et cependant rien n'est mieux constaté que les deux formes opposées que peut prendre la mélancolie. C'est quelquefois une

> bouffissure d'orgueil, et l'idée chimérique de posséder des richesses immenses ou un pouvoir sans bornes : c'est d'autres fois l'abattement le plus pusillanime, une consternation profonde, ou même le désespoir. [...] J'ai gardé longtemps dans les infirmeries de Bicêtre un habitant de Versailles, ruiné par la révolution, et bientôt après livré à l'illusion fantastique d'être le souverain du monde. D'un autre côté, que d'exemples d'une tristesse profonde et concentrée qui ne change point d'objet, et qui finit par amener le délire. Un homme faible et timide tient quelques propos inconsistants durant l'an 2e de la République ; il est regardé comme royaliste, et menacé de la guillotine ; il entre dans des perplexités extrêmes, perd le sommeil, abandonne ses travaux ordinaires ; renfermé ensuite à Bicêtre comme aliéné, il est resté si profondément pénétré de cette mort sinistre, qu'il ne cesse de provoquer l'exécution du prétendu décret lancé contre lui, et qu'aucun des moyens que j'ai tentés n'a pu le ramener à lui-même[40].

Si, comme le remarque Marcel Gauchet, cette classification va « du moins vers le plus dans l'atteinte de la puissance personnelle, du plus superficiel au plus profond, du plus circonscrit au plus général[41] », la mélancolie serait une atteinte d'un degré moindre que la démence ou l'idiotisme. Surtout, à la différence de la *Nosographie philosophique*, le *Traité médico-philosophique*, comme y insiste encore Marcel Gauchet, procède d'une « entente unificatrice de la division », car

40 Pinel, *Traité médico-philosophique*, *op. cit.*, p. 142-144.
41 Gauchet, « De Pinel à Freud », *in* Gladys Swain, *Le Sujet de la folie*, *op. cit.*, p. 28.

« les espèces distinctes, si nettement tracés qu'en soient les contours, s'entendent comme les formes d'une seule et même aliénation d'esprit[42] ».

Ainsi Pinel, avec le *Traité médico-philosophique*, semble-t-il avoir en partie abandonné la frénésie nosographique, héritage de l'entreprise classificatrice des naturalistes du siècle précédent. Pourtant sa *Nosographie philosophique* ne cesse d'être rééditée, constamment « revue, corrigée et augmentée[43] ». Certainement, Pinel interroge désormais la « spécificité de l'aliénation mentale[44] » et introduit – c'est l'objet de la première section du *Traité* – la notion d'intermittence (« Manie périodique et intermittente[45] »). Loin que cette notion définisse un type de manie, elle constitue un trait de la manie comme aliénation mentale. Elle suppose en effet, et comme une spécificité donc de la manie, un « reste de raison », une « subsistance subjective[46] » et engage une « révolution copernicienne du régime d'altérité[47] ».

Quant à la question des « rapports du physique et du moral de l'homme », Pinel postule singulièrement, sous les espèces mêmes de l'aliénation et à la faveur de la mélancolie, l'unité du sujet, hors division moral/physique. Avec Esquirol, son élève et successeur à la Salpêtrière, il réalise la première de ces « ruptures significatives » qui, selon Gladys Swain, ont « scandé la construction de la mélancolie » : la rupture avec la « théorie humorale d'Hippocrate et de Galien » et le passage

---

42 *Ibid.*, p. 29.
43 Expression employée pour une « autre » seconde édition, an XII, 1804 ; puis reprise pour la cinquième édition (1813).
44 Swain, *Le Sujet de la folie*, *op. cit.*, p. 102.
45 Voir chapitre II.
46 Gauchet, « De Pinel à Freud », *in* Gladys Swain, *Le Sujet de la folie*, *op. cit.*, p. 27.
47 *Ibid.*, p. 12.

à la « théorie du trouble de l'intelligence[48] ». Comme le rappelle cependant Starobinski, Esquirol ne cessera de chercher « des confirmations anatomiques, tangibles et visibles, qui viendraient donner un substrat concret à la théorie nerveuse de la mélancolie[49] ». Il n'est pas certain que Pinel, quant à lui, suive absolument Cabanis, pour qui le moral ne serait que le « physique considéré sous certains points de vue[50] ». Car Pinel, un des pères du « traitement moral des aliénés[51] », conclut l'introduction au tome II de la *Nosographie philosophique* consacré à la classe IV, « Névroses » (dès 1797, donc), sur l'« étroite dépendance entre la philosophie morale et la médecine » :

> Le cerveau, le cervelet, la moelle de l'épine ou les nerfs, sont sans doute les parties primitives où se jouent ces scènes variées qui confondent quelquefois par la rapidité de leur succession ou par leurs complications simultanées. [...] Mais d'un autre côté, des faits généraux et constamment observés n'apprennent-ils point aussi que très souvent les affections hypocondriaques et mélancoliques, et même la manie, tiennent à des causes morales[52] ?

48 Gladys Swain, *Dialogue avec l'insensé : Essai d'histoire de la psychiatrie*, Paris, Gallimard, 1994, p. 174.

49 Starobinski, *L'Encre de la mélancolie*, *op. cit.*, p. 83.

50 Formule de Serge Nicolas, Introduction à Cabanis, *Rapports du physique et du moral de l'homme*, vol.I, Paris, L'Harmattan, 2005. Cabanis dit en effet : « Le cerveau digère en quelque sorte les impressions ; il fait organiquement la sécrétion de la pensée. »

51 Pinel, *Traité médico-philosophique*, *op. cit.*, Section II, « Traitement moral des aliénés ».

52 Pinel, *Nosographie philosophique*, *op. cit.*, Introduction au t. II, première édition, p. 14.

La voie est ouverte, selon l'expression même du « bienfaiteur des aliénés[53] », pour une « médecine philosophique ». Gain possible d'une ombre projetée sur la rationalité supposée des classifications héritées du siècle des Lumières.

53 Inscription sur la statue de Philippe Pinel, réalisée à la demande de la Société médico-psychologique de Paris, devant la Salpêtrière.

Chapitre IV

Du fixisme au transformisme

9ᵉ. Nuages moutonnés ou attroupés
– nuages attroupés, déchiquetés sur les bords
– nuages attroupés, demi-groupés
– nuages attroupés, presque confluents
10ᵉ. Nuages coureurs
11ᵉ. Nuages groupés
– nuages bien groupés
– nuages demi-groupés
– nuages un peu groupés
– nuages en dégroupement
12ᵉ. Nuages de tonnerre ou diablotins

Lamarck, *Annuaire météorologique pour l'an XIII*.

La météorologie est le champ où se trouble la classification. Par un glissement épistémologique et méthodologique qui a partie liée avec le météore, ce trouble apparaît au confluent des sciences naturelles et de la météorologie. Son héros, son héraut, est le chevalier de Lamarck.

Et c'est encore en 1797 que débute l'histoire, une histoire assez comparable à celle qui vient d'être évoquée avec la nosologie de Pinel. Il faut convenir qu'en 1797, dans l'un et l'autre cas, l'ancien monde résiste. Pinel publie sa *Nosographie philosophique*, où triomphe la classification ancien modèle. C'est en 1800 que les frontières se brouillent. De même, le Lamarck de 1797 est encore un naturaliste des Lumières. L'évolution vers le transformisme est sensible la même année 1800, an VIII, avec les *Recherches sur l'organisation des corps vivants* : la « conversion[1] » de Lamarck, du fixisme au transformisme, est alors en cours. L'impasse où il se trouve avec ses classifications de nuages, entre 1802 (an X) et 1805 (an XIII) révèle, je crois, sa difficulté à négocier le passage au transformisme, qui se fait par étapes, non sans contradiction, non sans résidus de l'ancienne théorie. Il faut aussi souligner que dans le temps même où Lamarck se « convertit » au transformisme, sa réception dans la communauté savante, déterminée par l'ordre politique, devient problématique. Jean-Luc Chappey a bien montré comment Lamarck, comme Pinel, s'était vu progressivement marginalisé par un ordre du monde « fixiste » au sens institutionnel du terme, alors même que leurs travaux s'affranchissaient de conceptions d'un autre âge[2] : Pinel

1 Voir l'article magistral de Stéphane Tirard, « Générations spontanées » *in* Pietro Corsi, Jean Gayon, Gabriel Gohau, Stéphane Tirard (dir.), *Lamarck, philosophe de la nature*, Paris, PUF, 2006, p. 65-104.

2 Par exemple lors de son intervention au séminaire « Histoire des savoirs à l'époque moderne (Europe, monde). Méthodologie et historiographie », organisé par Charlotte de Castelnau L'Estoile, Liliane Pérez, Fabien Simon, université Paris VII, 10 avril 2018.

ouvre la voie, avec la notion d'intermittence, au « dialogue avec l'insensé » (*Traité médico-philosophique*, 1800), Lamarck est peu à peu convaincu par « la nécessité des générations spontanées[3] ».

Ce que nous apprend aussi la pensée météore, ce sont ces décalages entre ce que nous entendons comme des avancées théoriques et des rigidités institutionnelles, ou la coexistence, de place en place, des marqueurs anciens avec ces avancées mêmes. Penser météore rejoint ici les conclusions mitigées du dernier Freud dans *L'Analyse finie et l'analyse infinie* : « Des morceaux de l'organisation première subsistent à côté de ceux de la nouvelle[4]. »

Revenons-y cependant, à « l'ancienne théorie ». Car, au XVIIIe siècle et bien avant, elle accueille ici ou là un discours du désordre, du fouillis des espèces, marque de la « métaphysique du mélange » saluée par Emanuele Coccia, sous la bannière de laquelle je me range au nom du « penser météore ». Loin des classifications linnéennes, l'enchevêtrement du réel est exhibé comme une « loi de la nature » que le naturaliste ne doit pas trahir. Le botaniste Adanson écrit par exemple dans son *Cours d'histoire naturelle* (1772) :

> La nature est un mélange confus d'êtres que le hasard semble avoir rapprochés : ici l'or est mêlé avec un autre métal, avec une pierre, avec une terre ; là la violette croît à côté du chêne. Parmi ces plantes errent également le quadrupède, le reptile et l'insecte ; les poissons se confondent pour ainsi dire avec l'élément aqueux dans lequel ils nagent et avec les plantes qui croissent

3 Tirard, art. cité, p. 75.
4 Sigmund Freud, *L'Analyse finie et l'analyse infinie*, 1937, traduction M.-L. Lauth-Wagner, S. Feitel, B. Simonnet, Paris, éd. Le Sac de sel, 1975, p. 19.

> au fond des eaux... Ce mélange est même si général et si multiplié qu'il paraît être une des lois de la nature[5].

Adanson avait développé dans ses *Familles des plantes* (1763) le principe d'une classification anti-linnéenne fondée sur les « affinités », refusant les frontières rigides établies par le système de Linné. Buffon, un des premiers théoriciens de l'évolution, met l'accent sur la continuité de la nature : « Plus on augmentera le nombre des divisions des productions naturelles, plus on approchera du vrai, puisqu'il n'existe réellement dans la nature que des individus, et que les genres, les ordres, les classes n'existent, dit-il, que dans notre imagination[6]. » Mais Foucault, plaçant sur le même plan Charles Bonnet, Adanson, Buffon, ne voit chez les naturalistes des Lumières, dans ce qu'il appelle « la pensée classique », nulle trace d'évolutionnisme ni même de transformisme[7]. Pas plus que chez Lamarck, auquel il ne s'intéresse guère.

Et pourtant. Mon hypothèse, étayée par les travaux des spécialistes (notamment Pietro Corsi et Stéphane Tirard), est celle d'un Lamarck, bien que surnommé le « Linné français », travaillé par l'idée d'évolution, au point de mettre en doute et en péril le principe classificatoire. Dans un article essentiel[8], Hidetoshi Nakamura montre les contradictions de Lamarck quant à la classification, où l'on peut lire les prémices du transformisme. Lamarck adopte au début de sa carrière une « position anti-classificatrice », renvoyant dos à dos le système de Linné, la

5 Adanson, *Cours d'histoire naturelle* (1772), Paris, 1845, p. 4-5. Cité par Foucault, *Les Mots et les Choses*, *op. cit.*, p. 161.

6 Buffon, *Histoire naturelle, générale et particulière*, Premier Discours, « De la manière de traiter et d'étudier l'histoire naturelle », 1749.

7 Foucault, *Les Mots et les Choses*, *op. cit.*, p. 163.

8 Hidetoshi Nakamura, « L'imagination et la classification chez Lamarck », *Dix-Huitième Siècle*, n° 43, 2011, p. 639-651.

« méthode naturelle » de Jussieu et les familles adansoniennes ; mais il souligne « la plus grande utilité[9] » de la disposition taxinomique à condition d'en faire bon usage. Il finira par adopter lui-même, en botanique, une méthode taxinomique qui, à l'aide de l'imagination, condition indispensable, permet de mettre en relation les choses au lieu de montrer leurs divisions : c'est le défaut, selon lui, de la méthode linnéenne déterminée par le jugement discriminant. Cependant la classification botanique de Lamarck ne laisse pas d'être « en perpétuel changement[10] ».

Où en est Lamarck en 1797 ? Lors de la réunion de la Société d'histoire naturelle de Paris du 18 floréal an V (17 mai 1797), il « annonce un ouvrage intitulé *Mémoires de physique et d'histoire naturelle*[11] ». Cet ouvrage, ou plutôt cet ensemble de mémoires, relève du fixisme du premier Lamarck, car sa théorie chimique, anti-lavoisienne, ne lui permet pas de « penser le commencement de la vie[12] ». Cependant, les sujets abordés, dissolutions, formation des composés, engagent une réflexion sur le temps et la formation de la vie qui aboutira, après plusieurs étapes, à la *Philosophie zoologique* (1809) et à l'*Histoire des animaux sans vertèbres* (1815) : s'y affirmera clairement une théorie de l'évolution, pré-darwinienne certes, mais sans autre ambiguïté que la question de l'actualité ou non du processus des générations spontanées[13]. Pour l'heure (1797) et dans le domaine

9 Lamarck, *Flore française*, Discours préliminaire, Paris, Imprimerie royale, 1779, p. iv.

10 Hidetoshi Nakamura, art. cité, p. 641.

11 Jean-Luc Chappey, *Des naturalistes en Révolution. Procès-verbaux de la Société d'histoire naturelle de Paris 1790-1798*, CTHS, 2009, p. 292. Le titre complet de l'ouvrage, publié quelques jours plus tard, est *Mémoires de physique et d'histoire naturelle, établis sur les bases de raisonnement indépendantes de toute théorie ; avec l'explication de nouvelles considérations sur la cause générale des dissolutions ; sur la couleur des corps ; sur la formation des composés ; sur l'origine des minéraux, et sur l'organisation des corps vivans, lus à la première classe de l'Institut national dans ses séances ordinaires, suivis de Discours prononcé à la Société Philomatique le 23 floréal an V.*

12 Tirard, art. cité, p. 75.

13 *Ibid.*, p. 93.

botanique, Lamarck pense en termes de « dégradation », par un raisonnement argumentatif qui consiste, selon son expression, à *remonter* de la structure simple à la structure complexe : mot essentiel parce que la science alors est précisément dans l'incapacité de penser l'ordre chronologique du moins vers le plus : cette démarche-là, quand il l'adoptera progressivement, le conduira vers les « générations spontanées[14] ». Mais la pensée est « en marche », dès 1797… et son objet même n'est que mouvements (formation des composés, dissolutions, origine). Deux passages attirent l'attention dans la conclusion des *Mémoires de physique et d'histoire naturelle*. Le premier concerne la formation des composés :

> [Tous] les composés qu'on observe dans notre globe sont dus, soit directement, soit indirectement, aux facultés organiques des êtres doués de la vie ; parce que ces êtres ont en effet la faculté de composer eux-mêmes leur propre substance, c'est-à-dire, de former les matières mêmes qui la composent ; et parce que parmi eux il s'en trouve (les végétaux) qui ont la faculté de former des combinaisons premières, qu'ils assimilent à leur substance[15].

Emanuele Coccia voit dans ce passage la solidarité entre les vivants et l'atmosphère, la constitution par là d'une unité vivante : « Le monde, commente-t-il, n'existe que là où il y

---

14 « Le fait que la "dégradation" se trouve plus manifeste chez les plantes cryptogameess conduit Lamarck à partir de la plante la plus simple pour remonter à la structure la plus complexe. "Remonter", parce que ne fait pour lui aucun doute à cette époque, de même que pour tous ses contemporains, que l'ordre ne doit procéder que du plus vers le moins complexe. » (Nakamura, art. cité, p. 643.) Stéphane Tirard souligne d'une manière comparable une opposition dans la pensée de Lamarck entre l'ordre de l'argumentation et l'ordre de la nature (du moins vers le plus complexe). (Tirard, art. cit., p. 83.)

15 Lamarck, *Mémoires de physique et d'histoire naturelle*, *op. cit.*, Conclusion, p. 361.

a du vivant. Tandis que la présence de la vie, elle, transforme la nature même de l'espace. » De ce Lamarck-là, non celui de la *Philosophie zoologique*, Emanuele Coccia dit qu'il « fut sans doute le premier à définir l'espace atmosphérique et climatique comme le lieu dynamique d'interconnexion entre matière et vie, entre monde et subjectivité[16] ». Il affermira cette position dans son *Hydrogéologie* (1802), dont la préface annonce la division de la physique en trois parties : « La première doit comprendre la théorie de l'atmosphère, la *Météorologie* ; la seconde, celle de la croûte externe du globe, l'*Hydrogéologie* ; la troisième, enfin, celle des corps vivants, la *Biologie*. » Si le projet du grand ouvrage sera abandonné, on voit que Lamarck pense la physique comme une totalité où la météorologie a une place première. Il l'affirme dès 1797, et c'est le second passage à relever dans la conclusion de ses *Mémoires de physique et d'histoire naturelle* :

> Dès que je trouverai le loisir de rédiger la suite de mes observations météorologiques commencées il y plus de vingt ans, et que je n'ai jamais abandonnées depuis ; alors j'offrirai au public sur les différens phénomènes que présentent les météores atmosphériques, bien des faits importans que j'ai découverts, et qui ont échappé à l'observation des physiciens qui se sont occupés de cette étude[17].

Où l'on voit l'importance accordée à la météorologie, science des fluides et des réseaux, dans l'œuvre de Lamarck. Dans ce passage, Lamarck ne fait pourtant nulle allusion à ce qui deviendra la pierre d'achoppement de son système : la

16 Coccia, *La vie des plantes. Une métaphysique du mélange, op. cit.*,p. 78.
17 Lamarck, *Mémoires, op. cit.*, p. 368.

classification des nuages. Pierre d'achoppement, ou plutôt lieu du trouble de la classification et de l'ancien monde, celui des naturalistes des Lumières.

Les modifications des nuages

Il faut donc anticiper et nous placer quelques années plus tard, en 1802, an X de la République. C'est en décembre de cette année-là que Luke Howard prononce sa conférence *On the Modifications of Clouds* : il invente la classification des nuages qui est encore la nôtre aujourd'hui, les cirrus, cumulus, stratus… La même année, précédant Howard, Lamarck fait paraître dans son *Annuaire météorologique pour l'an X* sa première classification de nuages. Il y eut certes aux XVIIe et XVIIIe siècles des tentatives de nomenclature, davantage pour noter les états du ciel que pour identifier et classer les nuages : Richard Hamblyn évoque celles de Robert Hooke (1667) et de la Société météorologique du Palatinat sous l'égide du prince électeur Karl Theodor[18]. Mais Lamarck propose la première authentique classification de nuages, dans l'esprit des classifications linnéennes du XVIIIe siècle. Pourquoi la météorologie ne l'a-t-elle pas reconnue ? Comment expliquer l'« échec » de Lamarck météorologue ?

Malgré la filiation poétique et picturale qu'il engendra[19], le texte de Luke Howard, plus que les classifications de nuages constamment remaniées de Lamarck, se situe du côté de la science, même s'il appartient encore à la période que Bachelard

18 Richard Hamblyn, « Autres classifications », in *L'Invention des nuages*, trad. de Gerald Messadié, Paris, J.-C. Lattès, 2003, p. 121-122.

19 Goethe, Friedrich, Constable… Voir Vasak, « Essai sur Luke Howard », *in* Luke Howard, *Sur les modifications des nuages, op. cit.*

appelait « préscientifique[20] ». En réalité, on ne saurait isoler dans l'œuvre de Lamarck le versant météorologique d'un ensemble complexe et en travail, comme l'a montré Fabien Locher[21]. Car les textes météorologiques de Lamarck, qui pour l'essentiel couvrent la période 1799-1810, sont dans son œuvre exactement contemporains de ceux qui voient le passage du naturalisme des Lumières à la biologie (nouveau terme qu'il introduit[22]), et du fixisme au transformisme : l'année 1800 faisant le départ entre deux Lamarck, le « fixiste » et le « transformiste ». Officiellement – dans l'histoire de la météorologie –, la classification de Lamarck n'aurait pas été retenue parce qu'elle est en français ; celle de Luke Howard étant en latin, langue « morte » mais universelle, elle serait en prise directe avec l'idée « exprimée[23] ». Mais la classification de Lamarck est problématique à d'autres égards ; elle révèle une manière d'impasse théorique, quand la météorologie lamarckienne, par ailleurs, s'est heurtée à une incompréhension que l'on peut dire politique.

Il faut d'abord souligner qu'il n'y a pas chez Lamarck une classification des nuages, mais plusieurs. La première, intitulée « Sur la forme des nuages », apparaît donc dans l'*Annuaire*

20 Gaston Bachelard, *La Formation de l'esprit scientifique*, Paris, Vrin, 1993, p. 24.

21 Fabien Locher, *Le Savant et la tempête. Étudier l'atmosphère et prévoir le temps au* XIX*e siècle*, Rennes, PUR, 2008. Fabien Locher replace le cas de Lamarck dans le contexte scientifique général de la première moitié du XIXe siècle, dominé par un interdit « moral et épistémologique » sur la prévision du temps. Le discrédit du Lamarck météorologue n'est pas dissociable de celui dont fait l'objet le Lamarck transformiste : « [P]our Georges Cuvier, le démenti donné aux prévisions météorologiques de Lamarck condamne en retour l'ensemble de ses théories "hydrogéologiques", où le temps joue un rôle essentiel. » (*Le Savant et la tempête*, p. 32.)

22 Pietro Corsi, *Lamarck, Genèse et enjeux du transformisme 1770-1830*, Paris, CNRS éditions, 2001, p. 149.

23 « *If it should be asked why the Greek was not preferred, after the example of chemistry, the author answers, that the object being to be defined by visible characters, as in natural history, it was desirable that the terms adopted should at once convey the idea of these.* » (Luke Howard, *On the Modifications of Clouds*, London, 1803, p. 4.)

météorologique pour l'an X (1802) ; la seconde est dans l'*Annuaire météorologique pour l'an XIII* (1805), sous le titre « Nouvelle définition des termes que j'emploie pour exprimer certaines formes de nuages qu'il importe de distinguer dans l'annotation de l'état du ciel ». Elle sera encore corrigée dans l'article « Météores » du *Nouveau Dictionnaire d'histoire naturelle* auquel Lamarck collaborera pour la deuxième édition qui paraît entre 1816 et 1819 (les articles « Météores » et « Météorologie » auraient été rédigés en 1818, date à laquelle Lamarck devient aveugle). En l'an X, Lamarck distingue « 5 formes ou sortes de nuages » ; en l'An XIII, 12 sortes, dont plusieurs sont subdivisés en variétés ; dans l'article « Météores », Lamarck ramène sa classification à 9 sortes. La classification de l'an XIII, la plus complexe, donne la mesure de la difficulté à « distinguer » des formes. Née de la « nécessité d'une nouvelle détermination de la forme générale de certains nuages » et destinée, poursuit l'inlassable et cartésien Lamarck, à donner « des idées claires et précises des objets dont on parle », cette classification laisse pourtant rêveur : les nuages sont distingués en brumeux, terminés, en voile, en lambeaux, boursouflés, en barres, en balayures, pommelés, attroupés, coureurs, groupés, de tonnerre[24].

La classification évolue-t-elle, sur le fond, au fil des années ? Celle de l'an X présente dans telle description de curieuses métaphores, auxquelles Lamarck semble renoncer en l'an XIII ; lisons par exemple la description des nuages en balayures en l'an X :

24 *Annuaire Météorologique pour l'an XIII*, p. 113. La plupart des Annuaires météorologiques de Lamarck ont été publiés à Paris, chez Maillard. Un seul exemplaire est numérisé sur Gallica (1805). Il est désormais difficile de trouver en ligne les œuvres de Lamarck. L'Annuaire météorologique pour l'An X (1802), qui comporte le texte « Sur la forme des nuages », a été numérisé par Météo France : http://bibliotheque.meteo.fr/exl-php/ark/c7305/1010DOC00034532

> Ce nom leur convient, parce qu'ils ressemblent à des traces de balayures, c'est-à-dire qu'ils ressemblent aux traces qu'en balayant l'on imprime sur un plan chargé de poussière. Et en effet, ces nuages non groupés, au lieu d'avoir, comme les nuages en voile, beaucoup d'étendue en longueur et en largeur, sont oblongs, droits ou alignés, ressemblent à des coups de pinceau ou de balai en ligne droite[25].

En l'an XIII, les nuages en balayures font l'objet de précisions que l'on dirait plus « scientifiques » :

> Ces nuages sont en général fort élevés, paraissent dans des temps calmes, ou au moins se trouvent dans une couche atmosphérique qui n'est point agitée par des courants libres. Ils paraissent être les indices de deux courants opposés qui se contrebalancent, ou d'un vent faible qui est à sa fin, et dont les derniers souffles les ont ainsi modifiés[26].

En effet, la météorologie moderne reconnaît à Lamarck d'avoir distingué les niveaux d'altitude des nuages dont on tient compte encore aujourd'hui[27]. Mais si Lamarck donne ici des précisions scientifiques, son regard, avec la mention des « pinceaux », est aussi pictural, et poétique. Lorsqu'on lit la description des nuages de tonnerre ou diablotins, ou des nuages dits « coureurs », on est frappé, jusqu'à l'article « Météores » qui constitue le dernier état de la classification, par l'étrangeté de la langue.

---

25 *An X*, p. 156.

26 *An XIII*, p. 120.

27 Hamblyn, *L'Invention des nuages*, *op. cit.*, p. 132. « La classification de Lamarck [...] avait été la première à distinguer [les] altitudes [des nuages], haute, moyenne et basse. »

> [Les nuages de tonnerre ou diablotins] sont des nuages irréguliers, petits en général, rarement isolés ou solitaires, terminés en leurs bords, mais singulièrement lobés, déchiquetés, tortueux ou en zigzag, et qui offrent des formes bizarres, soit d'animaux divers, soit de petits diables[28].

Étrangeté de la langue, mais ces nuages que Lamarck appelle « diablotins », « de tonnerre » ou « coureurs », sont en fait ceux que la science moderne nomme *fractostratus*[29]. Après tout, notre classification actuelle ne distingue-t-elle pas, parmi les cirrus (les nuages en balayures de Lamarck) le *cirrus uncinus*, « en forme de virgule ou d'hameçon », le *lenticularis*, « en forme d'amande ou de lentille », ou le *calvus*, au « sommet lisse ou chauve » ?

Du reste, les « nuages divisés communs » de l'article « Météores » sont tout aussi remarquables par leur quasi-absence de caractère :

> Ce sont les seuls qui soient presque insignifiants, parce qu'ils appartiennent à un état de choses intermédiaire entre ceux qui sont singuliers et bien caractérisés. Ces nuages, divisés ou séparés, sont en partie ou complètement terminés, n'ont point de forme particulière, se trouvent à une élévation moyenne [...]. Pendant qu'ils existent, le temps est passable, quelquefois assez beau, selon la saison, et l'atmosphère, non troublée, n'offre rien de remarquable[30].

---

28 « Météores », p. 421.

29 « Les fractostratus sont rarement des nuages isolés. Sous leur forme la plus typique ils offrent un éparpillement de lambeaux inclinés, le côté le plus élevé de chacun faisant face à la composante horizontale du vent et l'arrière se déchiquetant sans cesse. » (Jean Coulomb et Julien Loisel, *La Physique des nuages*, Paris, Albin Michel, 1940.)

30 « Météores », p. 419.

D'où, chose remarquable, rien ne s'ensuit, dira Musil au début de *L'Homme sans qualités*. C'est que l'objet nuage est par nature impropre à la définition ; objet « fluent » (Michel Serres[31]), variable, de nature indéfinie ou mal identifiée, le nuage résiste par essence à la classification et Lamarck en prend conscience.

La tentative de classification des nuages rappelle celle qu'il avait entreprise en l'an VIII (1800) pour les indices de beau et mauvais temps, classés en une échelle nuancée[32]. Le naturaliste de la fin des Lumières a vite pris conscience des limites de la classification, s'agissant d'objets aux frontières si peu définies :

> Comme tout est nuancé dans la nature, tant ses productions diverses que tous les faits physiques qu'elle nous présente, et que c'est notre imagination seule qui crée les divisions, les classifications, et toutes ces distinctions tranchées, mais idéales, afin de nous en aider pour parvenir à connoître ses opérations, on doit comprendre sous la dénomination de beau temps, différens degrés distincts, dont le dernier pourra être considéré comme la limite des divers états du ciel qu'on peut regarder comme appartenant au beau temps[33].

Karin Becker a bien montré comment Lamarck avait modifié sa classification en adoptant des critères différents selon les époques de rédaction[34] : théorie vésiculaire, puis critère de la distance entre les nuages, critères enfin du contour et de

31 Michel Serres, *Le Passage du Nord-Ouest*, Paris, Minuit, 1980.
32 Voir Gilles Clément, « Le degré Lamarck », in *Nuages*, Paris, Bayard, 2005.
33 Lamarck, *Annuaire météorologique pour l'an VIII.*
34 Karin Becker, « La fascination du nubigène », in *La Pluie et le beau temps dans la littérature française,* Paris, Hermann, 2012.

l'éclat des nuages. C'est que l'entreprise de classification, caractéristique du XVIIIe siècle, bute sur de nouvelles découvertes ; ou plutôt, sa limite révèle une nouvelle *epistémè*.

Pauvre Lamarck

En fait, il faut replacer la classification des nuages de Lamarck dans son vaste projet de constituer une science des météores, intégrée elle-même, on l'a dit, à une science plus générale qu'il appelle « Physique terrestre » qui révélera les « lois responsables de phénomènes jusqu'à présent considérés comme inaccessibles à l'esprit humain[35] ». Le projet du grand ouvrage ayant été abandonné, les textes météorologiques de Lamarck se réduisent finalement aux *Annuaires météorologiques* qu'il rédige de 1799 à 1810 : somme de prévisions pour l'année et de dissertations visant à établir en particulier le rôle de la lune dans les variations du temps, ils rencontreront un grand succès auprès des agriculteurs, mais la publication s'en verra interrompue. Le projet de la « Physique terrestre » est cependant capital en ce qu'il élabore la dynamique des fluides, cadre de référence justement « dynamique » qui, destiné à unifier, selon les termes de Pietro Corsi, « tous les phénomènes physiques, chimiques et organiques connus », réalisait « l'idéal lamarckien d'une science de l'observable[36] ». L'atmosphère terrestre, définie par Lamarck comme l'« enveloppe fluide de notre terre », est en effet la région des météores. Et la météorologie est, écrit Lamarck dans l'article « Météorologie » du *Dictionnaire d'histoire naturelle*, le « nom qu'on devra donner à

35 Pietro Corsi, « Biologie », *in* Corsi *et al.* (dir.), *Lamarck, philosophe de la nature*, *op. cit.*, p. 38.
36 Corsi, *Lamarck, genèse et enjeux…*, *op. cit.*, p. 148.

la science dont l'objet sera la connaissance des météores[37] » ; les nuages sont alors considérés comme des météores, ce qui n'est plus le cas aujourd'hui. Le projet de Lamarck est offensif. L'article « Météorologie » est marqué de bout en bout par une forte empreinte subjective, sous la forme de la première et de la troisième personne ; il est surtout singulièrement polémique. Non sans une certaine mauvaise foi, Lamarck se considère comme le fondateur de cette science – alors que le père Cotte, avec lequel il noue un dialogue conflictuel, a initié les premiers réseaux d'observations météorologiques : « La météorologie, écrit Lamarck, est pour nous sans existence ; on ne l'a point commencée ; personne ne s'en occupe. » Le discours est celui d'un tribun :

> ... à la vue d'un accord si général pour ne pas considérer les météores dont nous avons tant à redouter, ne semblerait-il pas [...] que les lois de la nature soient sans puissance sur elle ; que tout ce qui s'y passe soit indépendant ; que les mouvements, que les changements, que les phénomènes qui s'y exécutent, soient sans coordination quelconque ; en un mot que l'insubordination et le désordre soient le propre de cette enveloppe fluide de notre terre !
>
> À Paris, un individu, dont le goût pour l'observation s'étend à tout ce qu'il peut apercevoir, n'a pu admettre cette dernière pensée[38].

Fonder la météorologie, c'est mettre de l'ordre dans le désordre. C'est distinguer « le ciel du météorologiste », qui est aussi

37 Lamarck, article « Météorologie », *Nouveau Dictionnaire d'histoire naturelle*. Lamarck a probablement rédigé les articles « Météores » et « Météorologie » en 1818.

38 Article « Météorologie », *ibid.*

celui du « physicien et du chimiste », du ciel du poète ou de l'homme, émerveillé ou terrifié par le « spectacle du ciel ». La position de Lamarck est pourtant à la croisée des deux : savant, et poète. L'*Annuaire météorologique pour l'an XIII* s'ouvre sur une page lyrique intitulée « Spectacle du ciel », où se déploient autant l'émerveillement devant la nature, à la manière de l'abbé Pluche auquel il emprunte peut-être le terme de « spectacle », que le sublime romantique, fondé sur la terreur :

> Qu'il est grand, imposant et majestueux le spectacle du ciel, et que les phénomènes nombreux, et infiniment variés, qu'il nous présente successivement sont étonnants, admirables et dignes de notre attention et de notre étude ! [...] Qu'on ne me suppose pas de ne voir dans le *spectacle du ciel*, de grand et de digne d'être observé, que les scènes agréables qu'il nous présente, tantôt dans ces instants particuliers où la lumière, divisée en traversant les vapeurs des parties basses de l'horizon, nous montre les nuages ornés successivement des teintes les plus belles, comme le rose tendre, le rouge de feu, le pourpre le plus éclatant, enfin le beau violet ; et tantôt ces temps clairs dans certaines parties du jour, où des nuages bien groupés en montagnes, brillent en leur face, éclairée de l'éclat de l'argent ou de celui de l'or le plus pur. Si le spectacle du ciel intéresse alors, soit par sa beauté, soit par sa magnificence, je ne le vois pas moins digne de notre attention, de notre admiration et de notre étude dans les phénomènes effrayants des grands orages et des tempêtes, ainsi que dans les tristes jours de pluie ou de neige, que trop souvent il nous présente[39].

39 *Annuaire météorologique pour l'An XIII*, « Spectacle du ciel », p. 97-98.

De ce ciel vidé de toute présence divine, que le sujet solitaire contemple, le météorologue s'emploie à nommer les phénomènes. La science est d'abord une entreprise de découpe dans le réel, de définition au double sens spatial et lexical. Ici, Lamarck, qui dit défricher un territoire vierge, se pose en naturaliste, et marche dans les pas de Linné.

Mais la liste des « principaux états du ciel » établie par Lamarck évoque aussi bien les palettes de Delacroix telles qu'il les consignera dans son *Journal*. Le physicien rejoint l'artiste dans son nuancier de ciels couverts, déclinés en « ciel couvert brumeux et nuageux », « ciel couvert brumeux-clair », « ciel couvert en voile (simple) », dont les variétés à leur tour sont : « ciel couvert en voile composé », « ciel couvert en voile avec éclairci[e]s », « ciel couvert en voile et nuageux[40] ». Les couleurs des « diablotins » de l'an XIII évoquent celles des ciels de Delacroix ou Turner « tantôt gris de lin ou d'une couleur glauque noirâtre, ou d'un gris roussâtre terreux, [...] tantôt d'un brun noirâtre[41] ». Et la voix singulière, omniprésente, de Lamarck tend à semer le doute sur la rationalité du projet.

Alors oui, on peut donner une explication scientifique à l'« échec » de Lamarck. Comment le nier ? La classification de Luke Howard, plus simple par ailleurs, ne s'en tient pas aux seuls critères « naturalistes » de forme et de grandeur, et prend en compte des paramètres physiques liés à la pression notamment, à la nature intrinsèque et « interne » du nuage. Howard ne raisonne pourtant pas en physicien, et sa classification est, comme celle de Lamarck, essentiellement morphologique. Mais à la différence de Lamarck, Luke Howard met l'accent sur les « modifications » et non sur la « forme » des nuages ; il intégrerait donc le critère essentiel de la variation, quand

40 *Annuaire météorologique pour l'An XIII*, p. 102.
41 *Ibid.*, p. 132.

William Turner, *Étude de ciel*, carnet de croquis, vers 1818.

Lamarck s'obstinerait à ranger les nuages dans des « entités individuelles » (R. Hamblyn), même s'il tient compte de leur faculté de variation, ce qui ne laisse pas, semble-t-il, de l'embarrasser. De fait, certains nuages lamarckiens sont à la limite du perceptible : ceux qui ne sont « qu'imparfaitement terminés, leurs bords étant déchiquetés, corrodés ou comme rongés et très irréguliers », ou ces « nuages en lambeaux », clairs, obscurs ou « demi-terminés[42] ». Ce faisant pourtant, Lamarck anticipe sur la notion de « fracto », introduite plus tard par ce préfixe qui va préciser la nature de certains stratus ou cumulus[43]. Par ailleurs, la nomenclature latine de Howard serait plus universelle car plus transparente que l'étrange terminologie française conçue par Lamarck. Il est vrai que l'auteur de la *Philosophie zoologique* et de l'*Histoire naturelle des animaux sans vertèbres* ne recule pas devant certaines images fantastiques, tant le ciel qu'il nous décrit semble le théâtre de quelque combat mythique :

> On sent donc qu'en se groupant, les gros nuages [...] auront pris la forme d'une montagne, et que celle de leurs faces qui regarde le soleil, recevant sans cesse l'impulsion soutenue ou les chocs continuels de la lumière, se sera arrondie dans ses lobes, festonnée, mamelonnée[44].

Et pourtant, Luke Howard, si peu lyrique ou exalté lui-même, ouvre plus grande encore la voie à la rêverie du poète et du peintre : sa classification n'a-t-elle pas inspiré Goethe, Constable ?

Alors, pour expliquer encore l'« échec » de Lamarck météorologue, on invoque un autre motif, idéologique celui-ci, qui, s'il éclaire le contexte politique et son incidence sur la science au moment 1800, participe pourtant de la mythologie

42 *Annuaire météorologique pour l'An XIII*, p. 116-117.
43 Coulomb et Loisel, *La Physique des nuages*, *op. cit.*, p. 18.
44 *Ibid.*, p. 135.

lamarckienne. La scène, fixée par Arago, est en général évoquée peu avant la mention de la cécité de Lamarck, qui, dit-on, mourut aveugle, pauvre et oublié. Pietro Corsi a montré combien il fallait pondérer cette image du dernier Lamarck, en fait lu et reconnu dans toute l'Europe, comme l'attestent les témoignages de ses élèves du Muséum. La scène, qui se passe en 1809 est la suivante, relatée par Arago. Lamarck veut offrir un exemplaire de sa *Philosophie zoologique* à Napoléon :

> Le vieillard présente le livre à Napoléon. « Qu'est-ce que cela ? dit celui-ci. C'est votre absurde météorologie, cet ouvrage qui fait concurrence à Mathieu Laensberg[45] ; cet annuaire qui déshonore vos vieux jours. Faites de l'histoire naturelle et je verrai alors vos productions avec plaisir. Je ne prends ce volume que par considération pour vos cheveux blancs. – Tenez ! » Et il passe le livre à un aide de camp. Le pauvre Lamarck, qui, à la fin de chacune des paroles brusques et offensantes de l'Empereur, essayait inutilement de dire : « C'est un ouvrage d'histoire naturelle que je vous présente », eut la faiblesse de fondre en larmes[46].

Je n'évoquerai pas ici les liens complexes de Napoléon avec la science, notamment avec les Idéologues – dont Lamarck n'est pas mais avec lesquels il a des accointances. Quoi qu'il en soit, les relations de Napoléon avec les Idéologues se troublent après 1800, et l'Empire instaure un climat général de « restauration et de retour à la tradition », selon les termes de Corsi, qui s'explique ou se traduit par le Concordat.

---

45 Chanoine liégeois, pratiquant l'astrologie judiciaire, auteur d'un almanach dont la publication commença en 1636.

46 François Arago, *Histoire de ma vie* (1854), cité par Pietro Corsi, « Biologie », *in* Corsi *et al.* (dir.), *Lamarck, philosophe de la nature*, *op. cit.*, p. 56.

Lamarck quant à lui s'appesantira longuement à la fin de l'article « Météorologie », décidément autobiographique aussi, sur le discrédit dont il a été l'objet.

> L'auteur de l'*Annuaire* fut averti par une personne qui s'intéressait à lui particulièrement. Effectivement, il ne fut pas longtemps sans apprendre de la bouche même de celui qui gouvernait alors, son mécontentement positif sur une entreprise qui n'avait cependant d'autre objet qu'une étude des météores. Chose étrange, l'auteur, en tout soumis aux lois, n'écrivant point sur la politique, et ne s'occupant que d'études de la nature, se vit forcé de cesser sur-le-champ toute publication de ses observations sur l'atmosphère. Accoutumé depuis longtemps à céder à la nécessité, il se soumit en silence, et continua d'observer, mais pour lui seul. Il faut avoir de la puissance pour faire le bien, et trop souvent ceux qui en possèdent l'emploient à l'empêcher[47].

Lamarck victime de l'arbitraire impérial ? L'interprétation est séduisante, mais insuffisante. C'est ailleurs qu'il faut, sans doute, chercher les raisons de l'échec de Lamarck – ou du moins de l'oubli de sa classification des nuages.

L'âge des fluides commence

C'est dans une certaine conception de la science, absolument neuve, et dont la météorologie, telle qu'elle est conçue par Lamarck, est le modèle. La météorologie est en effet une science d'un genre particulier, qui n'est pas dissociable d'une

47 Article « Météorologie », p. 475-476.

pratique collective ; elle se conçoit à la fois comme système et comme réseau, et suppose une forme d'ubiquité. Lamarck y insiste dans deux textes. La Préface à l'*Annuaire météorologique pour l'an XIII* (1805) :

> Cette science, qui n'existe point encore, sera [...] le résultat d'une étude constamment suivie, d'un concours d'observations simultanées faites en différents lieux éloignés et comparées incessamment, et de l'attention publique sans cesse attirée sur l'état et la marche des recherches[48].

Il y reviendra dans l'article « Météorologie ».

Lamarck entendait fonder une « météorologie statistique », et il y a été aidé tant que Chaptal était au ministère de l'Intérieur. Il élabore alors une véritable méthode, sur la base d'un tableau à compléter par les différents observateurs. Le père Cotte lui-même, qui avait mis sur pied des réseaux météorologiques, se prêta à l'exercice, pour prouver sa bonne volonté à l'égard de son ombrageux confrère. La météorologie de Lamarck est en effet révolutionnaire. Non dans ses contenus (Lamarck accorde une influence prépondérante à la lune), mais dans sa conception : celle du réseau dans sa méthode, celle des fluides dans son principe. Avec lui vraiment, on pourrait dire, reprenant la formule de Michel Serres, que « l'âge des fluides commence[49] », que finit l'âge des solides. Ce que dit Michel Serres du Kant de la *Théorie du ciel* est valable pour Lamarck : il aurait eu l'intuition du « nouveau modèle, réseau dans nuage, nuage dans réseau[50] ».

---

48 *Annuaire météorologique pour l'An XIII*, Préface.

49 Serres, *Le Passage du Nord-Ouest, op. cit.*, p. 47. Il ne s'agit évidemment pas du fluide dans le sens du « calorique », auquel Luke Howard, comme tous ses contemporains d'avant la thermodynamique, accorde une importance majeure.

50 *Ibid.*, p. 65.

Car la météorologie est pour Lamarck le « laboratoire » de toute science. Lamarck le dit à sa manière, lorsqu'il compare « le ciel du météorologiste [à] un immense laboratoire, où s'exécutent sans cesse, et en grand, les opérations les plus importantes à suivre et à connaître[51] ».

À la faveur de la théorie des fluides, la météorologie donne au biologiste un modèle d'explication *dynamique* qui le conduira au transformisme. C'est précisément dans ces années-là que Lamarck opère sa « conversion » (Stéphane Tirard) du fixisme au transformisme. En 1797, avec les *Recherches sur les causes des principaux faits physiques*, Lamarck est fixiste ou « antitransformiste ». Vers 1800, la conversion est en marche avec le *Discours d'ouverture* au cours de zoologie du Muséum de l'an VIII ; elle est effective en 1802 (an X), avec les *Recherches sur l'organisation des corps vivants*, et avérée dans la *Philosophie zoologique* de 1809, cet ouvrage que l'empereur n'a pas su distinguer.

Oui, le Lamarck des *Annuaires météorologiques* est lui-même en cours de « transformation », et sa météorologie, sa classification des nuages en porte… la marque. Le nuage est le modèle de cette science neuve qui s'élabore, et d'une interprétation de la « nature » affectée par le temps, dont il a, avant Darwin, l'intuition. Mais Lamarck, qui avec le mot « biologie » invente en quelque sorte la science qui pensera la vie, s'arrête au transformisme, et sa classification des nuages reste prisonnière du modèle naturaliste du XVIIIe siècle. On trouve, on l'a vu, une évolution comparable chez Pinel, entre 1797 et 1800. Son catalogue de nuages est ainsi traversé par cette intuition d'une nature active, du vivant, par ce vertige du mouvement et du temps. Contrairement à ce que Foucault écrivait, Lamarck n'est pas, n'est plus un penseur classique. S'impose à lui une sorte de douleur à penser

51 *Annuaire Météorologique pour l'An XIII*, p. 98.

l'histoire. Incapable de « fixer » ces « merveilleux nuages », Lamarck laisse, en matière de météorologie, des fragments éminemment subjectifs, singulièrement poétiques, pour ne pas dire *romantiques*. Saluant l'entreprise de Lamarck, Gilles Clément écrit :

> On ne peut détacher l'univers des météores de celui des êtres soumis à la météorologie. On peut même estimer – comme Lamarck l'avait bien compris – que la biologie dans son acception la plus vaste englobe tout l'espace susceptible d'accueillir le vivant ; la troposphère en fait partie. Pour comprendre le vivant, comprendre les nuages. Comprendre l'espace entier dans lequel se déploie le vivant[52].

Ceci encore : plus que quiconque, Lamarck incarne la « pensée météore ». Celle qui refuse les frontières et les démarcations, celle qui s'accommode mal des ruptures. Si Stéphane Tirard peut parler de « conversion » pour exprimer le passage de Lamarck du fixisme au transformisme, il précise aussi que cette image de la rupture et du « passage brutal » n'est pas exacte, car elle « risque de masquer les séquelles de la pensée antérieure de Lamarck[53] ». En l'occurrence, le hiatus entre ses deux facettes : celle du naturaliste, celle du chimiste. Par là, l'évolution de Lamarck s'accorde avec les propositions fondatrices de l'épistémologue Thomas Kuhn sur les révolutions scientifiques : si un « paradigme » finit par l'emporter, et c'est en cela qu'il y a révolution, le processus est lent et les paradigmes se chevauchent longtemps[54]. La coexistence

52 Clément, « Échelles, fractales et conception », in *Nuages, op. cit.*, p. 74.
53 Tirard, art. cité, p. 81.
54 Thomas Kuhn, *La Structure des révolutions scientifiques* [1962], Paris, Flammarion, coll. « Champs », 1983, p. 125.

dans le champ épistémologique de paradigmes concurrents peut se traduire aussi par la rémanence d'états théoriques antérieurs chez le scientifique même. *Lamarck* est le lieu de ces temporalités différentes, et c'est à Darwin que reviendra de porter la théorie de l'évolution. On sait aussi aujourd'hui à quel point l'idée d'une évolution linéaire est remise en question : c'est en termes de ramifications que l'on parle désormais. Cela aussi, Lamarck en a eu l'intuition.

Chapitre V
Retour à Charenton

Le 29 je voulus me rappeler toute ma detention ; aussi je fus arretté en fevrier 1777 et conduit au N° 11 a Vincennes.

J'y reste..	1 an	4 mois
Je vais a Aix en juin 1778, Aix et ma fuite forment..............		3 mois
Je reviens au N° 6 a Vincennes le 7 7bre 1778 et je reste vraisemblablement jusqu'en 7bre 1784..	6 (ans)	
Je suis transféré de Vincennes a la Bastille en 7bre 1784 et je reste a la Bastille jusqu'au 3 juillet 1789..............................	4 (ans)	10 mois
Je fus transféré de la Bastille a Charenton le 3 juillet 1789 et j'y restai jusqu'au 3 aoust 1790..	9 mois	
total..................................	13 (ans)	2 mois

Sade, *Journal inédit, janvier 1808.*

Bon pour Charenton ?
Une de mes aïeules était lingère à Charenton, « chez les fous ». Mon arrière-grand-mère y habitait, rue de Verdun. Tout cela est proche, très proche encore. La maison de Charenton a été reconstruite en 1846. Se rendre sur les lieux permet de prendre la mesure de la topographie, de l'empreinte d'Esquirol, dont le buste (1863) domine l'escalier monumental qui surplombe le cours de la Marne recouvert à cet endroit par l'autoroute A4 ; de retrouver un pan du théâtre de l'histoire asilaire, de croiser des ombres, Latude, Sade, Coulmier. À quelques pas de là, en contrebas, on peut aussi gagner la maison natale de Delacroix, né en 1798, mort l'année où l'on érigeait la statue d'Esquirol et où se tenait à Paris le Salon des Refusés. Prendre « le parti des lieux[1] » permet de toucher le passé, au passé. Franchissons ces portes ouvertes par Proust, Julien Gracq, mais aussi Martin de la Soudière ou Ewa Zieminska qui me fit visiter un Varsovie qui n'existe plus, celui du ghetto. « *Ja. Das ist das Platz* », dit dans *Shoah* l'enfant chanteur revenu sur les lieux de l'enfer.

En 1797, Sade est libre. Libre mais « aux abois », écrit Maurice Lever[2]. Traqué par la faillite financière, traqué par le Directoire qui l'a placé, à tort, sur la liste des émigrés : le coup d'État du 18 fructidor a fait déferler une vague de jacobinisme. En 1797, Sade se rend pour la dernière fois en Provence et a déjà vendu La Coste, vente dont il n'aura tiré aucun profit. Mais le 14 avril 1797, il effectue un premier versement pour l'achat d'une maison à Saint-Ouen, place de la Liberté, où il va vivre avec Constance Quesnet et son fils. Nouveau lieu. Dans la chambre de Monsieur, tendue de papier verni façon

1 Michel Collot, *Le Parti-pris des lieux*, Bruxelles, La Lettre volée, 2018.
2 Maurice Lever, *Donatien Alphonse François, marquis de Sade*, Paris, Fayard, 1991.

arabesque, il y a une cheminée en marbre « avec une plaque à coulisses », deux vases à fleurs, un lit à deux dossiers, un traversin, quatre oreillers de plumes, six chaises, une commode en placage à dessus de marbre, une petite armoire, un secrétaire en placage[3]. *La Nouvelle Justine*, mais aussi l'*Histoire de Juliette, sa sœur, ou les Prospérités du vice*, sont présentés comme parus en 1797 en Hollande, sans nom d'auteur : la date et le lieu d'édition sont faux, les quatre volumes de *La Nouvelle Justine* et les dix volumes de l'*Histoire de Juliette* sont en fait fabriqués et diffusés à Paris en 1799. L'antidatation et l'anonymat avaient pour visée d'éviter à Sade une nouvelle arrestation. Précaution inutile. Sade sera de nouveau arrêté, et enfermé en 1803 à Charenton, où il meurt en 1814. C'est un retour : il y avait déjà passé neuf mois dans les premiers temps de la Révolution, entre le 4 juillet 1789 et le 2 avril 1790[4].

La maison de Charenton

En 1797, la maison de Charenton, fermée par la loi du 18 avril 1792 sur la suppression des ordres religieux, est rouverte. La maison de Charenton avait été évacuée en 1795, ses pensionnaires dispersés et les biens réunis aux Domaines nationaux. L'établissement transformé en prison d'État et rattaché au fort de Vincennes avait maintenu une activité hospitalière minimale (14 lits) pour les habitants pauvres du canton. La réouverture de Charenton le 15 juin 1797 est une reconnaissance implicite de l'échec du gouvernement révolutionnaire

---

3 Inventaire dressé par le notaire Normand lors de la vente de la maison par Mme Quesnet le 16 messidor an X (5 juillet 1802), Lever, *Donatien Alphonse François, marquis de Sade*, *op. cit.*, p. 555.

4 Murat, *L'Homme qui se prenait pour Napoléon*, *op. cit.*, p. 137.

à traiter le sort des aliénés[5], sur lequel François Doublet avait jeté la lumière en 1785[6]. Implicite, car le règlement est rédigé en forme d'éloge de la nouvelle maison de Charenton :

> AVIS.
>
> La maison de Charenton prend son nom de ce bourg, distant de Paris de deux lieues. Située sur une demi-côte au bas de laquelle coule la Marne, et à peu de distance de son confluent avec la Seine, elle est dans la plus belle exposition : on y jouit d'un air salubre ; l'enclos en est vaste ; les eaux y sont abondantes.
>
> Il y a un local destiné au traitement de la folie ; on y a établi des bains froids et chauds, des douches ascendantes et descendantes, secours essentiels à la curation de cette maladie.
>
> On sera admis au traitement moyennant un prix de journée fixé à trois francs.
>
> La maison de Charenton a conservé une partie de ses revenus, ce qui offre à l'administration la facilité de modérer le prix de ce traitement nécessairement dispendieux, surtout par le nombre d'infirmiers qu'exige le service des insensés.
>
> Comme les succès ne s'obtiennent souvent dans cette maladie que par la persévérance dans leur administration, si le traitement est inefficace à une époque, on y soumettra les malades à l'époque du printemps qui paroît être préférable à toute autre.

5 Jeanne Mesmin d'Estienne, « La maison de Charenton du XVIIe au XXe siècle : construction du discours sur l'asile », *Revue d'histoire de la protection sociale*, 2008/1, p. 24-25.

6 Circulaire dite Doublet. Jean Colombier, François Doublet, *Instruction sur la manière de gouverner les insensés et de travailler à leurs guérisons dans les asiles qui leur sont destinés*, Paris, Imprimerie royale, 1785.

II y a des genres de folie qui sont peu susceptibles de curation ; alors la maison de Charenton offre aux familles la ressource d'un pensionnat où les secours de l'humanité seront prodigués à ces victimes malheureuses d'une démence incurable.

Il y a des maisons où l'on reçoit les fous ; mais, si on en excepte un très-petit nombre où la qualité d'homme soit respectée, ces maisons sont un objet de pure spéculation. L'insensé est privé de la surveillance de sa famille, livré à la parcimonie et souvent à des traitemens d'autant plus cruels que la plainte lui est interdite.

La maison de Charenton, au contraire, est confiée à des administrateurs qui n'ont accepté cette honorable fonction que par philanthropie, et qui ne peuvent que justifier la confiance des familles et celle du gouvernement.

Le pensionnat est un vaste bâtiment où l'on jouit de la vue la plus agréable.

Il y a des chambres communes, des chambres particulières à cheminées, et des appartements composés de plusieurs pièces pour ceux à qui leur fortune permet la facilité d'avoir un domestique particulier.

Des terrasses du grand jardin sont destinées à la promenade ; on conduit dans la campagne les malades dont l'état permet de sortir au-dehors. Il y a des salles d'assemblées, de billard et de jeux tels que les dames, les échecs, le trictrac, et une bibliothèque ; enfin on y réunit tous les genres d'amusemens et de distraction : car l'isolement est un moyen d'augmenter la folie, tandis que la société et la vie commune en est un de l'adoucir.

La table y est bonne ; cette jouissance étant souvent la seule qu'on puisse procurer dans cet état : la nourriture consiste en potage, viandes et volailles, bouillies et rôties, poisson, pâtisseries, légumes et fruits.

> Le prix du pensionnat diffère à raison de l'aisance et des jouissances que la fortune de l'individu permet à sa famille de lui procurer : le *minimum* est de six cents francs par an. La famille fournira le coucher, quatre paires de draps, deux douzaines de serviettes et se chargera de l'habillement ; la maison pourra procurer ces objets moyennant une somme additionnelle dont on conviendra.
>
> Les familles s'addresseront, pour les conditions, au citoyen *Coulemier*, régisseur général de l'établissement, à Charenton.
>
> Reçu et publié, etc. à Bruxelles, le 28 Pluviôse 6e année républicaine[7].

Des voix s'élèveront contre cette prétendue utopie, entièrement dominée par la figure de Coulmier, son administrateur. Les critiques les plus connues sont celles d'Hippolyte de Colins dans sa Notice de 1812 *Sur l'Établissement consacré au traitement de l'aliénation mentale, établi à Charenton près Paris*[8] et d'Esquirol dans son *Mémoire historique et statistique sur la Maison royale de Charenton* de 1835.

Même si ces critiques sont largement postérieures à l'année 1797, elles mettent le doigt sur une situation révélatrice de l'organisation de la maison de Charenton rouverte cette année-là. Dans son rapport particulièrement venimeux – notamment sur l'expérience théâtrale menée par Sade et couverte par Coulmier –, Colins pointe la disposition de l'établissement, où règne selon lui un désordre propice à la contagion :

7 *Recueil des loix* [*sic*] *de la République française et des arrêtés et actes dans les départements réunis*, t. XVII, cahier XLIX, Bruxelles, chez Huygue.

8 Hippolyte de Colins, *Notice sur l'hospice de Charenton*, appendice à Sade, *Journal inédit*, Paris, Gallimard, coll. « Folio essais », 1970.

> Jetons maintenant un coup d'œil général sur l'ensemble de ces établissements. Dans ceux des hommes on voit qu'il serait possible avec quelque modification d'établir une classification parmi les malades, classification si nécessaire, et sans laquelle il ne peut y avoir de bases de traitement. Eh bien ! à Charenton les aliénés sont confondus pêle-mêle sans autre classification que celle du sexe, qui n'est même pas observée dans le N° 1. Les maniaques sont avec les mélancoliques, les idiots avec les épileptiques, ceux qui se trouvent dans la période aiguë de la maladie avec les convalescents. Quelle organisation !
> [...] Ce seul défaut de classification est donc un obstacle insurmontable au traitement des aliénés[9].

L'autre voix, celle d'Esquirol qui dirigera l'hôpital de Charenton à partir de 1824, dénonce, outre les défauts de la construction elle-même, l'absolutisme de la direction de la maison confiée à l'abbé Coulmier, assuré de son emprise sur le médecin Gastaldy. Il suit en cela, et sur bien des points puisqu'il en reprend mot pour mot des passages, le réquisitoire de Colins[10].

> Le ministre de l'Intérieur, en rétablissant la maison de Charenton, fit une faute grave en se contentant de nommer les principaux chefs de l'établissement tels que le régisseur, le receveur, le médecin et le chirurgien, sans donner de règlement ni de mode de comptabilité, sans déterminer les attributions des divers fonctionnaires,

---

9 *Ibid.*, p. 111.

10 Michel Gourévitch, « Le théâtre des fous : avec Sade, sans sadisme », in *Petits et Grands Théâtres du marquis de Sade*, présenté par Annie Lebrun, Paris, Art Center, p. 96.

> enfin sans établir une surveillance régulière. Il résulta de là que M. de Coulmier fut administrateur absolu sous le nom, d'abord de régisseur, et puis sous celui de directeur. Le directeur percevait les revenus de la maison, sans rendre compte ; il administrait, disait-il, paternellement, nommant ou présentant à toutes les places, démolissant et bâtissant sans principes, ordonnant tout, se faisant obéir par tout le monde, depuis le dernier infirmier jusqu'au médecin en chef. Désireux seulement d'augmenter le nombre des pensionnaires, il s'occupait peu qu'ils fussent logés convenablement. L'art. 4 de l'arrêté du 5 juin 1797, disait bien que le régisseur de Charenton rendrait immédiatement, au ministre de l'Intérieur, compte de l'administration économique de cet établissement. Ce compte ne fut jamais rendu et ne put jamais l'être. L'art. 5 du même arrêté porte que l'école de médecine de Paris rédigera un règlement propre à régulariser les divers services de Charenton ; ce réglement ne fut point fait, et M. de Coulmier resta indépendant, maître absolu, surveillant suprême de l'administration et du service médical[11].

Esquirol considère la période Coulmier comme la « seconde période », et la fait courir de 1797 (réouverture de Charenton) à 1814 (mort de Sade à Charenton[12]). Cette fois encore, on voit les limites de la méthode classificatoire, typique des Lumières dont Pinel était encore le représentant. Si Esquirol, élève de Pinel, s'inscrit « officiellement » dans la continuité de la nosographie entreprise par son maître, il en

---

11 Esquirol, *Mémoire historique et statistique sur la Maison royale de Charenton,* Paris, Renouard, 1835, p. 44-45.

12 *Ibid.*, p. 59.

a profondément modifié l'esprit, on l'a vu, dans sa thèse, *Des Passions considérées comme causes, symptômes et moyens curatifs de l'aliénation mentale* (1805), et surtout dans son traité *Des maladies mentales* (1838) qui ouvre la voie à une conception privilégiant l'hérédité en particulier dans le diagnostic en psychiatrie infantile. Nous voici une fois encore, en 1797, à la frontière. Colins n'est pas médecin, mais ancien officier de cavalerie. Il parle au nom de l'ordre et de la loi. Esquirol est loin de rejeter l'héritage de Pinel, dont il revendique l'essentiel : le « traitement moral ». Esquirol, qui pratiquera aussi une forme de théâtre à but thérapeutique, refuse la violence imposée par l'administration de Coulmier : bains de surprise (« bains de terreur »), mannequins en osier dans lesquels on enferme les « furieux », interdiction des visites. Mais la période Sade/Coulmier à Charenton marque, au prix d'un grand « pêle-mêle » inquiétant, la fin de ce stade « purement classificatoire et descriptif[13] » de la médecine, que Pinel lui-même a contribué à dépasser. Selon Laure Murat, qui s'appuie sur un passage de la deuxième édition du *Traité médico-philosophique* (1809), Pinel a cependant également contribué à la grande division des aliénés, contemporaine du développement de l'usine[14] : mais il s'agit moins ici de classification que d'organisation drastique des « aliénés propres au travail ». Face à l'aristocratie libertine dont Sade et Coulmier seraient les représentants, Antoine-Athanase Royer-Collard, successeur de Gastaldy, incarnerait « la moralité bourgeoise du nouvel ordre disciplinaire[15] ». L'expérience théâtrale de Charenton constituerait

13 Marc Cerf, « Le désenchantement de la maladie au XIXe siècle », *Les Entretiens de la Fondation des Treilles, De l'utopie au désenchantement, Romantisme et révolution(s), II,* textes réunis par Robert Kopp, Paris, NRF/Gallimard, 2010, p. 300.

14 Murat, *L'Homme qui se prenait pour Napoléon, op. cit.*, p. 161.

15 *Ibid.*, p. 157.

une manière de résistance aux nouvelles formes de sociabilité et de divertissement prônées par la Révolution et ses fêtes néoclassiques, puis par la propagande impériale[16]. Cette lecture – oserons-nous l'appeler libertaire ? – de l'expérience de Charenton est celle qui prévaut aujourd'hui, à travers notamment les travaux d'Annie Lebrun. Reconnaissons pourtant qu'il n'y a nulle univocité dans l'interprétation de l'épisode Sade à Charenton, même si la pièce de Peter Weiss *Marat/Sade* (1961-1963) a longtemps joué le rôle de vecteur du mythe. Jean-Luc Chappey[17] a recensé et critiqué des lectures très diverses, parmi lesquelles celle de Marcel Gauchet et Gladys Swain[18], enclins à faire de Coulmier un charlatan, ou celle précisément de Laure Murat, qui oublierait le fonctionnement politique de cet épisode, au centre d'un jeu de pouvoir qui se résoudra par l'échec de Coulmier, porteur, dit-il, des idéaux de la Révolution.

L'histoire n'est pas finie

Tous ces travaux, cette efflorescence critique, donnent la mesure de la charge inouïe dont Sade a été victime de la folie-Sade... étant entendu, c'est un préalable, que ce personnage bien encombrant n'était pas « bon pour Charenton ». Chaque époque semble générer son interprétation de l'épisode. Sade est-il un ferment, un levain comme le Neveu de Rameau, dont l'œuvre exalte le désir individuel

16 *Ibid.*, p. 159.
17 Jean-Luc Chappey, « Le nain, le médecin et le divin marquis. Folie et Politique à Charenton entre le Directoire et l'Empire », *Annales historiques de la Révolution française*, n° 374, octobre-décembre 2013.
18 Par exemple Marcel Gauchet, Gladys Swain, *Dialogue avec l'insensé*, Paris, Gallimard, 1994 et *La Pratique de l'esprit humain*, Paris, Gallimard, 1980.

face aux sociétés répressives[19] ? D'un point de vue philosophique, peut-on ranger Sade, si jamais ranger Sade fut chose possible, du côté de la « modernité » – encore est-elle à définir ? 1797, année entre deux eaux au sein de la « période sans nom[20] », peut être l'occasion de renouveler ces questions. Rappelons les mots de Blanchot, qui tendent quant à eux à dés-historiciser Sade ; à propos de *La Nouvelle Justine* et de l'*Histoire de Juliette*, tous deux ouvrages fictivement parus en 1797, il écrit : « On peut admettre que dans aucune littérature d'aucun temps, il n'y a eu un ouvrage aussi scandaleux, que nul autre n'a blessé plus profondément les sentiments et les pensées des hommes. » Annie Lebrun, qui cite ce passage[21], ne manque pas de s'emparer de la question : elle renvoie Blanchot, muet sur *Les Cent Vingt Journées*, à l'« étrange négligence » qu'il déplore, celle de ne pas demander à Sade « pourquoi il est indépassable, ce qu'il y a en lui d'excessif, d'éternellement trop fort pour l'homme ». Non, dit-elle, la littérature n'est pas un « monde séparé », relatif. Ce problème soulevé par Annie Lebrun croise notre problématique. 1797 invite à poser la question de la limite, du rapport entre le dedans et le dehors. Cette année-là, Sade est en liberté et publie – date fictive, ne l'oublions pas – deux romans. Si 1797 est une date postiche dans son œuvre, un masque, elle nous permet de mettre au jour les faux-semblants et miroitements du rapport de Sade au temps et à l'histoire.

19 Michel Delon, *in* Armelle St-Martin (dir.), *Sade dans tous ses états*, Mont-Saint-Aignan, Presses universitaires de Rouen et du Havre, 2017.

20 Fabienne Bercegol, Stéphanie Genand, Florence Lotterie (dir.), *Une « période sans nom ». Les années 1780-1820 et la fabrique de l'histoire littéraire*, Paris, Classiques Garnier, 2016.

21 Annie Lebrun, *Soudain un bloc d'abîme, Sade*, Paris, Jean-Jacques Pauvert et Grasset, 1986, rééd. Gallimard, coll. « Folio », 2014, p. 27-29.

Le divin marquis alimente plus que nul autre « la machine à fantasmes[22] » que fut la Révolution française, à laquelle il a adhéré : son œuvre exacerbe les codes du roman noir, inceste, crime, cette « rhétorique de l'horreur » qui fleurit dans la littérature européenne du début du XIXe siècle. Est-ce une réponse à la Révolution, à la Terreur au premier « chef » ? Jean-Clément Martin en voit des éléments explicites chez William Blake par exemple[23]. Mais l'effet Terreur, le bouleversement révolutionnaire même, sont loin d'expliquer la démesure sadienne, le « volcan », le « bloc d'abîme », cette manière d'« attaquer le soleil ». L'œuvre de Sade semble irréductible à une lecture strictement historique. Elle est néanmoins contemporaine d'une critique des formes et des règles, que l'on peut en un sens appeler « romantisme ». À vrai dire, Sade ne tourne pas, comme tant d'autres, le dos à l'histoire. C'est peut-être la notion d'écart, d'« espace intermédiaire » qui éclaire le mieux sa position, et par là sa relation à l'histoire. Car le hiatus a souvent été souligné entre son théâtre « si traditionnel » et son œuvre « si scandaleuse ». Dans sa préface au théâtre de Sade édité par J.-J. Pauvert, Jean-Jacques Brochier pose même l'hypothèse suivante : « [Peut-être] pourrions-nous voir dans le théâtre, positif par rapport à la morale conventionnelle, un renversement humoristique de cette négativité scandaleuse que représentent *La Nouvelle Justine* et l'*Histoire de Juliette*[24]. » Au contraire, Annie Lebrun met l'accent sur la valeur non pas critique mais en quelque sorte « réaliste » du théâtre de Sade, qui s'attache à représenter le « tableau idéologique » de sa propre société à ce moment-là

22 Jean-Clément Martin, *La Machine à fantasmes. Relire l'histoire de la Révolution française*, Paris, Vendémiaire, 2012.

23 *Ibid.*, p. 114.

24 Jean-Jacques Brochier, *Préface au théâtre de Sade*, O.C., éd. Jean-Jacques Pauvert, cité par Annie Lebrun, *Soudain un bloc d'abîme, Sade, op. cit.*, p. 135.

de l'histoire[25]. L'auteure de *Soudain un bloc d'abîme, Sade* préfère voir à l'œuvre chez Sade un principe de théâtralisation général, qui articulerait le « théâtre de divertissement », celui que le marquis a déployé de La Coste à Charenton, et un « théâtre des passions », au cœur de ses romans et notamment des *Cent Vingt Journées*, qui « en nous révélant notre prison et son immensité, nous y ramèn[erait] de façon définitive[26] ». La coexistence des deux scènes, poursuit-elle, serait liée à l'enfance, « rencontre de l'innocence et de la monstruosité dans un même être ». Bref, essayons de voir, si l'on veut bien souscrire à cette analyse plutôt stimulante, comment Sade négocie ces deux faces, dans l'espace intermédiaire ouvert par les œuvres faussement publiées en 1797, année aussi de la réouverture de Charenton.

Le Sade de *La Nouvelle Justine* et de l'*Histoire de Juliette* est celui du volcan, du feu, du soleil-désir auquel il faut se livrer comme à un principe naturel :

> Livre-toi, Juliette, livre-toi sans crainte à l'impétuosité de tes goûts, à la savante irrégularité de tes caprices, à la fougue ardente de tes désirs ; échauffe-moi de leurs écarts, enivre-moi de tes plaisirs ; n'aie jamais qu'eux seuls pour guides et pour lois ; que ta voluptueuse imagination varie nos désordres ; ce n'est qu'en les multipliant que nous atteindrons le bonheur ; [...] tout ce qui délecte est bon, tout ce qui échauffe est dans la nature. Ne vois-tu pas l'astre qui nous éclaire, dessécher et vivifier tour à tour ? Imite-le dans tes écarts, comme tu le peins dans tes beaux yeux[27].

25 Lebrun, *Soudain...*, *op. cit.*, p. 162.

26 *Ibid.*, p. 158.

27 *Histoire de Juliette*, Deuxième partie, tome sixième, in *La Nouvelle Justine, ou les malheurs de la vertu, suivie de l'Histoire de Juliette, sa sœur, ou les Prospérités du vice*, Hollande (Paris, Bertrandet ?), 1797, p. 240-241.

Feu, volcan[28] participent de l'iconographie sadienne constituée par les XXe-XXIe siècles : « portrait du marquis de Sade » par Man Ray, éruption du Vésuve (Voltaire, 1771), planches dessinées de Peter Fabris (1767), « Section perpendiculaire d'un souterrain de la maison gothique » (Jean-Jacques Lequeu, entre 1777 et 1814). Le dessin de Lequeu, parent de l'imaginaire sadien par le caractère fantasmé de la construction architecturale et le rôle dévolu au feu dans le souterrain d'un lieu clos, a souvent été reproduit par Annie Lebrun dans ses ouvrages sur Sade[29].

Le volcan en particulier est au cœur de la machine et de la fiction de l'*Histoire de Juliette* et de *La Nouvelle Justine*. Juliette, décrivant l'ardeur de ses désirs, allume avec une bougie « toute la plaine » au pied du volcan de Pietra-Mala[30]. Il y a surtout le fameux passage de *La Nouvelle Justine* où le chimiste Almani, au pied de l'Etna, se vante de connaître le secret pour provoquer un tremblement de terre :

> Un jour, examinant l'Etna, dont le sein vomissait des flammes, je désirais être ce célèbre volcan : bouche des enfers, m'écriai-je en le considérant, si comme toi je pouvais engloutir toutes les villes qui m'environnent, que de larmes je ferais couler ! À peine mon invocation est-elle prononcée, que j'entends du bruit près

28 Un ouvrage collectif de 2005 a été consacré à « l'imaginaire du volcan ». Mais il ne contient pas de chapitre sur Sade. Marie-Françoise Bosquet et François Sylvos (dir.), *L'Imaginaire du volcan*, Rennes, Presses universitaires de Rennes, coll. « Interférences », 2005.

29 Ce dessin fait partie du recueil de Lequeu, *Architecture civile*, dont le titre complet est *Architecture civile de Jean Jacques Lequeu contenant nombre d'édifices de diférents peuples disséminés sur la terre, et au vu desquels sont les élémens des ombres, leurs éfets diférents produits par la lumière solaire ou des corps enflammés sur leurs plans, élévations et profils. On y a joint des notes et l'explication des termes consacrés à cet art. Tome 1*^{er}. *Donné par lui-même à l'honneur de la Bibliothèque Royale* (1825).

30 *La Nouvelle Justine*, *op. cit.*, t. 7, p. 311.

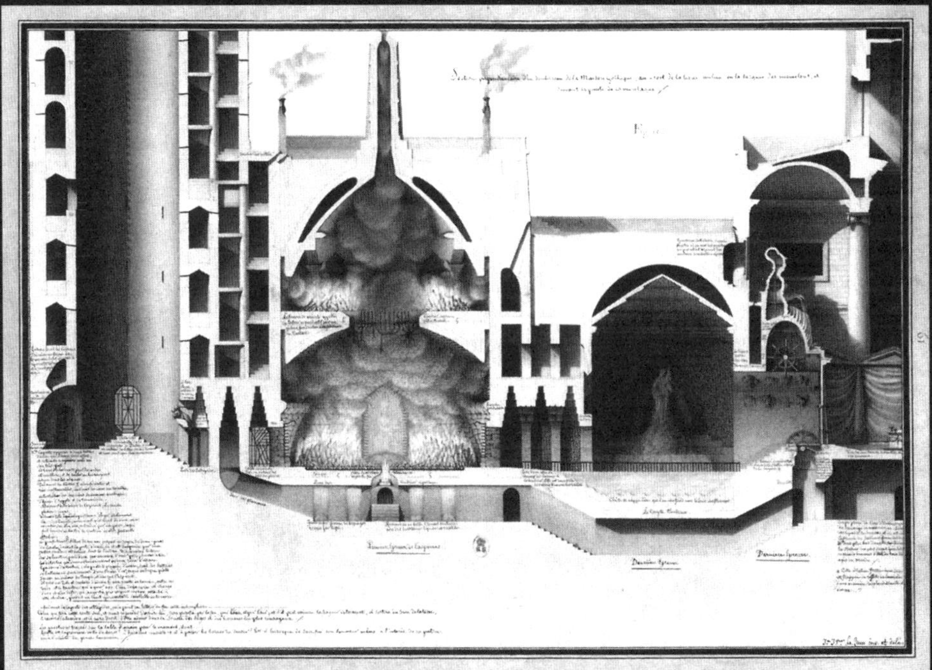

Jean-Jacques Lequeu, « Section perpendiculaire d'un souterrain de la maison gothique ». Bibliothèque nationale de France.

> de moi : un homme m'écoutait. [...] Monsieur, dis-je à cet homme en l'invitant de s'asseoir avec moi près d'un arbre, causons, je vous supplie. Est-il bien vrai que vous puissiez imiter un volcan ? – Rien de plus aisé. – Et nous produirons par l'effervescence de ce volcan factice les mêmes effets qu'un tremblement de terre ? – Absolument. – Nous détruirons des villes ? – Nous les abîmerons, nous bouleverserons l'île entière. – Agissons, monsieur, agissons ; je vous couvre d'or si vous réussissez[31].

« Être le volcan » : il y a là un nouveau rapport au sujet. Et au monde : car Sade peut aussi imaginer un univers sans les hommes. Sade écrit encore dans l'*Histoire de Juliette* : « L'homme pourrait anéantir totalement son espèce sans que l'univers éprouvât la plus légère altération[32]. » Est-ce cela, la modernité ? « Plus de séparation entre le sujet et le monde, entre le sujet et autrui, mais une interdépendance qui augmente et multiplie en tous sens les effets de la coexistence naturelle », écrit Simone Debout[33]. Profondément, viscéralement, littéralement et dans tous les sens, Sade, qui vécut l'essentiel de son existence enfermé, refuse la clôture : « Jamais – vous le savez –, écrit-il à sa femme en février 1777 alors qu'il vient d'être incarcéré à Vincennes, ni mon sang ni ma tête n'ont pu tenir à une clôture exacte. » Refuser la clôture est également un principe esthétique, défendu par les romantiques, d'abord allemands. Annie Lebrun, toujours elle, cite un fragment,

31 *La Nouvelle Justine, op. cit.*, tome troisième, chapitre XI : « Suite de l'Histoire de Jérôme », p. 60.

32 *Histoire de Juliette*, tome huitième, p. 307.

33 Simone Debout, « La présence réelle dans l'image », in *Petits et Grands Théâtres du marquis de Sade, op. cit.*, p. 239.

forme éminemment romantique, du *Brouillon général* de Novalis (1798) : « Toutes les limites n'existent que pour être dépassées – et ainsi de suite[34]. »

Si la nécessité de dépasser les limites, la démesure sont bien au principe de l'œuvre de Sade, on peut cependant interroger sa modernité. Sade tient à l'ancien monde. Sa *Weltanschauung* ne se défait pas si simplement du sujet, fût-il essentiellement mauvais, ou plutôt : en raison même de sa méchanceté. Almani laisse à l'homme le choix de suivre ou non la nature :

> Le motif qui m'engage à me livrer au mal est né chez moi de la profonde étude que j'ai faite de la nature ; plus j'ai cherché à surprendre ses secrets, plus je l'ai vue uniquement occupée de nuire aux hommes ; suivez-la dans toutes ses opérations, vous ne la trouverez jamais que vorace, destructive et méchante, jamais qu'inconséquente, contrariante et dévastatrice ; jetez un instant les yeux sur l'immensité de maux que sa main infernale répand sur nous en ce monde. [...] Oui, mon ami, oui, j'abhorre la nature, et c'est parce que je la connais bien que je la déteste ; instruit de ces affreux secrets, je me suis replié sur moi-même, et j'ai senti (Voilà ma réponse à votre seconde question.), j'ai éprouvé une sorte de plaisir indicible à copier ses noirceurs[35].

La séparation entre l'homme et le monde, qui contredit le propos de Simone Debout, est une première entaille dans une lecture qui ferait de Sade un philosophe

34 Cité dans Annie Lebrun, *Attaquer le soleil*, Paris, Musée d'Orsay/Gallimard, catalogue de l'exposition de 2014, p. 281.

35 *La Nouvelle Justine*, « Suite de l'Histoire de Jérôme », *op. cit.*, p. 62.

pré-phénoménologue, du moins en avance sur son temps. L'idée même d'une nature « méchante », personnifiée, paraît d'une autre époque.

Jeu de dupes

Passons sur l'autre scène, sur le théâtre de divertissement. Retour au lieu, retour à Charenton. Où est la modernité de Sade ? Pour une question de chronologie, on se focalisera sur l'expérience théâtrale de Charenton, l'enfermement de Sade (1803) étant une conséquence de la saisie chez l'éditeur Nicolas Massé, le 6 mars 1801, de plusieurs ouvrages, dont *La Nouvelle Justine* et l'*Histoire de Juliette*[36]. Sade nie en être l'auteur, mais il ne trompe personne et la descente aux enfers est engagée : la Souricière (dépôt de la préfecture), Sainte-Pélagie, Bicêtre, Charenton enfin, où il est interné comme « malade de la police » [*sic*] le 27 avril 1803. François Simonet de Coulmier dirige l'établissement rendu par le Directoire à sa première destination, le traitement des maladies mentales, depuis le 22 septembre 1797. Coulmier, assisté comme on sait du médecin-chef Gastaldy, prône le « traitement moral » des aliénés initié par Pinel. Il abandonne la diète, les saignées, les purgatifs, les antispasmodiques. On a vu cependant que, à côté d'innocentes pratiques (promenades, jardinage, soin aux chevaux…), certains moyens « thérapeutiques » (« bains de surprise », enfermement dans des mannequins d'osier) ne manquaient pas de violence. Mais l'innovation de Coulmier, celle qui restera dans l'histoire, car associée à Sade, c'est principalement le théâtre. Et le théâtre, prétend-il, joué par les malades eux-mêmes. Cette pratique s'inscrit dans le traitement

---

36 Lever, *Donatien Alphonse François, marquis de Sade*, *op. cit.*, p. 585.

moral dont l'objectif est de « faire sortir l'aliéné de son isolement[37] ». Car Charenton dirigé par Coulmier est un « laboratoire réputé dans le traitement moral[38] ». Dans son *Précis sur la maison de santé de Charenton*, Coulmier écrit :

> Nous cherchions ensemble les moyens de dissiper par des jeux innocents, les concerts, la danse, des comédies dont les rôles étaient remplis par des malades, ce qui excitait entre eux une véritable émulation, par le désir d'en faire autant, de recevoir les mêmes applaudissements que leurs compagnons d'infortune. [...] Ce traitement moral, approuvé par les personnes les plus respectables, par des étrangers qui sollicitaient avec empressement des billets d'entrée pour être témoins de l'influence des arts sur le moral comme sur le physique, était parvenu à établir une réputation à la maison de Charenton[39].

Il ne fait aucun doute que la présence de Sade à Charenton, surtout comme metteur en scène, mais aussi auteur de divertissements, a contribué à la réputation de la maison et en particulier des spectacles organisés entre 1805 et 1813 (date de leur interdiction), qui semble s'être « imposé[e] dans la géographie des théâtres parisiens[40] ». Pour être connue et avoir fait couler beaucoup d'encre, l'expérience théâtrale de Charenton est cependant difficile à interpréter. Les lectures critiques en sont divergentes. Si on écoute sa voix à lui, celle qui nous parvient à travers son *Journal inédit*, c'est plutôt la

37 Chappey, « Le nain, le médecin et le divin marquis. Folie et Politique à Charenton entre le Directoire et l'Empire », art. cité, p. 63.

38 *Ibid.*, p. 61-66.

39 A.D. Val de Marne. AJ ^{2} 100. *Documents inédits*. Cité par Maurice Lever, *Donatien Alphonse François, marquis de Sade*, *op. cit.*, p. 607.

40 Chappey, art. cité, p. 65.

compassion qu'il susciterait : besoin de liberté, paranoïa dont témoigne son « système chiffral », désir pathétique d'exister, de se mettre en scène, de mettre en scène.

> Le 7 M. de C. m'envoya chercher pour retarder la representation jusqu'au 17 mais ce n'etoit qu'un bel et bon lazzi pour me faire un 17 et 23. Absurde betise beaucoup trop repété d'autant plus que la representation n'eut lieu que longtemps apres[41].

À travers ce journal, il apparaît que les rapports entre Sade et Coulmier sont évidemment complexes : leurs relations, selon Marie-Emmanuelle Plagnol-Diéval[42], sont celles, classiques dans le théâtre de société, d'auteur et commanditaire, ce qui place en partie Sade dans une position de dépendance. Sollicité par le directeur en particulier pour mettre en scène la fête organisée en son honneur, Sade est aussi en butte à ses critiques, justifiées en partie par les inquiétudes éprouvées par Coulmier quant à la réputation de son pensionnaire :

> Le 25 nous apercevant que M. de C. avait envers nous une conduite singuliere, Md. ayant le pretexte de payer sa pension, y descendit et la elle apprit de lui que l'on pretendait a la police que j'avais annexé des vers calomnieux aux pieces faites pour sa fete, ce qui est faux ; il fit entendre qu'il y aurait encore une fouille et en

41 Sade, *Journal inédit*, janvier 1808, Paris, Gallimard, coll. « Folio », 1970, p. 49.
42 Marie-Emmanuelle Plagnol-Diéval, « Marge dans la marge ou le théâtre de Sade à Charenton comme théâtre de société », *in* Valentina Ponzetto (dir.), *Théâtres en liberté du XVIIIe au XXe siècle. Genres nouveaux, scènes marginales ?*, Publications numériques du CÉRÉdI, « Actes de colloques et journées d'étude », n° 19, 2017 : http://ceredi.labos.univ-rouen.fr/public/?theatres-en-liberte-du-xviiie-au.html

> general, puisqu'il repandait dans sa maison d'aussi mauvais propos contre moi, il y avait a parier que je devais m'attendre a quelque chose de desagreable[43].

Ce passage donne une idée assez juste du lieu Charenton, de sa configuration, de l'étonnante compagnie qui entoure Sade : sa femme (Md.), Constance Quesnet, actrice qui joue dans les pièces représentées, le directeur « en bas », la présence en arrière-plan des autres pensionnaires, les descentes possibles de police. Plus encore, on a pu identifier de façon très précise le dispositif théâtral de Charenton, situé au-dessus du bâtiment des femmes :

> Ce théâtre dispose de toutes les commodités techniques d'un véritable théâtre : plateau, coulisses, loges, fosse d'orchestre, parterre, loge pour le directeur et ses invités, gradins de chaque côté de celle-ci. La salle est vaste, plus de 200 places si l'on additionne les places réservées pour le personnel (36), les malades (60) et les places retenues (90). La répartition est la suivante : 30 personnes dans les loges du bas, 38 dans celles du haut, 24 sur les bancs des côtés, 36 sur des bancs, 20 sur des chaises, plus 60 autres[44].

L'article de Marie-Emmanuelle Plagnol-Diéval, extrêmement informé, est une mine pour connaître les conditions concrètes de ces spectacles, organisés une fois par mois, et susceptibles d'être, dit-elle, assimilés au théâtre de société : agencement de plusieurs pièces (la petite et la grande), répertoire constitué surtout de comédies, autres divertissements (bals, ballets,

---

43 *Journal inédit*, mai 1808, *op. cit.*, p. 62.
44 Plagnol-Diéval, art. cité, p. 4.

concerts, soupers). Sade joue parfois, il tient par exemple le rôle-titre dans *L'Impertinent ou le Billet perdu* de Desmahis en juillet 1805, il chante aussi :

> Le 3 je joue au concert une scene du Deserteur avec la ferme resolution de n'y plus chanter quoiqu'on m'y ait fort applaudi.
> Le 4 C. me dit que le medecin avait trouvé mauvais que je fisse des bouts rimés et avoit tenu de tres mauvais propos et des menaces a ce sujet[45].

La plupart des pièces sont des reprises de succès du siècle (*Les Fausses Confidences* où deux pensionnaires tiennent les rôles principaux, *Les Folies amoureuses* de Regnard, *Le Nouveau Doyen de Killerine* de Louis-Sébastien Mercier, *Claudine de Florian* de Pigault-Lebrun, jouée de juillet à septembre au théâtre Montansier…), ou plus rarement du siècle précédent (*Le Dépit amoureux* de Molière), des vaudevilles accompagnés de musique (le 28 mai 1810, *Les Deux Petits Savoyards*, comédie en un acte avec ariettes de Marsollier des Vivetières avec une musique de Dalayrac, créée en 1789, avec une *Suite* composée par Sade[46]). Le marquis conçoit de bout en bout la *Fête de l'amitié*, prologue encadrant l'*Hommage de la reconnaissance* (entre 1810 et 1812) donnée en l'honneur de Coulmier, qui apparaît comme un bienfaiteur consolateur et guérisseur sous le nom de Meilcour (anagramme de Coulmier). Une actrice, Mademoiselle Flore, relatera dans ses Mémoires[47] publiés en 1845 la *Fête de l'amitié* à laquelle elle assista : on y joua, dit-elle, *Le Dépit amoureux*, une deuxième pièce après l'entracte,

45 Sade, *Journal inédit*, avril 1808, *op. cit.*, p. 56.
46 Plagnol-Diéval, art. cité, p. 6-7.
47 Voir Armand de Rochefort, « Spectateurs et acteurs à Charenton », *Petits et Grands Théâtres du marquis de Sade, op. cit.*, p. 89-90.

puis le « joli opéra comique » *Les Deux Petits Savoyards.* Selon Flore, Mme Quesnet joua dans la première pièce, la seconde fut interprétée notamment par deux pensionnaires et dut être interrompue ; la troisième, par une belle pensionnaire espagnole du nom d'Urbistondos, fut une vraie réussite. On trouve aussi dans ces Mémoires, écrits bien des années plus tard, des portraits savoureux de Sade et de Coulmier, décrit quant à lui comme un nain difforme venu saluer la société à l'entracte. Quelle est la place des « fous » dans la troupe des acteurs de Charenton ?

> C'est un mensonge que de dire que ce sont les fous qui jouent la comédie à Charenton. Les véritables acteurs sont : un ancien infirmier devenu en dernier lieu le secrétaire du Directeur ; un marchand de vin du village ; le maître clerc d'un huissier du voisinage ; des femmes ou des jeunes personnes qui demeurent dans la maison, sans être ni avoir jamais été malades, des danseurs et des danseuses de l'Opéra, et enfin, quand le besoin l'exige, des hommes que l'on va chercher au café Touchard, rendez-vous des acteurs sans emploi, et à qui on paye et leur temps et leurs peines[48].

Colins, puis Esquirol, rapportent également un épisode fameux, celui où le danseur Trénitz, pensionnaire convalescent ou du moins « tranquille », fit scandale : engagé à danser le menuet de la Reine, on l'habille en Prince et c'est sous ces habits somptueux qu'il danse devant un public conquis. Mais lorsqu'il s'agit de le défaire de son costume, Trénitz, furieux d'avoir été dupé, doit être maîtrisé par la force. Du malade tranquille qu'il était, il aurait sombré dans la démence et

48 Colins, *Notice sur l'Hospice de Charenton*, *op. cit.*, p. 121.

l'agitation. Esquirol, qui croit davantage aux vertus curatives de la musique, conclut dans son *Mémoire* sur la maison de Charenton : « Ce qui se passait à Charenton nous l'apprend assez ; que de rechutes, que d'accès de fureur provoqués par les représentations théâtrales ! Jamais on n'a montré les individus guéris par ce mode de traitement[49]. »

Finalement, Marie-Emmanuelle Plagnol-Diéval parvient aux mêmes conclusions : douteuse est la vertu thérapeutique de ce théâtre, dont les difficultés tiennent selon elle à la transposition des modalités du théâtre de société « dans un lieu qui n'est pas un espace privé ». Le « versant de sociabilité, poursuit-elle, nous semble l'emporter largement sur la caution thérapeutique, caution ou prétextes déjà présents par ailleurs dans certaines fêtes privées[50] ». Comment mettre en cause une lecture si savante de l'expérience théâtrale de Charenton ? Voilà Sade relégué dans son temps, voire dans des pratiques d'Ancien Régime conformes à sa qualité d'aristocrate. Pourtant, on peut s'aventurer sur un autre terrain, en pénétrant plus avant dans l'œuvre elle-même : où l'on verra que Sade inaugure par l'écriture un système inédit, issu de son incarcération même.

C'est la lecture d'Annie Lebrun, c'est aussi celle de certains spécialistes littéraires de la période et de Sade en particulier. Mladen Kozul a montré par exemple comment les romans de Sade déployaient une « rhétorique de la clôture définitive » propre à constituer la prison en « espace de jouissance », comme par un effet de *Fort-Da*, tentative de maîtrise symbolique du châtiment[51]. Beaucoup ont mis en évidence la complémentarité

49 Esquirol, *Mémoire historique et statistique sur la Maison royale de Charenton*, extrait des *Annales d'Hygiène publique*, t. XIII, 1re partie, Paris, Paul Renouard, 1835, p. 47.
50 Plagnol-Diéval, art. cité, p. 11-12.
51 Mladen Kozul, « Sade, prisonnier et écrivain », Séminaire de Marc Hersant « Écrire en prison », 8 juin 2018. Voir aussi par exemple M. Kozul, *Le Corps dans le monde : récits et espaces sadiens*, Louvain/Paris/Dudley (MA), Peeters, 2005.

« Danseur », dans Georges-François-Marie Gabriel,
Têtes d'aliénés à Charenton vers 1823. Bibliothèque nationale de France.

du théâtre et des romans de Sade, bien loin de l'appréciation convenue d'un hiatus entre théâtre conventionnel et romans scandaleux[52]. Certains s'arrêtent notamment sur une pièce dont Sade a conçu le projet à la Bastille en 1788 : *La Ruse d'amour ou les Six Spectacles*, qui deviendra en 1810 un ensemble composé de plusieurs pièces de genres différents sous le titre *L'Union des arts ou les Ruses de l'amour*. Dans cette pièce-fleuve, le théâtre apparaît comme un remède, non pas comme on le voit dans *Marat/Sade*, la célèbre pièce de Peter Weiss (1966) qui réinterprète l'épisode de Charenton en lui donnant une dimension révolutionnaire. Catherine Ramond souscrit à l'appréciation de Sade lui-même, qui présente dans le *Catalogue raisonné* (1788) *La Ruse de l'amour* comme une pièce « absolument unique en son genre » ; en effet, dit-elle, elle intègre « dans une seule représentation tous les genres de l'art dramatique ». Annie Lebrun, toujours un cran plus avant, met l'accent sur la « composition essentiellement optique » de l'ensemble publié en 1810 sous le titre de *L'Union des arts*. Au point que, poursuit-elle, « le véritable intérêt dramatique ne réside plus dans la résolution des intrigues, mais dans la mise en perspective de cette intrigue présentée de différents points de vue[53] ». Toutes ces lectures montrent d'une part l'unité de l'œuvre de Sade plutôt que l'opposition de deux faces, l'une présentable et conventionnelle (le théâtre), l'autre scandaleuse et unique en

52 Jean-Jacques Brochier, « Préface » au *Théâtre* de Sade, t. 1, Paris, Pauvert, 1970 ; André Guyaux, « Théâtre de Sade », *Revue d'histoire du théâtre*, n° 121, 1979, p. 46-49 ; Sylvie Dangeville, *Le théâtre change et représente. Lecture critique des œuvres dramatiques du marquis de Sade*, Paris, Honoré Champion, 2000 ; Julie Paquette, « Le théâtre, un oubli dans les études sadiennes », *L'Annuaire théâtral*, n° 52, Société québécoise d'études théâtrales (SQET) et Université de Montréal, 2012, p. 133-152 ; Catherine Ramond, « Entre deux siècles, entre deux genres. Quelques monstres littéraires au tournant du siècle », *in* Anouchka Vasak (dir.), *Entre deux eaux. Les secondes Lumières et leurs ambiguïtés*, Paris, Éditions Le Manuscrit, 2012, p. 327-351.

53 Lebrun, *Soudain un bloc d'abîme, Sade*, *op. cit.*, p. 143.

son genre (l'œuvre narrative). Ces lectures insistent aussi sur le caractère vital du théâtre pour Sade, théâtre mental autant que joué. Théâtre imaginaire comme les « prisons imaginaires » de Piranèse ?

Ouvert, fermé

Du moins Sade participe-t-il de la problématique essentielle de 1797, que le lieu même, l'hospice de Charenton, rend évidente : lieu à la fois fermé et ouvert. Tout dans l'œuvre de Sade dit cette ambiguïté, jusque sa difficulté à clore ses ouvrages, ce dont témoigne son goût pour les « séries » (Juliette, Justine). Sade n'est pas le seul à pratiquer ces séries de genres différents (*Fils naturel* et *Entretiens sur le Fils naturel* de Diderot, trilogie de Beaumarchais, *La Prévention nationale* (1784) de Restif de La Bretonne[54]). C'est une caractéristique de la période : « Les œuvres ne sont plus séparées les unes des autres, ni closes sur elles-mêmes conformément au goût classique[55]. »

Mais ne jouons pas sur les mots, du moins pas ainsi. Sade a passé vingt-sept ans en prison. La liberté mentale ne remplace pas la seule qui vaille. Au contraire : à ce jeu-là, de la dialectique ouvert/fermé, Sade a perdu. Lui qui refusera d'être « ouvert » à sa mort verra – ne verra pas – son corps autopsié, à l'inverse de ce qu'il demande expressément dans son testament écrit à Charenton :

> Je défends que mon corps soit ouvert, sous quelque prétexte que ce puisse être. Je demande avec la plus vive

54 Nicolas Edme Restif de La Bretonne, *La Prévention nationale*, Action adaptée à la scène avec deux variantes et les faits qui lui servent de base, 1784, Genève-Paris, Slatkine reprints, 1988.

55 Catherine Ramond, art. cité, p. 341.

instance qu'il soit gardé quarante-huit heures dans la chambre où je décéderai, placé dans une bière en bois qui ne sera clouée qu'au bout des quarante-huit heures prescrites ci-dessus, à l'expiration desquelles ladite bière sera clouée ; pendant cet intervalle, il sera envoyé un exprès au sieur Lenormand, marchand de bois, boulevard de l'Égalité, n° 101, à Versailles, pour le prier de venir lui-même, suivi d'une charrette, chercher mon corps pour être transporté, sous son escorte, au bois de ma terre de la Malmaison, commune de Mancé, près d'Épernon, où je veux qu'il soit placé sans aucune cérémonie, dans le premier taillis fourré qui se trouve à droite dans ledit bois, en y entrant du côté de l'ancien château par la grande allée qui le partage. Ma fosse sera pratiquée dans ce taillis par le fermier de la Malmaison, sous l'inspection de M. Lenormand, qui ne quittera mon corps qu'après l'avoir placé dans ladite fosse ; il pourra se faire accompagner dans cette cérémonie, s'il le veut, par ceux de mes parents ou amis qui, sans aucune espèce d'appareil, auront bien voulu me donner cette dernière marque d'attachement. La fosse une fois recouverte, il sera semé dessus des glands, afin que, par la suite, le terrain de ladite fosse se trouvant regarni et le taillis se trouvant fourré comme il l'était auparavant, les traces de ma tombe disparaissent de dessus la surface de la terre, comme je me flatte que ma mémoire s'effacera de l'esprit des hommes.

Fait à Charenton-Saint-Maurice, en état de raison et de santé, le 30 janvier 1806.
Signé : D.-A.-F. Sade[56]

56 Le testament de Sade est notamment reproduit dans le livre de Jules Janin, *Le Marquis de Sade* [1834], Paris, Hachette Livre et BnF, 2012.

Contrairement à ses dernières volontés, Sade a été enterré religieusement. Quelques années plus tard son corps sera déterré et son crâne examiné par les phrénologues. Pas de dernier lieu pour Sade, pas de lieu.

Or la question du cadavre, voire l'industrie dont il est l'objet, est également au cœur de 1797. C'est cette année-là que Bichat est nommé professeur mais aussi arrêté pour avoir déterré des cadavres au cimetière de Saint-Roch. La machine à fantasmes est prompte à se mettre en marche, une nouvelle fois. Mais il convient d'inscrire cette pratique du vol de cadavres dans l'histoire de la médecine et notamment dans la promotion extraordinaire de l'anatomie[57]. Bien avant 1797, typique des Lumières qui voient plusieurs réformes successives de la médecine, « la manière parisienne » consistait à donner à chaque étudiant la possibilité de pratiquer la dissection. Il faut donc se rendre nuitamment dans les cimetières et déterrer des cadavres : on s'y introduit avec des charrettes, tandis que des guetteurs de cimetières se postent à l'entrée. La religion pourtant n'a jamais interdit l'ouverture des cadavres pour recherches anatomiques. Mais la machine s'emballe en cette fin des Lumières, et l'on n'a pas manqué de souligner la parenté entre la doctrine vitaliste de Bichat et la *Naturphilosophie*. Reste que « l'ouverture » de Sade, celle de son cadavre, relève d'une autre démarche, où la médecine a peu de place.

Alors, comment clore ce chapitre ? « Sade », homme, œuvre, suscite une littérature et des expériences innombrables, efflorescence telle que toute conclusion académique semble dérisoire. Comment lire Sade aujourd'hui ? Sans réponse à cette question qui me dérange, tout au plus hasarderai-je un

57 Rafael Mandressi, exposé sur l'article « Cadavre » de l'*Encyclopédie*, séminaire Enccre (Édition numérique collaborative et critique de l'*Encyclopédie*), Jussieu, 9 décembre 2016.

rapprochement « local ». Nous sommes en 1794, Sade est détenu comme d'autres aristocrates issus des prisons parisiennes à la maison Coignard, sur les lieux de l'actuel cimetière de Picpus. Les jardins de Picpus deviendront les « fosses de la grande Terreur », charnier où l'on jette les guillotinés, têtes servant à caler les corps. Non loin de Picpus, la guillotine fait son office sur la place du Trône-Renversé (actuelle place de la Nation), du 14 juin au 27 juillet 1794. Quatre ans plus tard, par la loi du 26 germinal an VI (18 octobre 1798), l'octroi est rétabli aux barrières. La barrière du Trône, édifiée suivant les plans de Ledoux en 1787, abrite aujourd'hui en ses pavillons, dit-on, des logements sociaux. 1797 nous apprend à tenir d'une seule main Charenton, Picpus, la barrière du Trône : cet espace-là, un mouchoir de poche à l'aune du monde, nous rappelle que la décennie 87-97 a vu Sade, Chénier, Ledoux, le trône, le trône renversé, les barrières ouvertes et refermées.

Chapitre VI
Langue-tempête

Notre langue n’est plus de ce monde.

Germaine de Staël, *Des Circonstances actuelles.*

Où en sommes-nous, en 97, de la Révolution ? Et pour commencer, du mot lui-même ? L'entend-on, l'emploie-t-on dans son sens actuel, d'abord politique ? Prendre la mesure du mot, et de la langue elle-même, est une des manières de vérifier si les contemporains de 97 ont pris la mesure des choses. Pour autant que *nous* l'ayons prise : de ce point de vue en effet, la Révolution n'est pas finie – le sera-t-elle jamais[1] ? Nier l'événement est, par exemple, une option toujours ouverte. Le mot « révolution » et l'examen de la langue relèvent de ces bulles de l'histoire qui permettent d'évaluer l'ampleur d'un événement[2].

La métaphore de la tempête est une des aunes qui permet d'enregistrer les secousses. Un philosophe de la fin du XIXe siècle, Louis Bourdeau, a cru pouvoir emprunter le point de vue des contemporains de la Révolution en recourant à cette image, mais pour la nier : de tempête, selon lui, il n'y eut point. Les vagues sont un effet d'optique pour l'observateur immergé dans le cours des choses et rendu myope par une situation vue de trop près.

> Pour qui contemple l'ordre général et la suite entière des faits, aucun accident particulier ne paraît digne d'étude. Ce sont sur l'océan des choses humaines des fluctuations de vagues qui s'effacent l'une l'autre. Le pêcheur dont elles soulèvent la barque croit voir autour de lui des montagnes et des abîmes ; mais

1 Voir Emmanuel Terray, *Procès de la Révolution*, Paris, Odile Jacob, 2020.

2 Mon propos n'est pas l'étude générale de la « langue révolutionnaire ». De nombreux travaux ont été publiés à ce sujet. Par exemple : Jacques Guilhaumou, « La langue politique et la Révolution française », *Langage et société*, vol. 113, n° 3, 2005, p. 63-92 ; ou, pour les notions plus spécifiques de « girouette » et la métaphore météorologique qui l'accompagne, de « centre » ou de « modéré », Pierre Serna, *La République des girouettes. 1789-1815, et au-delà : une anomalie politique, la France de l'extrême centre*, Seyssel, Champ Vallon, 2005.

> l'observateur qui, du rivage, promène au loin ses regards n'aperçoit qu'une surface unie, à peine ridée par le flot et terminée à l'horizon par une immuable ligne de niveau[3].

Jacques Rancière, qui exhume dans *Les Noms de l'histoire* ce passage d'un philosophe aujourd'hui oublié, distingue deux interprétations « révisionnistes » de la Révolution (« il ne s'est rien passé de tel que ce qui a été dit[4] ») : l'interprétation libérale, celle de Tocqueville (la révolution a eu lieu avant la Révolution), et l'interprétation contre-révolutionnaire, qui présente la Révolution comme un coup de force pour imposer à une société constituée un ordre artificiel[5]. Quant à la contre-révolution, on verra qu'elle est loin de nier l'événement. Et la langue, qui a commencé par retourner le mot qui l'incarne (la révolution comme retour au point de départ), témoigne de la réalité de la chose. Si, dans l'entour de 97, certains s'efforcent de la nier, de la relativiser ou de la condamner, la langue, en travail, témoigne encore de sa réalité, parfois à l'insu des locuteurs : on l'appellera langue-tempête.

La métaphore de la tempête, à distinguer parfois de celle de l'orage, est une des marques les plus évidentes de la langue des « premiers historiens de la Révolution » et du débat sur la Révolution (1789-1815), pour reprendre le champ de travail, essentiel, d'Olivier Ritz[6]. Est-ce pourtant une simple métaphore ? Celle du vaisseau de l'État est un cliché, issu

---

3 Louis Bourdeau, *L'Histoire et les historiens*, Paris, 1888, cité par Jacques Rancière, *Les Noms de l'histoire, essai de poétique du savoir*, Paris, Seuil, 1992, p. 14.

4 *Ibid.*, p. 78.

5 *Ibid.*, p. 84.

6 Olivier Ritz, *Les Métaphores naturelles dans le débat sur la Révolution de 1789 à 1815*, Paris, Classiques Garnier, 2016.

de la tradition de l'*historia magistra vitae*[7], et une métaphore n'engage pas la langue dans son ensemble. Louis-Sébastien Mercier y recourt, comme tant d'autres, en particulier dans *Le Nouveau Paris* :

> Comment peindre tant de faits et d'événements ? Je dirai ce que j'ai vu. Porté sur tous les flots orageux, n'ayant pas perdu un coup de vent, mon œil a distingué dans la tempête quelques accidents particuliers. Non, tous les vents rugissants, déchaînés sous le sceptre d'Eole, luttant entre eux et bouleversant les lieux qu'ils parcourent, ne sont qu'une image imparfaite et infidèle de ces combats des passions humaines[8].

La métaphore du vaisseau pris dans la tempête permet aussi « de légitimer l'écriture de l'histoire par le témoignage[9] ». Mais elle n'atteint pas la langue elle-même ; la tempête reste une métaphore. Chez d'autres, non nécessairement « historiens » mais qui pratiquent tous ce que les littéraires appellent la prose d'idée, la tempête affecte l'énonciation elle-même. Avant d'observer ce phénomène chez Chateaubriand, Joseph de Maistre, La Harpe ou Saint-Martin, tous écrivains de 97 mais dont les positions idéologiques ne sont pas univoques, arrêtons-nous sur un mot : « Révolution », ou « révolution », nom donné à la période et concept de l'événement qui la caractérise. S'arrêter sur ce mot, son emploi et son analyse au

7 « L'histoire maître de la vie », Cicéron, *De Oratore*.

8 Louis-Sébastien Mercier, *Le Nouveau Paris* [1798], éd. de Jean-Claude Bonnet, Paris, Mercure de France, 1994, p. 307.

9 Olivier Ritz, « L'historien dans la tempête : images de l'écriture de l'histoire chez les premiers historiens de la Révolution (1789-1815) », *in* Anouchka Vasak (dir.), *Entre deux eaux. Les secondes Lumières et leurs ambiguïtés*, Paris, Éditions Le Manuscrit, 2012, p. 320.

cours de la période revient à s'interroger sur ses frontières[10], question centrale de ce travail. Quand, décidément, « la Révolution » s'arrête-t-elle ? Est-elle ou non « finie » en 97 ?

« révolution » en 97

En 1797, comme Chateaubriand, comme tant d'émigrés, le duc de La Rochefoucauld-Liancourt est en exil : il découvre la future capitale des États-Unis en construction, Washington, et rejoindra l'Europe à la fin de l'année. Mais c'est seulement après Brumaire qu'il pourra rentrer en France[11]. La Rochefoucauld-Liancourt est le personnage essentiel du fameux dialogue avec Louis XVI, dialogue apocryphe ou non, par lequel s'opère, selon Jean-Claude Milner, le retournement du mot « révolution », dans la nuit du 14 juillet 1789 : « C'est une révolte ? – Non, Sire, c'est une révolution. » Pour Milner, ce dialogue « érige la révolution française en commencement absolu[12] ». Et ce commencement tient à la transformation sémantique d'un mot, « révolution ».

> Le passage de l'ancien au nouveau, dans la langue, commence dès que le duc a parlé. D'un seul énoncé, d'un coup de dés, celui-ci amorce le processus qui substituera notre représentation moderne de la révolution à toute représentation antérieure[13].

---

10 La question vaut aussi, bien sûr, pour la littérature. Voir par exemple Florence Lotterie, « Nommer les frontières, gommer les Lumières. Retour sur "l'âge classique" et le "moment 1800" », *in* Stéphanie Genand et Claudine Poulouin (dir.), *Parcours dissidents au XVIIIe siècle. La marge et l'écart*, Paris, Desjonquères, 2011, p. 23-33.

11 « Le duc de La Rochefoucauld-Liancourt. 1792-1799, le temps de l'exil », *Arts & Métiers Mag*, n° 403, octobre 2018, p. 62-63.

12 Jean-Claude Milner, *Relire la Révolution*, Paris, Verdier, 2016, p. 25.

13 *Ibid.*, p. 71.

Le sens astronomique (retour des corps célestes à leur point de départ) passe au second plan, le sens politique au premier. Et si Cuvier pourra, au XIXe siècle, employer le mot[14] pour signifier « changement en général », le sens est désormais entendu comme figuré ou spécialisé dans un usage scientifique. Le changement politique ainsi désigné met en cause non seulement l'autorité royale, mais le système politique dans son ensemble. « Les acteurs de la révolution française ont touché à la langue[15]. » La transformation de la langue, dont témoigne la métamorphose du mot « révolution », n'est entendue par les deux locuteurs que parce que, précisément, ils parlent la même langue, partagent les mêmes références, la même *paideia*, la même éducation. Nourrie de Polybe (IIe siècle av. J.-C.), cette *paideia* est fondée sur une conception de l'histoire comme recommencement du même : c'est l'anacyclose[16], théorie de la cyclicité des régimes politiques, développée par Platon dans le livre VIII de *La République*, reprise par Polybe. En 89, tout cela vole en éclats.

L'idée selon laquelle la Révolution française – je ne reprends pas les subtilités typographiques de Milner quant au mot « révolution » avec ou sans majuscule – a touché à la langue n'est pourtant pas partagée par tous les linguistes. Sans parler de linguistes contemporains comme Jean-Pierre Seguin[17], on peut évoquer les réserves de Ferdinand Brunot, dans sa monumentale *Histoire de la langue française*, dont le tome X, « La langue française dans la tourmente », est publié

14 Georges Cuvier, *Discours sur les révolutions de la surface du globe et sur les changements qu'elles ont produits dans le règne animal*, Paris, Dufour et d'Ocagne, 1825.

15 *Ibid.*, p. 75.

16 *Ibid.*, p. 88.

17 Jean-Pierre Seguin, « Pourquoi une si forte Révolution a si peu révolutionné la langue ? », *in* Jacques Chaurand (dir.), *Nouvelle Histoire de la langue française*, 4e partie, Paris, Seuil, 1999.

au début de la Seconde Guerre mondiale. Ferdinand Brunot n'est certes pas un révolutionnaire, mais c'est un républicain. Dans la préface de ce tome X, dont le titre est clair, il annonce ce qu'il s'apprête à expliquer :

> Comment et pourquoi l'édifice brillant et fragile que deux siècles de raffinement avaient créé, non seulement resta debout, mais ne courut risque à aucun moment d'être même ébranlé ?
> Personne à peu près ne se trouva pour déclarer qu'il était conforme au programme du grand mouvement politique qui se développait, d'abandonner la tradition classique et de proclamer la souveraineté de la langue du peuple. Celui-ci était investi de tous les pouvoirs, sa toute-puissance ne s'étendait pas à l'idiome[18].

Mais si la Révolution, écrit-il dans le tome précédent consacré à « La Révolution et l'Empire », « n'a à peu près rien changé à la langue en matière de syntaxe et d'orthographe, elle a renouvelé une grande partie du vocabulaire[19] ». C'est le cas du mot « révolution », auquel l'auteur consacre un chapitre intitulé « Un mot transfiguré : Révolution ». Après avoir rapporté le dialogue entre le duc et le roi – Milner en donne d'ailleurs une version quelque peu différente –, il écrit : le mot « prenait dans l'idiome une place tout autre que celle qu'il avait eue. [...] Qu'on y prenne garde, il est resté depuis lors incarné ; dieu ou démon, il est une personne, il a conservé une âme[20] ».

---

18 Ferdinand Brunot, *Histoire de la langue française. Des origines à 1900*, t. X, 1, « La langue française dans la tourmente », Paris, Armand Colin, 1939, Préface p. V-VI.
19 *Ibid.*, t. IX, 2, Préface, p. IX.
20 *Ibid.*, p. 617.

Quel est, en 1797, le sens du mot « révolution » ? La métamorphose a eu lieu : il suffit de lire *Le Nouveau Paris* de Mercier, ou simplement les titres d'ouvrages comme *Histoire philosophique de la Révolution de France* de Fantin-Desodoards ou, l'année suivante, *Des Circonstances actuelles qui peuvent terminer la Révolution…* de Germaine de Staël. Dès 1790, Edmund Burke publiait ses *Reflections on the Revolution in France*. Encore faudrait-il distinguer « la Révolution de France » (a-t-elle ou non une majuscule, dès lors qu'elle est spécifiée ?) et la « Révolution ». Mais chacun entend désormais le sens du mot, politique. Avant son pamphlet de 1797, *Du fanatisme dans la langue révolutionnaire*, La Harpe dénonce dans un discours de décembre 1794, quelques mois après le 9 thermidor, l'inversion systématique des valeurs et d'abord des mots dans la France révolutionnaire[21]. Dans son « Commentaire sur la langue révolutionnaire », il s'arrête sur le mot et la chose « révolution », à qui il attribue un sens figuré quand il s'agit de politique :

> *Révolution*, au sens figuré, signifie changement d'état. L'Histoire et la politique appellent *révolutions* les changements remarquables qui arrivent dans le gouvernement des nations[22].

Une telle définition, bien qu'elle soit incontestable, revient pratiquement à nier la spécificité de l'événement « Révolution française », du moins à la relativiser. Pourtant, aussitôt après, La Harpe commente le sens politique pour l'associer à la nécessité de quitter cet état :

21 Ce discours sera publié en introduction à la troisième partie du *Lycée ou Cours de littérature consacré au XVIIIe siècle*, tome sixième, Toulouse, 1813.

22 La Harpe, *Cours de littérature, op. cit.*, tome dixième, p. 592.

> Il n'y a point de peuple qui ne soit naturellement pressé de sortir de l'état de révolution dès qu'il le peut. Mais que penser, que dire de celui qui se proclame en révolution et qui n'y est pas, qui s'établit comme à plaisir dans la privation absolue de tout ordre légal, et travaille de toutes ses forces à s'y perpétuer, autant qu'il le pourra, comme en son état naturel[23] ?

Dans ses *Considérations sur la France* (1797), Joseph de Maistre assume le mot révolution, mais pour lui opposer son exact envers, la « contre-révolution », en vue de ce qu'on n'appelle pas encore « restauration » : « Le rétablissement de la monarchie, qu'on appelle *contre-révolution*, ne sera point une *révolution contraire*, mais le *contraire de la révolution*[24]. » À la violence s'opposerait la douceur, et la contre-révolution renouerait presque avec le sens astronomique du mot : retour à l'état antérieur.

La grande question est bien celle de la fin de la Révolution. C'est encore la nôtre[25], c'est celle de 91[26], c'est encore celle de 97 : quand la Révolution dite de 89 s'achève-t-elle ?

Une pratique d'écriture typique de 97 me semble être aussi celle de la citation, ce que les linguistes appellent la « mention ». Le mot « révolution » est de ceux-là. On verra ce que peut signifier une telle mise en scène, voire exhibition,

---

23 *Ibid.*, p. 601.

24 Joseph de Maistre, *Considérations sur la France*, préface de Pierre Manent, Bruxelles, Complexe, coll. « Historiques », 2006 [1988], p. 166.

25 « À quelles dates et à quelles frontières borne-t-on son action ? S'achève-t-elle le 9-Thermidor ou, comme les contemporains en ont jugé, le 18-Brumaire ? Le choix n'est pas équivalent en termes de succès ou d'échec », Milner, *op. cit.*, p. 34. Voir aussi Terray, *op. cit.*

26 Barnave dit à l'Assemblée constituante le 17 mai 1791 : « La Révolution est finie. Il faut la fixer et la préserver en combattant ses excès. » Milner, qui cite ce discours, interprète la première phrase comme un « mot d'ordre », non comme un constat ni un vœu pieux. *Ibid*, p. 116.

des mots, outre le sentiment partagé par les locuteurs d'une transformation de leur langue. Parmi les auteurs qui se sont arrêtés sur les mots et ce que Louis-Sébastien Mercier appellera un peu plus tard la néologie, il y a Casanova. Dans un opuscule de 1797, sa dernière œuvre, il répond à Léonard Snetlage, auteur d'un dictionnaire de néologismes, qu'il critique en citant, précisément, certains de ses mots pour railler le commentaire du lecteur de français de l'université de « Gottingue ». Parmi ceux-ci, « révolution » :

> Avant de l'appeler finie, il faut attendre l'établissement de la paix intérieure, un contentement général de toute la nation [...] et surtout des bonnes lois en vigueur, et des mœurs [...]. Quand nous verrons tout cela, tout le monde d'accord avec vous, mon cher confrère, chantera en chœur que le monde n'a jamais vu une plus heureuse révolution, malgré tous les maux qu'elle aura causés au genre humain. [...] Vous voyez qu'il faut donc attendre[27].

Casanova ouvre également un débat sur les métaphores pour exprimer le phénomène, si c'en est un, de révolution. « Peut-on comparer, demande-t-il, la révolution d'un état politique à un déluge, tremblement de terre, volcan ? » La réponse est définitive : « Non, la révolution n'est pas un événement nécessaire au sens physique[28]. » C'est de cette réponse que je partirai pour reprendre le débat de la tempête, une des « métaphores naturelles » pour dire la Révolution.

---

27 Casanova, *À Léonard Snetlage*, sans lieu d'édition, 1797, p. 65. Disponible en ligne sur Gallica.

28 *Ibid.*, p. 64.

Tempête

La tempête fait partie en effet de ces métaphores naturelles, comme le déluge ou le volcan, étudiées par Olivier Ritz dans son ouvrage, *Les Métaphores naturelles dans le débat sur la Révolution*. Son travail est une somme sur le sujet, reprenant les pistes ouvertes par d'autres[29], en ouvrant de nouvelles et proposant une interprétation générale de ce phénomène caractéristique de la période révolutionnaire. Je considérerai ici la tempête non comme simple métaphore, mais comme effet de trouble dans le discours « d'idée ». La tempête dit le temps, le temps qui passe : c'est son sens étymologique[30]. La langue de 97 révèle un nouveau rapport au temps, parfois à l'insu des locuteurs, entre conscience aiguë du présent, tentation du regard sur le passé et désir d'avenir. En cela, la métaphore de la tempête diffère de celle de l'orage. Le lexique sait ce que la météorologie nous apprend : l'orage est un phénomène violent mais ponctuel ; la tempête s'étire dans l'espace et le temps. En 1788, Malesherbes prévenait Louis XVI : « Je vois se former un orage que la toute-puissance royale ne pourra

29 Olivier Ritz recense tous ces travaux, par exemple : Mary Ashburn Miller, *A Natural History of Revolution : Violence and Nature in the French Revolutionary Imagination, 1789-1794*, Ithaca et Londres, Cornell University Press, 2011 ; Ronald Paulson, *Representations of Revolution, (1789-1810)*, New Haven et Londres, Yale University Press, 1983 ; Aurelio Principato, « Tourmente ou déluge : métaphores révolutionnaires chez Chateaubriand », *in* Emmanuel Le Roy Ladurie, Jacques Berchtold et Jean-Paul Sermain (dir.), *L'Événement climatique et ses représentations (xviie-xviiie siècle) : histoire, littérature, musique et peinture*, Paris, Desjonquères, 2007 ; Anouchka Vasak, *Météorologies. Discours sur le ciel et le climat, des Lumières au romantisme*, Paris, Champion, 2007. Sur la métaphore du volcan, on peut citer également David McCallam, *Volcanoes in Eighteenth-Century Europe, An Essay in Environmental Humanities*, Liverpool, Liverpool University Press, coll. « Oxford University Studies in the Enlightenment », 2019.

30 « *Tempestas* vient de *tempus*, temps, et a d'abord signifié moment du jour, puis état atmosphérique en général, enfin spécialement mauvais temps. » (Dictionnaire Littré.)

calmer. » En 97, si la métaphore de l'orage n'a pas disparu, la tempête dit mieux désormais l'ampleur de l'événement et ses frontières incertaines[31].

Je m'attacherai à quatre auteurs de 97, dont chacun a le sentiment d'écrire dans une période inouïe : Chateaubriand (*Essai sur les révolutions*), Joseph de Maistre (*Considérations sur la France*), La Harpe (*Du fanatisme dans la langue révolutionnaire*), Saint-Martin (*L'Éclair sur l'association humaine*). Trois d'entre eux luttent autant qu'ils le peuvent contre « le grand vent de l'histoire », certains y voient l'occasion d'une régénération. Tous sont affectés par la tempête.

Langue-tempête 1 : Chateaubriand, *Essai sur les révolutions*

Dans la préface qu'il donne à ses *Œuvres complètes* en 1826, Chateaubriand retrace l'histoire de son *Essai sur les révolutions*. Il le commence en 1794 en Angleterre, où il s'est exilé. L'essai est imprimé à Londres en 1796, publié en 1797. L'écho n'en est pas nul, mais guère retentissant. En 1812, il veut le faire paraître en France, mais la censure impériale, qui ne manquera pas d'exiger des modifications du texte, le fait renoncer. C'est donc près de trente ans plus tard que Chateaubriand décide de publier en France son *Essai sur les révolutions*, dont le projet initial était le suivant :

> Qu'ai-je prétendu prouver dans l'*Essai* ? *Qu'il n'y a rien de nouveau sous le soleil*, et qu'on retrouve dans les

31 Voir Anouchka Vasak, « L'orage du 13 juillet 1788, la tempête du 18 brumaire an IX : l'inscription du politique dans le météorologique », *in* Emmanuel Le Roy Ladurie, Jacques Berchtold et Jean-Paul Sermain (dir.), *L'Événement climatique*, *op. cit.*, p. 81-90.

> révolutions anciennes et modernes, les personnages et les principaux traits de la révolution française[32].

Il s'agit de montrer que la Révolution française n'a rien inventé, en la comparant aux « révolutions anciennes », grecques pour la plupart, mais aussi à la révolution anglaise[33]. En 1797, Chateaubriand est bien « l'historien dans la tempête ». Avant la préface de 1826, où le sentiment d'incertitude et la « dissemblance des temps[34] » dominent, Chateaubriand écrit à la fin de son introduction, dans l'exposition qui reprend les termes du prospectus :

> Nul ne peut se promettre un moment de paix : nous naviguons sur une côte inconnue, au milieu des ténèbres et de la tempête [...]. C'est une carte qu'il faut étudier dans le péril pour reconnaître en pilote sage le point d'où l'on part, le lieu où l'on est et celui où l'on va, afin qu'en cas de naufrage on se sauve sur quelque île où la tempête ne puisse nous atteindre. Cette île-là est une conscience sans reproche[35].

Cette conscience sans reproche suffit-elle à amarrer le sujet ballotté par l'histoire ? Non. Tout l'*Essai*, tel que nous le lisons dans l'édition revue de 1826, dit « l'impossibilité d'une île ». Le sentiment du lecteur rejoint celui de l'auteur : l'*Essai* est un « amas de contradictions[36] » du moins quant

32 François-René de Chateaubriand, *Essai sur les révolutions*, édition de Maurice Regard, Paris, Gallimard, coll. « Bibliothèque de la Pléiade », 1978, p. 15.

33 Chateaubriand, *Essai*, *op. cit.*, IIe partie, chapitre XVI, « Jugement et condamnation de Charles Ier roi d'Angleterre », p. 324-328.

34 Chateaubriand, *Essai*, *op. cit.*, p. 256.

35 *Ibid.*, p. 46.

36 « Cet amas de contradictions que j'ai appelé l'*Essai historique* ». Note de l'auteur (1826), *op. cit.*, p. 329.

à la théorie historique. Plus rien ne tient, comme les câbles et les aussières échouent à retenir le *Saint-Géran* dans *Paul et Virginie* (1788).

> Souvent il fallait effacer la nuit le tableau que j'avais esquissé le jour : les événements couraient plus vite que ma plume ; il survenait une révolution qui mettait toutes mes comparaisons en défaut : j'écrivais sur un vaisseau pendant la tempête, et je prétendais peindre comme des objets fixes, les rives fugitives qui passaient et s'abîmaient le long du bord[37] !

L'auteur maintient pourtant le texte de 97, conservant l'idée antique du parallèle, et le principe des tableaux. Il y a, par exemple, ce « tableau des peuples coalisés », l'un « contre la Grèce dans la guerre *médique* », l'autre « contre la France dans la guerre *républicaine*[38] ». Mais Chateaubriand se contredit dans une note précédant même ses tableaux :

> Il faut bien me laisser faire des tableaux, puisque mon système le veut. Mais je dois remarquer, pour la vérité historique, que je torture ici quelques passages d'Hérodote, et que je ne suis pas même exact dans le récit des premières hostilités des Français en 1792[39].

Dans une autre note de la page précédente, il dénonce ses propres erreurs de lecture de 97, nées de la « confusion de temps » et de « la préoccupation de son système ». « C'était là, conclut-il dans la note qui suit, du style de réfugié[40]. »

37 Préface de l'*Essai sur les révolutions.*
38 *Ibid.*, p. 236-237.
39 *Ibid.*, nouv. éd. Note de l'auteur p. 229.
40 *Ibid.* Deux notes de l'auteur, p. 228.

L'effort pour contenir le temps est pourtant considérable, et Chateaubriand revient régulièrement à sa théorie cyclique, qui fait partie de son *système* : « [L]a majorité des choses qu'on voulait faire passer pour nouvelles dans la Révolution française, se retrouve presque à la lettre dans l'histoire des Grecs d'autrefois. » « L'homme, ajoute-t-il, circule dans un cercle dont il tâche en vain de sortir. » Mais une note de l'auteur contredit mot pour mot l'affirmation, la thèse elle-même :

> Le génie de l'homme ne circule point dans un cercle dont il ne peut sortir. Au contraire (et pour continuer l'image), il trace des cercles concentriques qui vont en s'élargissant, et dont la circonférence s'accroîtra sans cesse dans un espace infini. M'obstinant dans l'*Essai* à juger le présent par le passé, mesurant le monde moderne au monde ancien, je déduis bien les conséquences, mais je pars d'un mauvais principe ; je nie aujourd'hui la majeure de mes raisonnements, et tous ces raisonnements tombent à terre[41].

La présence d'un dialogisme interne au texte signale un trouble, textuel et subjectif, qui a partie liée avec un nouveau mode d'écrire, et d'écrire le sujet pris dans l'histoire. Ce dialogisme est la marque de la langue-tempête dans l'*Essai sur les révolutions* de Chateaubriand. L'ouvrage de 97 apparaît comme un continent qui s'éloigne, en raison du choix maintenu mais battu en brèche par l'auteur lui-même, corrigeant ou précisant sans cesse un propos dont la validité historique est désormais incertaine. L'histoire s'engouffre comme un vent de tempête entre les lignes, brisant les cadres anciens de pensée. Parmi ceux-ci, certainement, le modèle polybien rappelé par Milner, mais aussi l'éloquence

41 *Ibid.*, p. 432.

antique. Les parallèles, les antithèses, tout un modèle rhétorique ancien se voit miné par le dialogisme. Le gain, c'est la présence d'une voix : un sujet qui dit « je », et qui contribue par là à fonder ce que Germaine de Staël appellera la littérature.

Point aussi, dans le même geste, une écriture subjective à la frontière de l'autobiographie, ce genre inauguré par Rousseau dans sa forme moderne, et de la psychologie, dont Maine de Biran est dans ces années-là un des fondateurs. Sans doute ce « moi » est-il plus complexe encore, hérité aussi de la pensée classique. La notice qui précède l'*Essai sur les révolutions*, écrite en 1797, inscrit ce « moi » dans un espace intermédiaire entre les *Essais* de Montaigne, les œuvres de moralistes comme La Bruyère, les *Confessions* de Rousseau (le « moi seul ») et quelque science nouvelle, science humaine, psychologie ou anthropologie :

> Si le *moi* revient souvent [dans cet Essai], c'est que cet ouvrage a d'abord été entrepris pour *moi*, et pour *moi* seul. On y voit presque partout un malheureux qui cause avec lui-même ; dont l'esprit erre de sujets en sujets, de souvenirs en souvenirs ; qui n'a point l'intention de faire un livre, mais tient une espèce de journal régulier de ses excursions mentales, un registre de ses sentiments, de ses idées. Le *moi* se fait remarquer chez tous les auteurs qui, persécutés des hommes, ont passé leur vie loin d'eux[42].

Moi, le moi ? Le pronom semble ici référer au « je » de l'auteur, le substantif est le concept. L'*Essai sur les révolutions*, « livre de doute » (Aurelio Principato[43]), s'écrit en effet « aux frontières

42 Notice, p. 37.

43 Aurelio Principato, Introduction à l'*Essai sur les révolutions, Œuvres complètes I-II*, Paris, Champion, 2009, p. 88. Voir aussi du même auteur « Tourmente ou déluge : métaphores révolutionnaires chez Chateaubriand », in *L'Événement climatique et ses représentations, op. cit.*, p. 464-478.

de la certitude » : le modèle mathématique, dont Olivier Ritz a identifié les marques dans le texte, est mis à mal[44]. C'est aussi un texte-frontière, « entre deux siècles, ou entre les deux rives du fleuve temps[45] », qui ouvre ou croise plusieurs genres alors en devenir : l'autobiographie, la psychologie, et d'abord, l'histoire ; non plus l'*historia magistra vitae* « qui conjuguait exemplarité et répétition[46] », pas encore la future science historique que cherchera à établir le siècle suivant, mais l'histoire, tout simplement, « comme processus ».

Langue-tempête 2 : Joseph de Maistre, *Considérations sur la France*

Une même conscience du temps traverse l'ouvrage que Joseph de Maistre écrit en exil lui aussi, entre Lausanne et Turin où il reste jusqu'à l'annexion du Piémont par la France. Le coup d'État de fructidor le contraint à renoncer à ses espoirs de voir la monarchie restaurée, et ses *Considérations* largement diffusées : 1814 sera l'année de leur « grande explosion[47] ». Le regard même de Maistre sur la Révolution a évolué depuis 1794 : après avoir adopté le point de vue de Burke, il est peu à peu convaincu du caractère providentiel de l'événement révolutionnaire, épreuve divine et « châtiment

44 Ritz, *Les Métaphores naturelles*, *op. cit.*, Deuxième partie, chapitre VI, « À la frontière d'une science politique perdue ».

45 François Hartog, « Les anciens, les modernes, les sauvages ou le "temps" des sauvages », *in* Jean-Claude Berchet (dir.), *Chateaubriand, le tremblement du temps. Colloque de Cerisy*, Toulouse, Presses universitaires du Mirail, 1994, p. 198-199.

46 *Ibid.*, p. 184.

47 J. de Maistre, cité par Pierre Glaudes, Introduction aux *Considérations sur la France*, dans Joseph de Maistre, *Œuvres*, édition établie par P. Glaudes, Paris, Robert Laffont, coll. « Bouquins », 2007, p. 177.

régénérateur[48] ». L'ampleur de temps que parcourent les *Considérations* contribue à leur beauté. Il y a d'abord l'inscription de l'actualité par des dates, comme ce saisissant « moment où j'écris (4 janvier 1797[49]) ». Non, la Révolution n'est pas achevée en 97[50]. Dans le texte de Maistre, l'écart entre le moment présent et l'avenir providentiel est tel, la conscience de la tempête si vive encore, que le propos ne peut être considéré comme un après-coup de la Révolution. Sans doute l'auteur veut-il croire que la Révolution n'est qu'une parenthèse sombre dans le cours des choses, cet « ordre naturel », provisoirement offusqué, que serait la monarchie. En parlant de « ce météore, qu'on appelle *république française*, s'il pouvait durer[51] », Maistre postule le caractère transitoire et furtif du régime républicain. Mais sous sa plume se bousculent les métaphores qui disent le caractère irrésistible et bien actuel d'un phénomène présenté comme une manifestation naturelle violente, et autonome :

> Ce qu'il y a de plus frappant dans la révolution française, c'est cette force entraînante qui courbe tous les obstacles. Son tourbillon emporte comme une paille légère tout ce que la force humaine a su lui opposer : personne n'a contrarié sa marche impunément[52].

---

48 *Ibid.*, p. 185.

49 *Considérations sur la France*, édition de Pierre Manent, *op. cit.*, p. 143.

50 Sur ce point, je ne souscris pas au constat de Pierre Glaudes : « Cependant, lorsque Joseph de Maistre commence à rédiger les *Considérations* au milieu de l'été 1796, un fait essentiel est à prendre en compte : la Révolution proprement dite est achevée par la volonté même de ses héritiers et les débats vont bon train sur la nature du régime qui doit lui succéder. » Peut-on identifier si simplement « les héritiers de la Révolution » ? Si l'on débat sur « la nature du régime qui doit lui succéder », comment peut-on dire la Révolution achevée ? P. Glaudes, Introduction aux *Considérations sur la France*, *op. cit.*, p. 181.

51 *Considérations sur la France*, *op. cit.*, p. 67.

52 *Ibid.*, p. 18.

Ailleurs, Maistre parle de « torrent révolutionnaire », et file la métaphore : « ce ne sont point les hommes qui mènent la révolution ; c'est la révolution qui emploie les hommes. On dit fort bien, quand on dit qu'elle va toute seule[53]. »

Le retour de la monarchie, qui nécessite d'abord celui de la paix, transfigurera la face du monde et le délivrera des forces maléfiques : « La magie noire, qui opère dans ce moment, disparaîtrait comme un brouillard devant le soleil[54]. » Mais quand ? Les métaphores météorologiques, telluriques, cosmiques, expriment avant tout l'incertitude :

> Où et quand finira l'ébranlement, et par combien de malheurs devons-nous encore acheter la tranquillité ? [...] Hélas ! un nuage sombre couvre l'avenir, et nul œil ne peut percer ces ténèbres[55].

La météorologie est ce modèle auquel Maistre se réfère, non sans un certain cynisme, pour imaginer une loi de récurrence des « effusion[s] de sang » dans l'histoire. Deux sciences naissantes, la statistique et la météorologie, sont implicitement convoquées, comme susceptibles de déterminer ces lois de régularité historique des massacres :

> Si l'on avait des tables de massacres comme on a des tables météorologiques, qui sait si l'on n'en découvrirait point la loi au bout de quelques siècles d'observation ? Buffon a fort bien prouvé qu'une partie des animaux est

53 *Ibid.*, p. 20-21.
54 *Ibid.*, p. 33.
55 *Ibid.*, p. 122.

> destinée à mourir de mort violente. Il aurait pu, suivant les apparences, étendre sa démonstration à l'homme ; mais on peut s'en rapporter aux faits[56].

Maistre pense-t-il ici, plus qu'à Buffon, à Voltaire, qui dans l'article « Guerre » du *Dictionnaire philosophique* évoque une nature à la Hobbes, où les espèces s'entre-dévorent[57] ? Bien que non catastrophiste, Buffon a en effet suggéré l'idée d'espèce éteinte sous l'effet du refroidissement de la Terre : le cynisme de Maistre est dans le passage de l'animal à l'humain, et dans la clausule qui coupe court au débat en renvoyant aux seuls « faits ». Par ailleurs, Buffon attribue ces changements à des causes actuelles, non à une catastrophe, comme le fera Cuvier dans les années qui suivront ; il n'est pas vraiment question de « mort violente » de telle espèce dans la *Théorie de la Terre* (1749) de Buffon. En réalité, il s'agit surtout pour Maistre de naturaliser la révolution, ou plutôt de la présenter comme *contre-nature*. La référence aux tables météorologiques est aussi un avatar de la pensée de l'éternel retour. Ou, si l'on veut, de l'anacyclose. Comme Chateaubriand, Joseph de Maistre recourt à l'exemple de la révolution anglaise et semble, dans le chapitre XI ironiquement intitulé « Fragment d'une histoire de la révolution française, par David Hume », adopter un point de vue similaire : la Révolution française n'a rien inventé en termes de violence, de fanatisme, de régicide. Mais Hume est mort depuis plus de vingt ans. Certes, la citation placée en exergue du chapitre dit : *Eadem mutata resurgo* (« Je ressuscite, toujours changée en moi-même »). La révolution anglaise sert avant tout de modèle pour en appeler à la fin de la Révolution française

56 *Ibid.*, p. 48.

57 C'est l'hypothèse de Pierre Glaudes. Voir note 1 de la p. 216 des *Considérations sur la France*, *op. cit.*

et au retour de la monarchie. Ou plutôt, pour prophétiser ce retour à l'ordre « naturel » des choses : « Tout se fit sans effort et comme par enchantement ; il en sera de même en France ; le retour ne peut être douloureux, parce qu'il sera naturel[58]. » Sans nostalgie apparente, loin de la mélancolie propre à Chateaubriand, la posture prophétique de Joseph de Maistre ouvre sur un avenir, fût-il celui du désir de restauration monarchique.

Pourtant la langue de Maistre, par son souffle oratoire, est bien éloignée de cet apaisement postulé, et destiné surtout à conjurer la tempête révolutionnaire. Car l'écriture prend ici une telle forme conjuratoire, et la contre-révolution pourrait être le nom de cet effort de distanciation.

> Les mots engendrent presque toutes les erreurs. On s'est accoutumé à donner le nom de *contre-révolution* au mouvement quelconque qui doit tuer la révolution ; et parce que ce mouvement sera contraire à l'autre, il faudra tout le contraire. Se persuaderait-on, par hasard, que le retour de la maladie à la santé est aussi pénible que le passage de la santé à la maladie[59] ?

La pratique de la citation ou de la « mention » semble caractéristique de toute la littérature d'idée de la période. Elle révèle un trouble dans le rapport à d'anciennes formes de discours, qui privilégie certaines figures de rhétorique : interrogations oratoires, paradoxes, antithèses, oxymores[60], mais aussi ironie. Maistre recourt, comme les autres, à la citation, notamment par d'ironiques notes en bas de page, ou par l'exhibition, en italiques, de mots selon lui dévoyés : souveraineté, nation[61],

---

58 *Considérations sur la France*, éd. de Pierre Manent, p. 165-166.
59 *Ibid.*, p. 132.
60 La Révolution française, « c'est la pure impureté », p. 64.
61 « Grand mot infiniment commode parce qu'on en fait ce qu'on veut ». (*Ibid.*, p. 62.)

peuple, république. En même temps qu'elle révèle la permanence de formes anciennes de l'éloquence, cette écriture profondément rhétorique traduit en fait un usage nouveau de la langue, douloureux du côté de la contre-révolution. La langue-tempête est une langue travaillée de l'intérieur par l'avènement d'un nouveau réel qui peine à trouver son expression.

Langue-tempête 3 : La Harpe, *Du fanatisme dans la langue révolutionnaire*

Aux Français aveuglés, qu'il s'agit d'éclairer par un message providentiel, les *Considérations sur la France* lancent une apostrophe à distance de la tribune : c'est le tribunal de l'histoire, tribunal divin pour Joseph de Maistre, qui tranchera. L'adresse sourde, qui n'est pas propre à la contre-révolution, est une autre caractéristique de la littérature d'idée de 97. Car la « nostalgie de la parole publique » dont fait état Michel Delon pour les années 1775[62], où la chaire ne fait plus recette, est plus sensible encore après Thermidor.

Du côté républicain, la posture du tribun est celle de Benjamin Constant dans *Des Effets de la terreur*, paru en 1797. L'ouvrage s'achève par une adresse aux « anciens amis de la liberté, indécis aujourd'hui » pour qu'ils rejoignent, franchement, le camp des républicains : « C'est ainsi que vous mettrez une digue au torrent de la contre-révolution qui nous entoure de toutes parts[63]. » Le « torrent révolutionnaire » peut donc

---

62 Michel Delon, « Procès de la rhétorique, triomphe de l'éloquence (1775-1800) », *in* Marc Fumaroli (dir.), *Histoire de la rhétorique dans l'Europe moderne*, Paris, PUF, 1999.

63 Benjamin Constant, *Des Effets de la Terreur*, Paris, Flammarion, coll. « Champs », 1988, p. 178.

s'inverser. La posture du tribun n'est pas non plus réservée à un bord plutôt que l'autre. La Harpe, qui publie en 1797 son violent pamphlet *Du fanatisme dans la langue révolutionnaire*[64], l'adopte également. L'adresse ici devient vindicte ; l'index est pointé sur les « philosophes » coupables de fanatisme, et la parole écrite devient le lieu imaginaire d'un procès en règle, où l'accusateur doit répondre à son tour à des objections relatives à ses étranges revirements, où Dieu même s'adresse aux Français en une prosopopée qui se veut prophétique :

> Vous avez tant dit que ma loi faisait le malheur du monde, et que votre philosophie en faisait le bonheur. Les faits parlent : j'ai permis que votre philosophie l'emportât un moment sur ma loi. Voilà que ma loi est proscrite dans la France entière, et que votre loi seule y domine. Eh bien ! Qu'en dites-vous[65] ?

D'abord républicain, La Harpe s'est « converti » en 1793, après la mort du roi, à la contre-révolution, et, en prison où il est conduit pour un temps, à la foi chrétienne. S'il dénonce inlassablement l'impiété et l'imposture des orateurs révolutionnaires, c'est d'abord à la tribune – celle du Lycée[66] s'entend, car celui-ci rouvre quelques mois après le 9 thermidor, le 31 décembre 1794. C'est là et ce jour-là qu'il

64 Jean-François La Harpe, *Du fanatisme dans la langue révolutionnaire ou De la persécution suscitée par les Barbares du dix-huitième siècle, contre la Religion chrétienne et ses ministres*, Liège, an V [1797].

65 *Ibid.*, p. 54-55.

66 Le Lycée, institution à laquelle on identifie La Harpe ou du moins son œuvre aujourd'hui, et qu'il ne faut pas confondre avec l'École normale où il enseigna également à partir du 23 janvier 1795, est un établissement d'enseignement privé qui succéda au Musée ouvert par Pilâtre de Rozier. La Harpe y enseigne dès 1786, mais le Lycée ferme en 1793. Jusque-là ou presque, La Harpe soutient la Révolution, défend le droit des auteurs vivants, fait cours en bonnet rouge en 1792, pendant les massacres de septembre.

prononce un discours d'une extrême virulence, précurseur de l'essai *Du fanatisme dans la langue révolutionnaire*, discours qui sera publié en introduction à la troisième partie du *Cours de littérature* consacrée au XVIIIe siècle, sous le titre « De la guerre déclarée par les tyrans révolutionnaires, à la raison, à la morale, aux lettres et aux arts ». Tout le programme de l'essai de 1797 est là. Et le tribun s'y entend, qui invoque la « voix de l'histoire[67] ». La Harpe veut faire résonner

> la voix plaintive et terrible de l'humanité en souffrance et en indignation ; une voix telle qu'on n'en a pas entendu de semblables depuis qu'il y a des hommes et des crimes ; une voix qui serre le cœur, qui glace les veines, qui déchire les fibres, qui torture l'âme ; une voix qui crie incessamment vengeance au ciel, au monde, aux races futures, et laisse dans le cœur de l'homme de bien l'inconsolable douleur d'avoir vécu[68].

Dans ce discours de 1794, La Harpe dénonce déjà – ce sera le cœur de l'essai de 97, qui connaît très vite trois éditions successives – l'inversion systématique des valeurs et d'abord des mots dans la France révolutionnaire :

> [D]e ces mots rebattus sans cesse d'un bout de la France à l'autre, dans toutes les assemblées publiques, dont on était parvenu à éloigner quiconque aurait pu ou voulu ramener les termes à leur acception, on avait enfin formé

67 Catherine Volpilhac-Auger et Laurence Guellec (dir.), *Des voix dans l'histoire*, *La Licorne*, n° 89, PUR, 2010. Sur La Harpe, voir dans ce numéro Anouchka Vasak, « La Harpe ou la voix de l'histoire : la dénonciation de la tribune dans *Du fanatisme dans la langue révolutionnaire* », p. 107-118.

68 La Harpe, *Lycée ou Cours de littérature*, IIIe partie, XVIIIe siècle, tome sixième, Introduction, Toulouse, 1813, p. 10.

> une langue qui était l'inverse du bon sens ; langue si étrange et si monstrueuse, que la postérité ne pourra y croire que par la multitude des monuments qui en resteront ; langue tellement propagée et consacrée, tellement usuelle, et pour ainsi dire religieuse, que celui qui eût essayé de la contredire, eût été égorgé sur-le-champ[69].

Dans *Du fanatisme dans la langue révolutionnaire*, La Harpe s'en prend d'entrée aux orateurs révolutionnaires ; mais il se voit comme contraint lui-même d'emprunter la posture du tribun. « Voix de l'histoire », à qui s'adresse-t-il alors ? D'abord aux « philosophes », puis aux révolutionnaires, ou, de façon plus diffuse, à ceux qui les ont suivis, tous « barbares du dix-huitième siècle », coupables notamment des massacres de Vendée : « Je vais vous répondre, comme vous répondait alors le silence public, et comme vous répondra la voix de l'histoire[70]. » Le destinataire se dilue dans l'Histoire érigée en tribunal, qui doit se substituer à la tribune honnie.

> Je ne m'adresse point à l'imagination : je n'ai besoin que de la mémoire, et celle de la postérité sera sans doute implacable comme la nôtre ; car elle ne les oubliera jamais[71].

L'énonciateur prétend aussi disparaître derrière des instances supra-humaines, auxquelles il feint de céder la parole en prosopopées ; la voix de l'histoire confond ainsi le destinateur et le destinataire, le ton prophétique rappelant celui des *Considérations sur la France*. Cependant, le plus frappant dans le pamphlet de La Harpe, trop proche encore du « moment

---

69 *Ibid.*, p. 14.
70 La Harpe, *Du fanatisme dans la langue révolutionnaire*, *op. cit.*, p. 27.
71 *Ibid.*, p. 110.

révolutionnaire », est l'emprunt par l'énonciateur même du dispositif énonciatif qu'il dénonce. Il interpelle, invective son lecteur, répond à des objections supposées, veut faire entendre la voix de la raison, de la justice et du bon sens, que la France a étouffée. Ainsi, l'essai *Du fanatisme dans la langue révolutionnaire* est traversé par de multiples voix, et cette cacophonie est assourdissante. Tantôt la voix de La Harpe, accusateur public ou justicier divin, domine et vise à étouffer celle des accusés, tantôt l'auteur feint de s'effacer pour laisser parler les valeurs bafouées (justice, Dieu, raison) ou les victimes dont il prétend ressusciter les voix couvertes par les « fanatiques », tantôt il fait hurler, du fond des enfers, les « fanatiques » eux-mêmes :

> Et quel était le cri que répétaient les bourreaux de Reims (car Reims eut aussi son Septembre), en égorgeant les victimes de la religion ? Quel était le cri des patriotes égorgeurs, qui, le 3 septembre, ont brûlé vif et à petit feu le doyen de la cathédrale de Reims[72] ?

Pur effet rhétorique, évidemment. Une seule voix est audible, celle de Jean-François La Harpe. Mais elle est comme phagocytée par le discours de l'autre, de celui qu'elle entend dénoncer et annihiler, le révolutionnaire. Là est la langue-tempête. Non dans le projet, qui a les apparences de la rationalité, et que l'auteur expose dans une des premières notes de l'ouvrage[73]. Ni même dans la vindicte, qui relève de la rhétorique judiciaire

72 *Ibid.*, p. 112.

73 « [L']ouvrage [...] a pour objet de faire bien connaître la révolution, non seulement à l'Europe et à la postérité, mais surtout aux Français qui sont bien loin de la connaître. Mon plan est de la caractériser par l'examen de sa langue [...], de montrer l'établissement, la consécration légale de cette langue, comme un événement unique, un scandale inouï de l'univers, absolument inexplicable autrement que par la vengeance divine ». (*Ibid.*, p. 16-17, note 1.)

antique et classique. Mais dans le procédé systématique de la citation, cette manie de la mention, déjà sensible chez Joseph de Maistre. Outre le mot de *révolution*, l'essai exhibe les mots *aristocrates*, *royalistes*, *chouans*, toutes catégories accusées par les Conventionnels d'être « ennemis de la liberté », et désignant en réalité, dit La Harpe dans une note, « tous ceux qui [de la révolution] ne sont pas [l]es complices ou [l]es esclaves[74] ». Mais c'est le mot de *fanatisme* qui déchaîne sa haine vengeresse ; il est, dénonce-t-il, l'accusation portée par les révolutionnaires aux prêtres ou, plus simplement, aux chrétiens. Et si le mot *religion* ne fut pas prononcé, observe La Harpe, c'est que Dieu a toujours veillé. Comme Dieu, la langue veille. Il y a un « génie de la langue », et les révolutionnaires l'ont méconnu. C'est ce qu'écrit La Harpe, dans une autre note – car les notes, douloureuses excroissances, se multiplient – où il feint d'emprunter la langue de l'autre pour mieux en dénoncer le mauvais usage. Le dialogisme est ici à son comble, et révèle un usage tors et torturé de la langue, théâtralisé par les italiques. Tors, car il passe par la langue de l'autre, par le masque douloureux de l'ironie et le rictus du cynisme. « *Fanatique ! fanatique !* c'était l'aboiement de la meute acharnée. » Mais La Harpe aboie plus fort pour couvrir la meute. « Vivent les francs montagnards ! » ricane-t-il. Une telle torsion des mots, ou plutôt du visage du locuteur, car cette torsion s'entend et se voit, est peut-être à mettre au compte des revirements de l'auteur. Sa conversion, retournement autant que nouvelle direction, ne lui a donné, à l'évidence, nulle sérénité philosophique. Et pourtant, comme l'*Essai sur les révolutions* ouvre la voie à une nouvelle écriture de l'histoire, *Du fanatisme dans la langue révolutionnaire* ouvre la voie à la littérature. Précisément parce qu'il s'écrit le dos tourné à la

74 *Ibid.*, note 1, p. 28.

tribune tout en mettant la langue en scène, l'essai de La Harpe porte en germe et met en œuvre la littérature dans son sens moderne, celui que lui donnera Mme de Staël en 1800.

Langue-tempête 4 : Saint-Martin, *L'Éclair sur l'association humaine*

En 1795, Louis-Claude de Saint-Martin avait publié la *Lettre à un ami*. Elle a sans doute joué un rôle dans la pensée de Joseph de Maistre sur la Révolution : le « Philosophe inconnu » présentait l'événement comme un châtiment de l'Ancien Régime et la possibilité d'une régénération. Mais si Maistre et Saint-Martin ont en commun la mystique providentialiste, le second accueille la Révolution comme un événement religieux, occasion de repenser « l'association humaine », dans un dialogue posthume et en partie polémique avec Rousseau. On ne pénétrera guère ici dans le continent illuministe. Il s'agit surtout de faire entendre une autre voix, qui ne vient pas de la contre-révolution[75]. *L'Éclair sur l'association humaine*[76], paru en

75 Sur Saint-Martin, voir les travaux essentiels de Nicole Jacques-Lefèvre, notamment *Louis-Claude de Saint-Martin, le Philosophe inconnu (1743-1803), un illuministe au siècle des Lumières*, Paris, Dervy, 2003 ; ainsi que le site www.philosophe-inconnu.com. Dans son *Histoire du XIXe siècle*, Michelet loue « ces livres originaux, si doux et si hardis, dévots et révolutionnaires [...], cette doctrine [...] qui portait au sein du mysticisme l'esprit hardi du dix-huitième siècle ». *L'Éclair sur l'association humaine* est un de ces livres. (Michelet, *Histoire du XIXe siècle*, t. II. « Élan mystique de la réaction. – Saint-Martin. – Le salut par les femmes », cité par Nicole Jacques-Lefèvre *in* Louis-Claude de Saint-Martin, *Lettre à un ami ou Considérations politiques, philosophiques, et religieuses sur la Révolution française*, Préface, « Une lecture illuministe de la Révolution », Grenoble, Éditions Jérôme Millon, 2005, note 34, p. 54.) Voir aussi www.philosophe-inconnu.com/1868-1882-calendrier-perpetuel/

76 Louis-Claude de Saint-Martin, *L'Éclair sur l'association humaine*, Imprimerie du Cercle social et chez Maret, 1797 / an V. En ligne sur https://gallica.bnf.fr/ark:/12148/bpt6k85286x.image.r=louis-claude+de+saint-martin.f1.langFR

1797, prend de la hauteur, en tension entre actuel et inactuel. Saint-Martin y dénonce les massacres révolutionnaires mais aussi la peine de mort, tout en postulant la valeur rédemptrice collective de l'événement, dans cette vue providentialiste caractéristique de l'illuminisme. L'Éclair est une de ces métaphores propres à l'illuminisme, sorte de soleil noir, envers des Lumières. Sa résonance mystique, mais aussi météorologique, synthétise les notions propres au *météore* : vitesse, lumière, apparition dans l'atmosphère. La langue-tempête de Saint-Martin est là : l'éclair est le propre de l'orage, mais de cette illumination fulgurante jaillira un monde régénéré.

L'article « Éclair » de l'*Encyclopédie*, signé d'Alembert, relève du domaine de la physique ; la météorologie n'est pas un domaine constitué dans l'*Encyclopédie*, mais de nombreuses entrées témoignent de la place faite à cette science nouvelle, dont la référence principale est ici l'*Essai de physique* de Musschenbroek.

> ECLAIR, s. m. (Phys.) : on donne ce nom à une grande flamme fort brillante qui s'élance tout-à-coup dans l'air, & qui se répand de toutes parts, mais cesse sur le champ[77].

Mais l'éclair a aussi un sens en chimie, et c'est le médecin et linguiste Jacques-François de Villiers qui en signe la définition dans l'*Encyclopédie*, dans ce même volume V (1755) :

> ECLAIR, (*Chymie métall.*) lumiere ou fulguration vive & ébloüissante que donne l'argent en bain, dans l'instant où il perd son état de fluidité[78].

77 http://enccre.academie-sciences.fr/encyclopedie/article/v5-562-0/
78 http://enccre.academie-sciences.fr/encyclopedie/article/v5-562-1/

Ce sens chimique est le premier dans l'édition de 1762 du *Dictionnaire de l'Académie française*, qui le donne second dans l'édition suivante (1798).

À la fin de sa brochure, s'adressant au lecteur, Saint-Martin en justifie le mot-titre, mettant l'accent sur la notion de brièveté avec laquelle il entendait exposer une théorie plus amplement développée ailleurs :

> Et vous, lecteur, si je ne me suis pas étendu davantage sur le développement des bases sociales que je vous expose dans cet écrit, c'est que je ne vous avais annoncé qu'un Éclair, et qu'il suffisait à mon plan de vous démontrer que l'homme étant esprit, et esprit divin, tout, jusqu'au plus petit détail de son association, avait dû avoir le caractère théocratique et religieux[79].

Chez Saint-Martin, la métaphore de l'éclair renvoie donc à plusieurs sens. Celui de brièveté, d'abord. Mais aussi au sens météorologique, l'éclair résonnant comme une référence à l'orage révolutionnaire, et à la possibilité consécutive d'une régénération. Comment ne pas voir enfin dans cet « éclair », dans la fulgurance de la métaphore lumineuse, ici plus alchimique que chimique ou physique, une parenté avec la notion d'« illuminisme » ? Par cette métaphore, l'une des plus sensibles parmi celles qui structurent l'argumentation de la brochure de l'an V, le Philosophe inconnu se pose en éclaireur, tel Diogène, à la recherche d'un homme :

> Ce sera toujours l'âme humaine qui me servira de flambeau, et cette lampe à la main, j'oserai marcher devant

79 Louis-Claude de Saint-Martin, *Éclair sur l'association humaine*, *op. cit.*, p. 64.

> l'homme dans ces obscurs souterrains, où tant de guides, soit trompés, soit trompeurs, l'ont égaré, en l'éblouissant par des lueurs fantastiques[80].

Embrassant toute la temporalité, Saint-Martin manie à la fois le passé, fût-il immédiat, de la Révolution française et de ses avatars terroristes, et le futur qui sonne comme une exhortation à revenir à l'état divin dont est issu « l'homme-esprit » et dont il a, tels les prisonniers de la caverne, le souvenir lumineux :

> Mais à quoi servira d'avoir montré les conditions indispensables pour remonter à ce terme ? Qui est-ce qui nous écoutera ? Qui est-ce qui nous croira ? Qui est-ce qui les remplira ? Néanmoins je les ai présentées à l'homme, parce que j'ai cru que c'étoit de mon devoir, quel qu'en dût être le résultat[81].

Cette énonciation prise entre le passé immédiat et un futur indéterminé, ce désir même d'occulter un présent insoutenable et intenable expliquent le mythe du retour à un ordre ancien et divin, comme la régénération s'impose après l'« altération ». Mais ce mode d'énonciation signifie aussi, autre marque de la tension entre actuel et inactuel, l'impossibilité, caractéristique de ce moment de l'histoire, d'une parole publique après les éclats de la tribune révolutionnaire. À qui s'adresse Saint-Martin dans son *Éclair* ? La question du destinataire de la « prose d'idée », encore largement marquée en 97 par les formes antiques et classiques de l'éloquence, vaut pour La Harpe ou Joseph de Maistre.

80 *Ibid.*, Introduction, p. 1.
81 *Ibid.*, p. 92.

Comme ses exacts contemporains, Saint-Martin réfléchit au sens des mots, et ce, dans deux chapitres en particulier, dont les titres évoquent une conscience de la langue et de la nomination : « De ce que les hommes appellent la volonté générale, ou de la volonté générale humaine », et « De la liberté, et des noms ». Dans le premier, il démonte la notion de « volonté générale » issue du *Contrat social* : il n'y a, selon lui, jamais volonté générale, et nul gouvernement ne saurait la représenter. Le Philosophe inconnu prend ici ses distances avec Rousseau, en niant la possibilité, même théorique, de la volonté générale, au sens humain du terme. Face à la formidable perte de repère produite par le traumatisme révolutionnaire, la réponse illuministe est celle d'un discrédit jeté sur la capacité des mots à dire les choses, et, même si Saint-Martin a accueilli favorablement la Révolution, un refus de l'actuel au profit du virtuel, de l'idéal, du rêve : démarche déjà romantique. Alors qu'au même moment (ou quelques années auparavant, en l'an III), l'abbé Sicard, ayant posé le projet enthousiaste de « créer la science grammaticale, pour l'enseigner à un peuple nouveau auquel elle était inconnue[82] », Saint-Martin, même si son propos dans l'*Éclair* n'est pas grammatical, jette un doute essentiel sur la langue, associé à une méfiance non moins essentielle à l'endroit de la représentation politique[83]. Dans cette distance avec le réel, on voit poindre, « centre solitaire d'un cercle solitaire » (Kleist), la conscience romantique.

---

82 Abbé Sicard, « Neuvième leçon d'art de la parole, 14 ventôse/4 mars (1795) », *in* Jean Dhombres, Béatrice Didier (dir.), *L'École normale de l'an III*, vol. 4 : *Leçons d'analyse de l'entendement, art de la parole, littérature, morale*, Paris, Éditions rue d'Ulm, 2008, p. 309.

83 Sur le débat entre Garat et Saint-Martin, entre l'Idéologue et l'illuministe, et la critique par le second de la prétention à la scientificité et au cartésianisme de l'Idéologie dans la théorie du langage, voir Nicole Jacques-Lefèvre, « Un affrontement symbolique à l'École normale de l'an III : Saint-Martin critique de l'idéologie, ou la "bataille Garat" », in *Louis-Claude de Saint-Martin, le Philosophe inconnu*, *op. cit.*, p. 183-205.

Est-ce à dire que la tribune a disparu en 1797 ? Les deux Conseils, des Cinq-Cents et des Anciens, sont les survivants, bien pâlis, des assemblées révolutionnaires. Mais c'est peut-être au tribunal de Vendôme, où Babeuf et les Égaux furent jugés en 97, à bonne distance de Paris, qu'on peut saisir les derniers éclats de la tribune révolutionnaire. Babeuf était bien ce « tribun du peuple », bâillonné en 1796. En décembre 1794, plusieurs mois après la chute de Robespierre, il ne renonce pas à parler à haute et intelligible voix, et à faire résonner les éclats de l'orage :

> Je ressaisis le foudre de la vérité. Cédant à des insinuations de ce qu'on appelle prudence, j'ai voulu, dans quelques opuscules détachés, pour faire passer en contrebande le rappel des principes, essayer le stylet de l'astucieuse politique, et prendre un long circuit, pour arriver à quelques mots de raison. Cette armure et ce genre d'escrime ne me vont point, ils ont failli me faire passer pour un athlète équivoque. Je redeviens moi[84].

Pourtant, la modernité romantique a vu le jour loin de la tribune. Chateaubriand, qui n'a pas eu de mots assez méprisants pour les orateurs révolutionnaires, est un des premiers en France à faire entendre un autre « moi » que ce moi vaillant, plein, tout d'une pièce : un moi diffracté, « exténué[85] ».

---

84 Gracchus Babeuf, *Le Tribun du peuple*, n° 28, 18 décembre 1794, Paris, Éditions d'Histoire sociale, 1966, p. 234.

85 Philippe Lacoue-Labarthe, Jean-Luc Nancy, *L'Absolu littéraire. Théorie de la littérature du romantisme allemand*, Paris, Seuil, 1978, p. 44.

Chapitre VII

Glissement progressif des Lumières

Mais pareille aux kaléidoscopes qui tournent de temps en temps, la société place successivement de façon différente des éléments qu'on avait crus immuables et compose une autre figure.

Proust, *À l'ombre des jeunes filles en fleurs.*

Faire de l'histoire météore revient aussi à reconnaître la coexistence de l'ancien et du nouveau, ainsi que Freud, rappelons-le, l'écrivait dans un de ses derniers textes, *L'Analyse finie et infinie* : « Des morceaux de l'organisation première subsistent à côté de ceux de la nouvelle[1]. » Comme deux masses d'air contradictoires luttent dans l'atmosphère. Penser météore, c'est observer la contradiction. La même année 1797 voit ainsi glisser, comme les transparents de Carmontelle, de nouvelles images se substituant progressivement aux anciennes, tout en coexistant avec elles. Nouvelles images moins lisses qu'il n'y paraît.

Le modèle noir

C'est le sujet d'une exposition qui s'est tenue au musée d'Orsay à Paris en 2019[2]. 1797 est l'année où Girodet achève le portrait de Jean-Baptiste Belley, député de Saint-Domingue (Haïti) siégeant à la Convention. Deux ans après le vote de la Déclaration des droits de l'homme instituant la liberté comme droit naturel, les esclaves de la plaine de Saint-Domingue, trop conscients d'avoir été floués, se révoltent la nuit de 22 au 23 août 1791. C'est le commencement de la « Révolution haïtienne », qui conduira à l'abolition de l'esclavage dans l'île en 1793. Par le décret du 4 février 1794 (16 pluviôse an II), la Convention, déclarant citoyens français sans distinction de couleur les hommes domiciliés dans les colonies, abolit officiellement l'esclavage en France. Mais les résultats sont ambigus, et 1797, une fois de plus, fait figure d'année « entre deux eaux ». 1797 est aussi l'année de la publication de deux

1 Freud, *L'Analyse finie et l'analyse infinie*, *op. cit.*, p. 19. Voir aussi chapitre IV, « Du fixisme au transformisme ».

2 « Le modèle noir de Géricault à Matisse », Paris, Musée d'Orsay, du 26 mars au 21 juillet 2019.

Anne-Louis Girodet, *Portrait de Jean-Baptiste Belley*, 1797.
© RMN-Grand Palais (Château de Versailles)/Gérard Blot.

ouvrages qui témoignent des résistances à cette (r)évolution. L'un, sur un mode subjectif et qui se veut littéraire : c'est « l'épopée d'un colon de Saint Domingue » de Jean-Paul Pillet[3] ; l'autre est pamphlétaire : c'est un texte anonyme, *De la nécessité d'adopter l'esclavage en France*[4], dont le titre même, provocateur, est une négation du décret d'abolition. Cet essai, qui place en exergue une citation de Rousseau, défend l'idée que les « indigents » seraient mieux protégés s'ils étaient « engagés » à vie par leurs maîtres qui en seraient propriétaires[5]. L'esclavage domestique serait le meilleur remède à l'indigence.

En 1797 coexistent ainsi en France deux discours contradictoires sur l'esclavage. Le portrait de Belley n'est pas aussi univoque que le laisse supposer son classicisme apparent : on le voit notamment dans le buste de l'abbé Raynal, de style néoclassique, à l'arrière-plan, auteur de l'*Histoire des deux Indes*, antiesclavagiste, abolitionniste salué après le décret de pluviôse an II. Ou dans le ciel peu caractérisé sinon comme horizon d'un pays vaguement exotique vers lequel est orienté « le modèle noir », quand le buste blanc de Raynal, et son regard blanc lui-même, est tourné vers ce qu'on comprend être un avant – le passé incarné par le père tutélaire. D'abord exposé au palais de l'Élysée sous le titre « Portrait de Nègre », le tableau de Girodet l'est l'année suivante, au Salon de 1798, intitulé « Portrait du C. Belley, ex-représentant des Colonies ». Désormais, le modèle noir a un nom. Et « C. » désigne le « citoyen » : après la révolte des esclaves du 23 août 1791, la Convention nationale qui proclame la République applique

---

3 Jean-Paul Pillet, *Mon odyssée : l'épopée d'un colon de Saint Domingue*, texte transcrit, présenté et annoté par Anja Bandau et Jeremy D. Popkin, Paris, Société française d'étude du dix-huitième siècle, 2015.

4 *De la nécessité d'adopter l'esclavage en France*, texte anonyme de 1797, présenté par Myriam Cottias et Arlette Farge, Paris, Bayard, 2007.

5 *Ibid.*, Chapitre X, « Différence des engagés et des esclaves ».

la législation républicaine sur l'île de Saint-Domingue. Le changement de titre s'explique notamment par le désir de Girodet de suivre la politique abolitionniste du Directoire[6] ; en 1802, Bonaparte rétablira l'esclavage. Aussitôt après le décret d'abolition de 1794, Jean-Baptiste Belley, élu député du Nord, se rend à Paris avec d'autres représentants de l'île et s'exprimera devant la Convention. Le 13 juillet 1797, nommé chef de la gendarmerie de Saint-Domingue, il lutte contre les troupes indépendantistes de Toussaint Louverture.

Le portrait peint par Girodet présente un certain nombre d'indices qui révèlent, fort discrètement, l'ambiguïté du personnage et, au-delà, du moment 97. La boucle d'oreille rappelle l'ancienne qualité d'esclave du modèle. Belley n'a pas cessé d'être esclave par le décret de pluviôse, il a été affranchi bien des années auparavant, sans que l'on puisse préciser quand exactement ni dans quelles circonstances : l'âge même de Belley fait l'objet d'une enquête de Jean-Louis Donnadieu, auteur d'un article sur « l'homme Jean-Baptiste Belley[7] ». Devenu « libre de couleur » – ses descendants seront « libres de naissance » –, Belley se mue à son tour en propriétaire d'esclaves, et continue de l'être après la grande révolte de 1791. C'est à la suite de l'abolition de l'esclavage qu'il affranchira ses propres esclaves. Expulsé par Toussaint Louverture de Saint-Domingue avec le gouverneur de l'île Hédouville (1798), il est assigné à résidence à Belle-Île (juin 1802), où il meurt à l'hôpital le 4 août 1805. Le 20 mai 1802, Bonaparte avait rétabli l'esclavage et la traite négrière dans les colonies. Mais dès février, une armée de 30 000 hommes conduite par Leclerc,

6 Philippe Dagen, « Républicain, monarchiste ou bonapartiste ? », *Le Monde*, 22 septembre 2005.

7 Voir Jean-Louis Donnadieu, « Derrière le portrait, l'homme Jean-Baptiste Belley, dit "Timbaz", dit "Mars" (1746-1805) », *Bulletin de la Société d'histoire de la Guadeloupe*, n° 170, janvier-avril 2015.

beau-frère de Bonaparte, débarquait à Saint-Domingue pour rétablir l'esclavage dans les faits. Si Toussaint Louverture est arrêté et déporté au fort de Joux, où il meurt en 1803, l'armée indépendantiste du général Dessalines chasse les Français et proclame l'indépendance de l'île sous le nom de Haïti le 1er janvier 1804. Belley s'avère être un personnage finalement assez complexe qui va devenir, sans que son nom soit nécessairement mentionné par les commentateurs du tableau, une « allégorie de l'émancipation des Noirs[8] ». Et cela dès l'origine, comme on le voit dans les lignes enthousiastes, quasi romantiques, que le critique d'art Jean-Baptiste Chaussard consacre au tableau de Girodet dans *La Décade philosophique* : « C'est un des tableaux les plus savamment peints que je connaisse : je conseille à plusieurs artistes d'interroger ce tableau ; il leur fera désespoir ou génie. J'irai souvent rêver devant ce portrait. Que d'objets sublimes ! Raynal, la liberté des nègres, et le pinceau de Girodet[9]. » Ce portrait doit également être inscrit dans l'histoire de la peinture, histoire chargée d'idéologie quant à la représentation du « Noir », ainsi que le montrent en particulier les travaux d'Anne Lafont[10]. Dans le langage pictural, le blanc est la couleur « élevée », le noir une sorte de « non-couleur », que Girodet s'emploie à décliner, du luisant sur le front de Belley, au gris de ses cheveux disciplinés à l'européenne, jusqu'aux variations des veines du piédestal en marbre sur lequel repose le buste de Raynal. Anne Lafont rappelle d'ailleurs que le buste de Raynal était originairement en terre cuite : le choix du blanc est celui du contraste.

---

8 Michèle Bocquillon, « Le "Portrait parlant" de Jean-Baptiste Belley », *19th Century, French Studies*, University of Nebraska, 2004, p. 43.

9 Cité par Pap Ndiaye et Louise Madinier, *Le Modèle noir de Géricault à Matisse, la chronologie*. Paris, Musée d'Orsay / Flammarion, 2019, p. 12.

10 Anne Lafont, *L'Art et la race : l'Africain (tout) contre l'œil des Lumières*, Paris, Presses du réel, 2019.

L'« homme de couleur » accède-t-il pour autant au statut de créature de Dieu, Dieu qui, selon Roger de Piles, fit la couleur pour que les hommes « le reconnai[ssent] pour leur Auteur » ? C'est ainsi qu'il justifiait dans le *Cours de peinture par principes* la nécessité du coloris pour la peinture des chairs. C'est notamment par ce noir, plutôt marron à la vérité, que le portrait de J.-B. Belley, par ailleurs de facture classique, est saisissant. Mais certains exégètes y ont vu aussi un érotisme à peine déguisé, qui ne manque pas non plus d'ambiguïté : en le confrontant au portrait de Chateaubriand que Girodet peint quelques années plus tard (1807-1808, exposé au Salon de 1810), Michèle Bocquillon oppose le corps viril de Belley, aux parties sexuelles marquées, et le caractère efféminé du Chateaubriand peint en 1808, à l'habit noir et vague, dont le regard est dirigé à l'opposé de celui de Belley. Chateaubriand commentera ainsi son portrait dans les *Mémoires d'outre-tombe* : « Girodet avait mis la dernière main à mon portrait. Il le fit noir comme j'étais alors, mais le remplit de génie. » « Noir » signifie ici mélancolique. Chateaubriand regarde ailleurs. Si Girodet semble abandonner par là la peinture d'histoire, telle qu'elle apparaît avec le portrait du député de Saint-Domingue ou celui de Cathelineau, chef des Vendéens, « généralissime de la grande armée catholique et royale » (1816-1824), il ne tourne pas non plus le dos à l'histoire avec ce portrait de Chateaubriand. Les *Rückenfiguren* à la Caspar-David Friedrich ne sont pas dans sa manière.

Cette manière et son évolution sont visibles dans la série sur le fils du Dr Trioson, médecin qui protégea le futur peintre après le décès de son père et l'adoptera en 1809 : le jeune Benoît Agnès fait l'objet d'une petite série de trois tableaux, trois visages de l'éducation enfantine (1797, 1800, 1803). Le premier, *Benoît Agnès regardant des figures dans un livre* (exposé en 1798), montre un enfant rêveur, rebelle à l'étude livresque : une sorte d'Émile.

Anne-Louis Girodet, *Benoît Agnès regardant des figures dans un livre*, Musée Girodet.

Le second, *Jeune Enfant étudiant son rudiment*, met aussi l'accent sur la mélancolie de l'enfance : d'un regard las, ayant abandonné sur le fauteuil son violon aux cordes cassées, il tient négligemment son « rudiment » de grammaire latine, ouvert à la page du verbe « se réjouir », maculée par un bonhomme griffonné à l'encre. Le dernier portrait de Benoît Agnès, qui mourra un an plus tard, est un éloge implicite de l'éducation paternelle, autrement convaincante que la rousseauiste : dans *La Leçon de géographie* (1803), l'enfant est tout entier absorbé dans l'observation du globe, et le tableau, avec sa mouche en trompe-l'œil posée sur le planisphère, et la grappe de raisin sur la table, est aussi une leçon de l'art de peindre. Œuvres de reconnaissance envers son bienfaiteur, ces tableaux constituent une sorte d'enquête pédagogique issue d'une observation attentive de l'enfance[11]. Girodet choisit-il la peinture de genre après celle d'histoire ? Les hiérarchies classiques ont bougé. Et la série Benoît Agnès Trioson dépasse par sa portée morale et philosophique la seule peinture de genre. Politiquement[12], picturalement, Girodet, à l'image de l'année 1797, est entre deux eaux.

L'ambiguïté du moment 1797 apparaît plus clairement dans des textes publiés la même année, en particulier sur Saint-Domingue. L'« odyssée » de Jean-Paul Pillet donne le point de vue du colon de Saint-Domingue. Il est chargé de lieux communs, qui nourrissent ce qu'on peut appeler des intérêts de classe. De retour sur son île en 1791, après son exil en France, il se dit frappé par le bonheur dont jouiraient les esclaves qu'il croise :

> Combien j'eus lieu, chemin faisant, de reconnaître l'injustice des diatribes dont on accable en Europe les

11 Voir Sylvain Bellenger, *Girodet 1767-1824, L'album de l'exposition*, Paris, Musée du Louvre, 22 septembre 2005-2 janvier 2006, Musée du Louvre éditions / Gallimard, 2005.

12 Dagen, « Républicain, monarchiste ou bonapartiste ? », art. cité.

> pauvres colons de St Domingue ! Que de mensonges ! Quelles peintures exagérées ! Quelle ignorance du pays, des mœurs, des usages, des lois !
> Je vis, partout, les nègres gras, bien portants et joyeux. Je les vis, par centaines, occupés d'un travail que vingt Européens auraient achevé en beaucoup moins de temps. Leurs cases me parurent saines, commodes et fournies d'ustensiles à leurs besoins. Ils étaient entourés de parcs, où ils élevaient des cochons et toutes espèces de volailles. On me fit observer leurs jardins particuliers, qui étaient parfaitement entretenus, et abondamment garnis de tous les vivres nourrissants du pays[13].

Le bonheur de l'esclave est présenté comme une conformité à la nature. Les « nègres » vont presque nus, c'est la « robe de la nature ». « Grâce à ce costume, poursuit Pillet, et à l'épaisse peau huileuse que le ciel a sagement donnée aux races de la zone torride, ils peuvent braver impunément une chaleur qui en peu de temps tuerait les Européens[14]. » On retrouve là les clichés bien antérieurs au XVIIIe siècle, dont on a des échos dans les *Variétés dans l'espèce humaine* de Buffon. Ils seraient fondés sur ce qu'on a appelé la « théorie des climats », si Montesquieu n'avait battu en brèche les stéréotypes, notamment dans le texte que l'on sait (*De l'esprit des lois*, livre XV, chapitre 5). Mais l'épopée du colon de Saint-Domingue, qui appartient à la littérature de témoignage – ici des débuts de la révolution haïtienne –, présente un intérêt littéraire particulier. Les massacres décrits par le colon infléchissent son écriture : si l'églogue, car Pillet rythme son récit de passages versifiés, devient épopée, c'est aussi parce que le texte confine

13 Pillet, *Mon odyssée…*, *op. cit.*, p. 85.
14 *Ibid.*, p. 86.

au gothique dans ses descriptions du « monstrueux[15] ». Ainsi son récit du massacre de juillet 1794, au cours duquel le colon de Saint-Domingue échappe de peu à la mort :

> En vain je comptai sur l'obscurité qui commençait à se répandre dans la chambre ; en vain je restais immobile et collé contre la muraille ; ils m'ont aperçu, ils me saisissent avec des acclamations barbares, ils m'accablent d'injures et de menaces, ils déchirent mes vêtements ; ils me tenaient par les cheveux, par les jambes, par les bras, jusque dans le milieu de la rue ; un cercle de cannibales m'environne ; le cri funeste de « tue-le, tue-le », sort de toutes les bouches ; les poignards, les haches, les baïonnettes sont levés[16].

En dépit de cet infléchissement de l'écriture, en dépit du talent littéraire de son auteur, par lequel on a pu considérer *Mon épopée* comme « le premier classique de la littérature d'exil caribéenne[17] », le texte de Jean-Paul Pillet reste conforme idéologiquement à ce qu'on peut attendre.

Il n'en va pas de même de l'ouvrage anonyme publié la même année 1797 *De la nécessité d'adopter l'esclavage en France*[18]. Les circonstances historiques de la rédaction

---

15 « Le monstrueux introduit le gothique, cadre de nombreux récits sur les Caraïbes depuis la rébellion de Tacky, qui éclate à la Jamaïque en 1760. » C'est ce qu'écrit Anja Bandau dans son introduction, citant plusieurs travaux critiques sur cette articulation du gothique et de la question coloniale. Anja Bandau, « Une odyssée sans retour : le texte et ses modèles », introduction à Pillet, *Mon odyssée*, *op. cit.*, p. 50.

16 *Ibid.*, p. 254-255.

17 Jeremy D. Popkin, « Un témoignage de l'émigration saint-dominguoise : "Mon odyssée" », *ibid.*, p. 21.

18 *De la nécessité d'adopter l'esclavage en France ; 1° Comme moyen de prospérité pour nos Colonies ; 2°. Comme punition pour les coupables ; 3°. Comme ressource en faveur des indigens, op. cit.*

donnent sans doute un éclairage sur les conditions de possibilité d'une telle publication. La France du Directoire, celle des « Incroyables » et des « Merveilleuses », est aussi celle de luttes de pouvoir intenses, dont l'une des expressions est le coup de force du 18 fructidor (4 septembre 1797). Trois des cinq directeurs, soutenus par l'armée dont Bonaparte est l'homme fort représenté par Augereau son fidèle lieutenant, vont porter un coup d'arrêt aux prétentions royalistes qui gagnaient du terrain. Les deux directeurs républicains Reubell et La Réveillère-Lépeaux ont réussi à convaincre Barras de la trahison du général Pichegru, qui fomentait un coup d'État. Les deux directeurs royalistes seront arrêtés dès le 18 fructidor, des députés royalistes et des prêtres déportés en Guyane[19] : l'exécutif, soutenu implicitement par l'armée, sort renforcé de ce coup de force. Apparente victoire des républicains, le 18-Fructidor prépare la voie aux menées du futur vainqueur de Campo-Formio (26 vendémiaire an VI, 17 octobre 1797). Et c'est bien Bonaparte qui en 1802 rétablira l'esclavage. En attendant, l'auteur du pamphlet est obligé de prendre acte de la révolte de Saint-Domingue. L'auteur doit en convenir : « L'esclavage politique est celui qui rend un despote, ou un corps peu nombreux, maître absolu des biens et de la vie de ceux qui lui sont subordonnés[20]. » Mais c'est immédiatement qu'il met en place sa perverse rhétorique, déjà sensible dans la citation du *Contrat social* placée en exergue : « Quoi ! la

19 Sur les conséquences du 18-Fructidor, voir notamment le *Journal de l'adjudant-général Ramel, commandant de la garde du corps législatif de la République française, l'un des déportés à la Guiane, après le 18 fructidor*, publié à Londres en 1799. Le destin de Ramel est à l'image de la période : déporté à Cayenne après le 18-Fructidor, où il ne manifesta guère d'élan républicain, il émigre à Londres, rentre en France à la faveur du 18-Brumaire, et sera finalement assassiné lors de la Terreur blanche à Toulouse en août 1815. Voir ici le chapitre X.

20 *De la nécessité…*, *op. cit.*, p. 85.

liberté ne se maintient qu'à l'appui de la servitude ! Peut-être les deux excès se touchent. » Retorse est l'invocation de Rousseau, qui laisserait entendre que la servitude peut être un moyen de maintenir la liberté. Dès lors l'auteur, qui parle de « révolution » le plus souvent au pluriel et toujours sans majuscule[21], par une forme de négationnisme que Jacques Rancière avait pointé, peut en appeler à un esclavage « modéré[22] ». Et opposer aussitôt après une « servitude domestique absolue », nuisible « à l'esclavage », écrit-il en un curieux lapsus qui dénote la référence à un système non remis en cause, à une « servitude domestique modérée » qui garantirait la sécurité du domestique. L'auteur distingue en effet deux types de servitude : l'esclavage dans les colonies et l'esclavage en quelque sorte civil, qu'il n'appellera pas de ce nom et qui concerne les domestiques, « engagés » à vie par un maître qui leur évite par là l'indigence. Là est, dans ce dernier argument, l'originalité du texte au titre évocateur (et combien provocateur) : « De la nécessité d'adopter l'esclavage en France. » Les arguments censés justifier l'esclavage dans les colonies sont quant à eux conformes à la tradition : l'infériorité des « nègres » est légitimée par la pseudo-théorie des climats et les conséquences de ce climat en termes de retard historique. On sait d'ailleurs que jamais Montesquieu, qui n'a d'ailleurs pas recours à cet argument dans le fameux texte dénonciateur de *L'Esprit des lois* (Livre XV, chapitre 5), n'employa l'expression « théorie des climats ». Pour l'auteur

21 « Depuis huit ans que nous sommes agités par une suite de révolutions, nous avons parcouru toutes les situations extrêmes, et il n'est point de folie politique qui n'ait eu ses partisans et ses adversaires. » (*De la nécessité*, *op. cit.*, p. 81.)

22 Voir sur ce concept de « modéré, modération, modérantisme » les pages essentielles de Georges Benrekassa dans *Le Langage des Lumières. Concepts et savoirs de la langue*, Paris, PUF, 1995. À ceci près que la « modération » invoquée par l'auteur du texte de 1797 est encore un habit dont il se travestit pour tordre le concept selon ses vues.

de 97, l'histoire vient au secours de la pseudo-géographie des climats. Mais une histoire à laquelle le Nègre n'accède jamais :

> Non, certes, je ne suis pas l'ennemi des hommes ; et quelle que soit leur couleur, je les reconnais tous pour mes frères ; mais en voyant d'aussi affreux résultats, ne dois-je pas m'élever contre les coupables maximes de liberté et d'égalité dont ils furent la conséquence. Si ces nègres esclaves avaient été dignes de la liberté, cette révolution n'eût pas eu des effets aussi sanglans. Mais nous-mêmes qui, depuis quatre ou cinq cents ans, jouissions de la liberté civile, nous n'avons pu soutenir cette épreuve qu'au milieu des convulsions les plus terribles[23].

La Révolution, non nommée, est une épreuve que seule notre habitude de la liberté nous a permis de supporter. On connaît cet argument, encore en vigueur aujourd'hui pour justifier les dictatures : le peuple n'est pas mûr pour la démocratie. Tout dans ce pamphlet révèle le fixisme de la pensée et le refus de l'histoire. Le climat en est l'alibi, et là encore l'auteur emprunte la langue de Rousseau pour la tordre :

> Les nègres, dont le sang paraît avoir reçu une préparation différente, et qui sont accoutumés dès l'enfance à ce climat brûlant, sont plus propres à la culture des plantations qui font la richesse de nos Colonies ; ils peuvent supporter sans danger la fatigue qu'exige la manutention du sucre, de l'indigo et des autres denrées coloniales[24].

23 *De la nécessité…*, *op. cit.*, p. 96.
24 *Ibid.*, p. 99.

« Accoutumés dès l'enfance » : on reconnaît un fragment du *Discours sur l'origine de l'inégalité*[25] ; voilà le « nègre » transformé en homme de la nature – à ceci près qu'il n'est pas bon naturellement, mais paresseux.

Dans cette ambiguïté de 1797, je vois la modernité, celle qui dit « et en même temps... ». En 1797, elle donne une certaine visibilité au Noir, député de la République et non pas figure exotique ; et en même temps, elle occulte en partie son identité. Elle salue l'œuvre émancipatrice du pouvoir, mais sous les traits d'un personnage moins caractérisé et surtout moins « clivant » qu'un Toussaint Louverture. Elle emploie le langage des Lumières mais le tord, laissant entendre la voix de la réaction sous les apparences d'un discours de liberté. On retrouvera cette grimace de la langue dans le pamphlet de La Harpe. Continuons, sur le mode du « et en même temps », l'exploration des nouvelles images.

Glissement progressif des Lumières

1797 voit l'apparition d'innovations techniques, par lesquelles l'image devient mobile, anticipant sur des modes divers l'invention du cinéma : elles engendrent un nouveau statut du spectateur et un nouveau rapport à l'art, celui que Walter Benjamin identifiera pour la période qui suit[26]. Les noms

---

25 « Accoutumés dès l'enfance aux intempéries de l'air et à la rigueur des saisons, exercés à la fatigue et forcés de défendre nus et sans armes leur vie et leur proie contre les autres bêtes féroces, ou de leur échapper à la course, les hommes se forment un tempérament robuste et presque inaltérable. »

26 Walter Benjamin, *L'Œuvre d'art à l'heure de sa reproductibilité technique* (dernière version de 1939), traduction Maurice de Gandillac et Rainer Rochlitz, in *Œuvres*, III, Paris, Gallimard, coll. « Folio essais », 2000.

Philippe-Jacques de Loutherbourg, *Des bandits attaquant des voyageurs dans une forêt d'Allemagne*, collection privée. Photo : © Illustria.

P.I. de Loutherbourg

de ces inventions[27] ne sont pas, sans jeu de mots, « transparents » : l'*eidophysikon* de Loutherbourg, les *fantasmagories* de Roberston, les *transparents* de Carmontelle demandent, sans jeu de mots encore, à être éclairés. Avant les *panoramas*, les *mégascopes*, le *cinématographe*, elles sont le fruit de découvertes sur les propriétés de la lumière. Elles introduisent de nouvelles formes de sociabilité liées au divertissement « spectaculaire », elles-mêmes inscrites dans la situation historique, et nous révèlent, comme le produit chimique agissant sur la plaque photographique, l'évolution des Lumières.

Dès les années 1780, Philippe Jacques de Loutherbourg, ce peintre dont Diderot admirait les paysages champêtres et les marines tempétueuses[28], avait mis au point, pour le théâtre de Lisle Street à Londres où il s'installa, un dispositif théâtral du nom d'*eidophysikon*, littéralement « spectacle de la nature » (« *moving pictures representing phenomena of nature* »). Loutherbourg abandonnera peu à peu le théâtre, après de vrais succès populaires, en raison de son implication controversée dans le mysticisme et l'alchimie. En 1797, il est à nouveau pleinement peintre : il peint *Des bandits attaquant des voyageurs dans une forêt d'Allemagne*, scène dramatique qui associe une nature agitée et une agression violente. Ce tableau, où l'on voit notamment une jeune femme vêtue de blanc dont la pâmoison n'est pas sans évoquer *Le Cauchemar* de Füssli

27 Dans son *Histoire de la langue française*, Ferdinand Brunot évoque la passion des mots grecs pour les innovations techniques de la période, mais aussi celle des « mots aventuriers ». Parmi ceux-ci, les mots « centiforme » et « pasiflore » prononcés par Germain, membre de la Conjuration des Égaux, lors du procès Babeuf (1797). Ferdinand Brunot y voit une allusion à « la fantasmagorie, qui venait de naître » (Brunot, *Histoire de la langue française*, Paris, Armand Colin, 1939, p. 108).

28 Denis Diderot, *Salon de 1763* (pour les paysages champêtres) et *Salon de 1769* (pour les marines tempétueuses).

(exposé en 1782), ne laisse pas de troubler le spectateur qui peut à bon droit s'interroger sur le statut de voyeur de ce peintre-témoin. L'*eidophysikon* évacuait au contraire l'humain : il présentait des paysages animés mécaniquement, recréant les transformations atmosphériques de la nature, levers et couchers de soleil, orages et tempêtes, « au moyen d'images mobiles, de musique et de lumières[29] ». L'itinéraire singulier de Loutherbourg, son goût pour les événements spectaculaires, naturels ou humains, met en évidence un lien, caractéristique de la période, entre happening du spectateur et mysticisme. Comme pour les romans gothiques, ce lien révèle un envers des Lumières que les événements révolutionnaires sont venus alimenter ou exalter.

« Et en même temps », Carmontelle donnait des spectacles autrement apaisés. L'année 1798, non 1797 il faut le reconnaître, est celle des merveilleuses *Quatre Saisons*. Il s'agit de tableaux transparents rétroéclairés, que l'on fait défiler devant le spectateur. Le dispositif est proche du cyclorama – pourtant postérieur – et de la lanterne magique. C'est sous Louis XVI que Carmontelle a commencé à réaliser des transparents. Il en explique la technique dans un *Mémoire sur les transparents* :

> Ces tableaux sont peints sur une bande de papier de Chine ou de papier vélin de la hauteur d'environ 15 pouces [40] cm] et de la longueur de 80 à 180 pieds [26 à 58 mètres] selon la quantité d'objets successifs qu'on veut représenter, et cette bande de papier est bordée par le haut et par le bas d'un galon noir qui l'empêche de se déchirer. […] Pour que les objets peints sur cette bande de papier passent successivement, elle

29 Marion Costa, « La représentation de l'orage dans la peinture française de la fin du XVIIIe siècle », Mémoire de master 2, Université de Grenoble, 2012, p. 26.

Carmontelle, *Les Quatre Saisons* (détail), Musée du Domaine départemental de Sceaux.
Photo : Ronan Guinée, Benoît Chain © MDDS.

> est montée sur deux rouleaux de bois renfermés dans une boîte noircie et placés à ses extrémités. Cette boîte a deux ouvertures d'environ 26 pouces [7] cm] où sont deux portes qui se relèvent pour laisser passer la lumière du jour au travers du papier peint. À l'axe de ces rouleaux on adapte une manivelle qui fait tourner un des rouleaux sur lequel se replie toute la bande de papier qui enveloppe l'autre rouleau qui, tournant aussi, fait passer successivement tous les objets peints sur ce papier[30].

Les Quatre Saisons, tableaux peints sur plus de 40 mètres de long, représentent un monde d'Ancien Régime, celui d'une société aristocratique harmonieuse et stable s'égayant au fil des saisons que l'on voit doucement défiler. Le paysage, des vues de l'Île-de-France, associe des éléments néoclassiques (arcs de triomphe, temples), exotiques, et un poétique désordre de jardin anglais, parfois illuminé par de féériques fêtes nocturnes. Ce paysage change au fil des saisons, en « un long fondu enchaîné courant sur une année, de novembre à novembre », écrit Jean-Christophe Bailly, qui consacre au transparent de Carmontelle un chapitre de son *Dépaysement*. Quelque chose bouge, quelque chose a bougé : le dispositif des transparents diffère de celui de la lanterne magique dans lequel « l'image obtenue est le résultat d'une projection », quand dans le transparent « c'est l'image elle-même qui constitue l'écran[31] ». Paysage familier, et dépaysant pourtant : le « dépaysement » est dans le bougé même, ce lent flux du temps qui confine au rêve, et fait de cette imagerie une projection au sens, cette fois, analytique.

30 Louis Carrogis, dit Carmontelle, *Mémoire sur les tableaux transparents*, Paris, 1794-1795 (an III de la Liberté), autographes carton 8, fonds Doucet, bibliothèque de l'Institut national d'histoire de l'art.

31 Jean-Christophe Bailly, « Le transparent de Carmontelle », in *Le Dépaysement. Voyages en France*, Paris, Seuil, 2011, p. 43.

Car *Les Quatre Saisons* de Carmontelle tournent le dos à deux réalités : les débuts de la révolution industrielle – la première exposition industrielle nationale se tient à Paris cette même année 1798[32] – et la Révolution française : « Semblables à un décor mobile de théâtre, [elles] tournent autour de l'événement révolutionnaire qu'elles refusent de montrer[33]. » Par là météores (alors même qu'elles représentent le cours tranquille du temps et non les phénomènes météorologiques), par là typiques de « 1797 », au sens de ce mouvement insensible qui fait basculer dans l'autre monde. Cet autre monde, ce sera celui des panoramas de *Paris, capitale du XIXe siècle* : quand la peinture commence « d'échapper à l'art[34] », et l'art à la nature qui n'est (ré)introduite qu'artificiellement par le citadin.

> Les panoramas, qui annoncent un bouleversement dans le rapport de l'art avec la technique, traduisent en même temps un sentiment nouveau de la vie. Le citadin, dont la supériorité politique sur la campagne s'exprime à maintes reprises au cours du siècle, tente à présent d'introduire la campagne dans la ville[35].

Pour l'heure, celle des *Saisons* en ce crépuscule des Lumières, la ville est proche mais nous n'y sommes pas. *Les Quatre Saisons*, que Carmontelle déroulait dans des châteaux aristocratiques, en les accompagnant, selon la tradition du divertissement de salon, de musiques, d'anecdotes et de commentaires, sont aujourd'hui conservées non loin de la capitale, au musée de Sceaux.

---

32 Voir Walter Benjamin, « Grandville ou les expositions universelles », in *Paris, capitale du XIXe siècle*, in *Œuvres III*, *op. cit.*, p. 53.

33 Bailly, *Le Dépaysement*, *op. cit.*, p. 50.

34 Benjamin, « Daguerre ou les panoramas », *Paris, capitale du XIXe siècle*, *op. cit.*, p. 49.

35 *Ibid.*, p. 50.

Étienne-Gaspard Robertson, Gravure de Lejeune, *Fantasmagorie de Robertson dans la Cour des Capucines en 1797* reproduite dans les *Mémoires* de Robertson.

Lejeune Sculp.t

…ns la Cour des Capucines en 1797.

Un monde est en train de disparaître. Cette disparition concerne aussi le mode de représentation de la figure humaine. La photographie prendra le pas sur le portrait peint ou gravé ; mais en cette fin du XVIIIe siècle, la miniature de portrait, seul moyen de faire connaître un visage à distance, a encore de beaux jours devant elle. Elle vise à l'exactitude mimétique, fascine par là, art un peu mélancolique. De récentes expositions ont permis de découvrir certains miniaturistes européens[36], et la variété des supports utilisés – vélin, ivoire, cuivre, émail – rend sensible au raffinement de cet art d'un autre temps. L'« importante corporation des miniaturistes » se verra ruinée, au XIXe siècle, par la photographie[37]. Mais la disparition programmée de la miniature ne relève pas seulement d'une évolution des techniques et de ses conséquences économiques. Elle est liée à l'apparition d'un nouveau rapport à la figure humaine et à sa représentation. L'origine même du terme de miniature ne concerne pas la petitesse des objets : les miniatures, prolongement des images peintes dans les manuscrits enluminés du début du XVIe siècle[38], s'inscrivent sinon dans une tradition religieuse, du moins dans le respect religieux de l'intégrité de la figure humaine. La « valeur cultuelle » que Benjamin oppose à la « valeur d'exposition » est évidente

---

36 Parmi ceux-ci, on peut citer Joseph Marinkelle, Ozias Humphry, John Smart, Charles Shirreff, Jean-Laurent Mosnier, Henri-François Riesener, Richard Cosway, Andrew Plimer, William Wood, Charles Hénard, Louis Abel, Jean-Baptiste Isabey, Jean-Auguste-Dominique Ingres…, tous miniaturistes mis à l'honneur lors de l'exposition « Les portraits en miniature de la Fondation Custodia », Paris, 27 janvier - 29 avril 2018. On peut citer encore le miniaturiste Jean-Jacques Karpff, actif sous l'Empire après un séjour à Paris en 1796-1797, auquel le musée Unterlinden de Colmar a consacré une exposition en 2017.

37 Benjamin, *L'Œuvre d'art…*, *op. cit.*, p. 51.

38 Maud Guichané, « Techniques et usages du portrait en miniature », introduction au livret « Les portraits en miniature de la Fondation Custodia ».

dans la pratique du portrait miniature, et elle pourra se prolonger tant que la photographie représentera encore un visage humain :

> Dans le culte du souvenir dédié aux êtres chers, éloignés ou disparus, la valeur cultuelle de l'image trouve son dernier refuge. Dans l'expression fugitive d'un homme, sur les anciennes photographies, l'aura nous fait signe, une dernière fois[39].

Mais dès la fin du XVIIIe siècle, on voit apparaître un nouvel art du portrait, qui remet en question l'intégrité de la figure humaine. C'est du moins la thèse que développe Jean Clair dans *Hubris*[40] : il identifie la modernité à une nouvelle représentation de l'homme qu'il décline en trois figures, l'homoncule, le monstre, l'acéphale. L'histoire commencerait en 1797 avec les fantasmagories de Roberston.

La fantasmagorie est littéralement l'art de faire parler les fantômes – en public[41]. Si Philidor est le premier à avoir donné, dès la fin de l'année 1792 à Paris, des représentations de « phantasmagories » qui mettent en scène des spectres et des personnages célèbres, le grand fantasmagore, c'est bien le Liégeois Étienne-Gaspard Robert, dit Robertson (1763-1837). On ne s'arrêtera pas sur ce personnage aux talents multiples, connu également comme aéronaute, puisqu'il fit plusieurs voyages en ballon au début du siècle suivant et imagina un

39 Benjamin, *L'œuvre d'art…*, *op. cit.*, p. 285.

40 Jean Clair, *Hubris. La fabrique du monstre dans l'art moderne. Homoncules, géants et acéphales*, Paris, Gallimard, 2012.

41 Précision de Jérôme Prieur, « Roberston, le fantasmagore », conférence prononcée à la Cinémathèque française, Paris, 5 février 2010. https://www.canal-u.tv/video/cinematheque_francaise/robertson_le_fantasmagore_conference_de_jerome_prieur.5755

étonnant vaisseau aérien, la *Minerve*[42]. C'est en germinal an VI que Robertson fit ses « premiers essais de fantasmagorie » dans la salle de l'Échiquier à Paris, puis au couvent des Capucines, comme il le raconte dans ses *Mémoires*[43]. Un article de Poultier paru dans *L'Ami des Lois*, que Robertson reproduit dans ses *Mémoires*, décrit précisément la séance de fantasmagorie du 4 germinal an VI (24 mars 1798) : « Allez chez Robertson, vous verrez que les morts reviennent comme les autres. » Ce jour-là, à la demande d'un spectateur, il fait apparaître Marat, « petit fantôme livide, hideux, armé d'un poignard et couvert d'un bonnet rouge ». Puis une jeune femme dont l'amant, « un jeune *merveilleux* » désespéré de la perte de sa bien-aimée, lui a montré le portrait en miniature. Merveilleux, incroyable ! Un journaliste de Bordeaux écrira :

> Ce n'est plus un fantôme sans mouvement, sans vie, ce n'est plus un être imaginaire ; c'est la nature elle-même, animée et mouvante, mais sous des couleurs si inconnues à l'œil, que le physicien, l'artiste, doutent encore si cet objet tient plus à l'art qu'à la nature[44].

42 Voir la biographie de Françoise Levie, *Étienne-Gaspard Robertson, la vie d'un fantasmagore*, Longueuil (Québec) et Bruxelles, Les Éditions du Préambule et Sofidoc, coll. « Contrechamp », 1990. Robertson décrit la *Minerve* dans une brochure publiée en 1803, que la Société wallonne d'étude du XVIIIe siècle a republiée sous forme numérique. https://www.swedhs.org/ebibliotheque/ocerisations/robertson.html

43 *Mémoires récréatifs, scientifiques et anecdotiques du physicien-aéronaute E. G. Robertson : connu par ses expériences de fantasmagorie, et par ses ascensions aérostatiques dans les principales villes de l'Europe, ex-professeur de physique*, Paris, 1840, vol. 1, p. 202. Germinal an VI nous amène en mars 1798, mais c'est bien en 1797 que Robertson met au point son procédé, dont il avait « entrevu les premiers moyens d'exécution à Liège » (p. 143). La première affiche annonçant une séance publique au pavillon de l'Échiquier est du 1er pluviôse an VI, 20 janvier 1798. La gravure de Lejeune a pour titre *Fantasmagorie de Robertson dans la Cour des Capucines en 1797*.

44 *Ibid.*, p. 215, 217 et 223.

Les *Mémoires* de Robertson voient défiler tout le personnel scientifique de l'époque, les Chappe, Volta, Galvani… Mais aussi les noms de Cagliostro, Nostradamus, Mesmer. Régulièrement accusé de pratiques occultes, Robertson s'emploie à se placer sur le terrain de la physique expérimentale et prend ses distances notamment avec le magnétisme ; il accompagne son ouvrage de petits schémas explicatifs, qui révèlent aux plus avertis ses « trucs » de magicien. Parmi ceux-ci, l'imitation des sons des « météores », tonnerre, pluie, grêle. Car la fantasmagorie est un spectacle total.

Le « fantascope » est un dispositif optique, sorte de lanterne magique avec trois objectifs et trois lentilles, un diaphragme à deux lames, l'une fixe, l'autre mobile, permettant l'animation des figures projetées. Le tout fonctionne par rétroprojection, le système d'éclairage caché dans la boîte comprend plusieurs quinquets et des miroirs derrière les sources lumineuses. La grande nouveauté, par rapport à la lanterne magique, est que, monté sur rail, l'appareil est mobile : non visible des spectateurs, le fantasmagore peut opérer un travelling avant et arrière. L'autre nouveauté est que, à la différence des séances collectives de lanterne magique organisées par Philidor, Roberston fait de la fantasmagorie un « spectacle total[45] » : il ajoute au fantascope une lanterne portée à la main, des comparses dans la salle, et plonge les spectateurs dans le noir ; dispositif visuel auquel il associe des éléments sonores – bruitages, ventriloque, percussions, cloche, harmonica – et olfactifs (encens).

Le fantasmagore fait défiler toutes sortes de personnages, parmi lesquels des revenants célèbres, outre Marat, tels Robespierre, Lavoisier, Rousseau. Le spectacle syncrétise en un bric-à-brac spectaculaire les symboles de la Révolution, des

45 Jérôme Prieur, conférence citée, 2010.

éléments gothiques, auxquels il associera, après la campagne d'Égypte, des références mystiques à l'Égypte ancienne. Autant les transparents de Carmontelle tournent le dos au monde issu de la Révolution, autant les fantasmagories de Robertson semblent fonctionner sur les spectateurs fascinés comme un contrepoison à ce qu'on a appelé la Terreur. Les spectacles de Robertson, comme les romans gothiques pour certains lecteurs français, voire européens, seraient une manière de lutter fantasmatiquement contre la mort, l'immobilité, la disparition[46]. Sur un plan esthétique, la fantasmagorie de Robertson s'inscrit dans ce nouvel « art du portrait[47] » identifié par Jean Clair et, avant lui, Daniel Arasse analysant la gravure de Custine guillotiné[48]. Pour Daniel Arasse, le portrait de guillotiné est un genre pictural ; pour Jean Clair, c'est une transformation radicale de la représentation de l'humain. Ou plutôt, la modernité est l'âge de l'expression, quand l'âge classique était celui de la représentation :

> Les têtes coupées qui parlent, les membres détachés qui transmettent leur pouvoir, le fragment qui garde les vertus du tout [...], c'est entrer là dans la fantasmagorie, le règne des fantômes qui parlent, à l'opposé de l'ancienne rationalité classique[49].

Cette nouvelle histoire de la figure humaine, Jean Clair la situe ainsi à partir de là, 1797 et les fantasmagories de Robertson, dévidant un fil qui, sur le plan romanesque, relie *La Peau de chagrin*, *Le Portrait de Dorian Gray*, *Le Nez* de Gogol, « Le portrait ovale » d'Edgar Poe ; sur le plan pictural, les images

---

46 *Ibid.*
47 Jean Clair, *Hubris, op. cit.*, p. 148.
48 Daniel Arasse, *La Guillotine et l'imaginaire de la Terreur*, Paris, Flammarion, 1987.
49 Jean Clair, *Hubris, op. cit.*, p. 149.

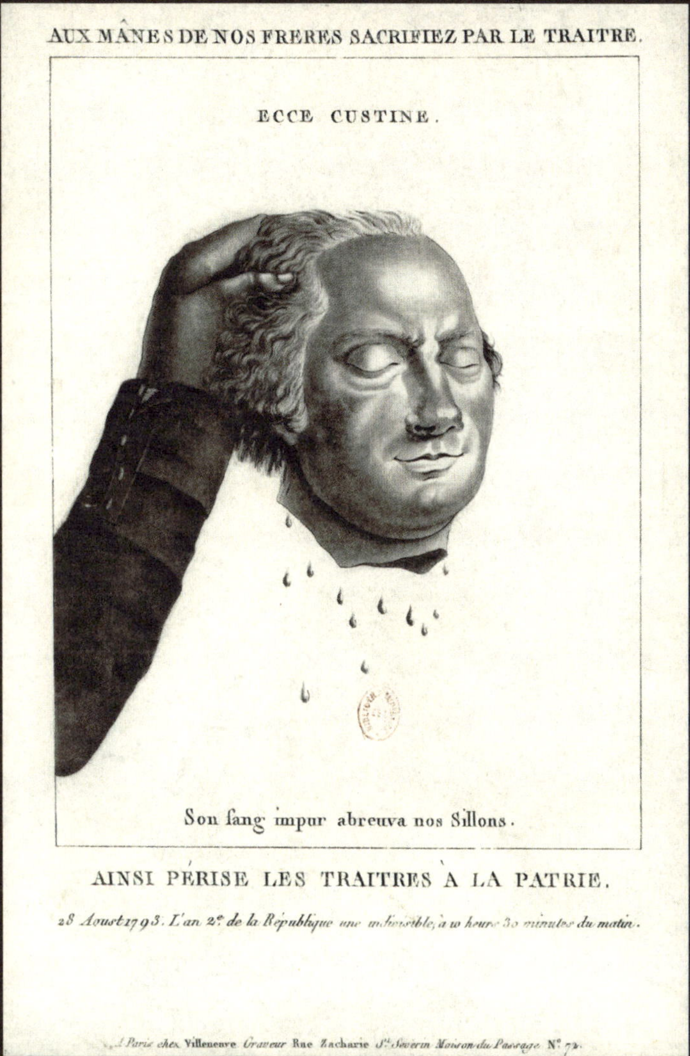

« Aux mânes de nos freres sacrifiez par le traitre : ecce Custine, son sang impur abreuva nos sillons… », portrait de guillotiné, estampe, auteur non identifié. Bibliothèque nationale de France.

Utagawa Kuniyoshi (1797-1861), *Auto-portrait*, dans l'album shunta *Chinpen shinkeibai*, 1839.

d'*Hubris* sont saisissantes, même pour le seul XIXe siècle – car le parcours nous conduit au moins jusqu'à Munch et Giacometti –, par leur nombre, parfois leur violence, parfois leur « innocence » (études de mains et de pieds d'Ingres par exemple). Dans cette histoire, certes un peu « tirée par les cheveux » – mais la gravure *Ecce Custine* après tout m'y autorise –, j'ajouterais volontiers quelques artistes tous nés en 1797, tous amateurs de fantômes, de monstres ou de têtes coupées, déformées, tordues : le sculpteur et dessinateur Théophile Bra (1797-1863), le Japonais maître d'estampes sur bois Utagawa Kuniyoshi[50] (1797-1861), et bien sûr Mary Shelley (1797-1851) et son *Frankenstein.* On y reviendra, car l'histoire est longue, qui dit que « le sommeil de la raison engendre des monstres ». D'autres y ont leur place : Goya, William Blake, Füssli, Jean-Jacques Lequeu…

Toutes ces « nouvelles images » de 1797 invitent à un autre mode de perception, celui-là même du « penser météore ». D'une part, via les transparents et les fantasmagories, l'image commence à bouger, à devenir mobile. D'autre part, une esthétique du fragment, caractéristique aussi du romantisme allemand, pose la nécessité d'en finir avec le tout. Ce que Jean Clair écrit à ce sujet pourrait valoir vision du monde : « Il n'y a plus de comparaison possible pour exprimer la continuité de l'être, il n'y a plus que des contiguïtés, un manteau d'Arlequin qui est, comme chacun sait, le manteau d'un mort qui ressuscite en temps de Carnaval[51]… » Voilà, mise en abyme, l'histoire météore : on ne peut dire le tout du passé ; il n'y a pas « de résurrection de la vie intégrale » ; tout au plus peut-on l'approcher par fragments, l'effleurer de proche en proche. Comme Marianne Alphant le fit dans *Ces*

50 Il réalisa notamment *Takiyasha la sorcière et le fantôme du squelette* (vers 1844).
51 Jean Clair, *op. cit.*, p. 150.

choses-là[52] pour le XVIIIe siècle. Dans cette entreprise, Michelet n'est peut-être pas si loin, lui qui, filant la métaphore de la lumière, dit vouloir ressusciter les « organismes intérieurs et profonds » :

> Plus compliqué encore, plus effrayant était mon problème historique posé comme *résurrection de la vie intégrale*, non pas dans ses surfaces, mais dans ses organismes intérieurs et profonds. Nul homme sage n'y eût songé. Par bonheur, je ne l'étais pas.
>
> Dans le brillant matin de Juillet, sa vaste espérance, sa puissante électricité, cette entreprise surhumaine n'effraya pas un jeune cœur. Nul obstacle à certaines heures. Tout se simplifie par la flamme. Mille choses embrouillées s'y résolvent, y retrouvent leurs vrais rapports, et (s'harmonisant) s'illuminent. Bien des ressorts, inertes et lourds s'ils gisent à part, roulent d'eux-mêmes, s'ils sont replacés dans l'ensemble[53].

52 Marianne Alphant, *Ces choses-là*, Paris, POL, 2013.
53 Jules Michelet, *Histoire de France*, préface de 1869, A. Lacroix et Compagnie, 1880, t. 1, p. IV.

Chapitre VIII

Extérieur jour, intérieur nuit

Il ne méconnut pas le drame solennel
de l'histoire et observa l'inquiétant théâtre du ciel.

Lawrence Gowing, *L'Originalité de Thomas Jones*.

Il y eut en 1797 deux « embardées » en peinture. Embardées, mais discrètes, car ce n'est alors qu'un début. La première, sans prééminence chronologique, est celle, « immense », vers le ciel, que la peinture est en train d'accomplir[1]. La seconde est vers l'intérieur : les rêves, les cauchemars, nos monstres intimes. Cela signifie-t-il opposition entre l'intérieur et l'extérieur ? Non. Nul doute qu'un Thomas Jones, ce peintre gallois qui peignit des paysages de sa contrée natale, Pencerrig, avec nuages et grands ciels, mais aussi de Naples, où il séjourna longtemps, des pans de murs lépreux et des *lastriche* où sèche le linge, nul doute que, sans connaître Goya, il fût convaincu de cette vérité : « Le sommeil de la raison engendre des monstres. » Inversement, si l'on veut, les Füssli, Goya, Blake connaissent aussi intimement cette vérité. Cette année-là, Maine de Biran, paraphrasant une pensée de Pascal, l'énonce à sa manière, traversée par le grand vent du mouvement des Idéologues : « Mon esprit a ses brouillards, ses temps sereins ; physique tout cela[2]. » Cette partition extérieur/intérieur, nous allons cependant la conserver.

L'immense embardée vers le ciel

Il faudrait parler de Turner. Parler de ses ciels, de ses clairs de lune (*A Study at Millbank*, 1797), de ses premières études de nuages : celle de 1796-1797 dit tout du « presque rien » où se négocie l'immense embardée. Dans son clair de lune (*Millbank*), plus sensible est l'influence de ses maîtres, souvent français : le Lorrain, Vernet, Loutherbourg. Mais c'est aussi en 1797 que

1 Jean-Christophe Bailly, *Saisir, Quatre aventures galloises*, Paris, Seuil, 2018, p. 86.
2 Maine de Biran, *Œuvres*, t. I, *Écrits de jeunesse*, édités par Bernard Baertschi, Paris, Vrin, 1998, p. 147.

J. M. W. Turner, *Clair de lune à Millbank, une étude*, avant 1797.

Turner saisit la tempête qui servira de cadre à *Hannibal traversant les Alpes* (1810-1812). *Buttermere Lake, a Shower* exposé en 1798, l'année qui suivit son voyage au Lake District, relève de l'esthétique du sublime : orage, arc-en-ciel, clair-obscur dramatique, montagnes. À distance de cette veine, les études de ciels dont on retrouve certaines dans le merveilleux *Turner's Sketchbook* révèlent la subtilité du geste de l'aquarelliste qui a tout compris, *watercolour*, nuage, même matière, même manière. Peinture météore : Turner en est le maître.

Il faudrait aussi situer la grande embardée vers le ciel dans l'histoire des sciences, mentionner les premiers dessins et aquarelles de l'inventeur de la classification des nuages, Luke Howard, dont nous avons déjà parlé. Et surtout, ses premiers travaux en météorologie, lui qui devint en 1797 le partenaire du quaker William Allen, le cofondateur du laboratoire de Plough Court et de l'Askesian Society, devant laquelle il prononcera sa conférence de 1802 *On the Modifications of Clouds* ; c'est aussi cette année 1797 qui sert de référence à Luke Howard pour établir la courbe de l'*urban effect*, cet effet de chaleur dû à l'îlot urbain, qu'il identifiera plus tard (*The Climate of London*, 1818).

Objet d'étude et de mesure, le ciel entre en peinture pour ce qu'il est, comme l'écrira Ruskin beaucoup plus tard :

> Là où le peintre du Moyen Âge n'a jamais peint un nuage, sinon dans l'intention d'y placer un ange [...], nous ne croyons pas quant à nous que les nuages contiennent autre chose qu'une quantité donnée de pluie ou de grêle[3].

3 John Ruskin, *Modern Painters* (1857), cité par Hubert Damisch, *Théorie du nuage*, *op. cit.*, p. 258.

Dans cette histoire-là, une part discrète mais essentielle revient au peintre gallois Thomas Jones. Qui est-il ? Thomas Jones (1742-1803) ne commence à acquérir en France une certaine aura qu'en 2001, à l'occasion d'une exposition qui s'est tenue au Grand Palais, *Paysages d'Italie. Les peintres du plein air*. Puis il y eut, la même année, la traduction en français de ses Mémoires, *The Memoirs of Thomas Jones of Pencerrig*, édités en 1951 par la Horace Walpole Society, sous le titre de *Journal de voyage à Rome et à Naples*[4]. Le livre de Lawrence Gowing, à l'origine une conférence, *The Originality of Thomas Jones*, a été traduit en 2017 par Alain Madeleine-Perdrillat, qui y joint une postface[5]. Pour ma part, c'est encore à Jean-Christophe Bailly que je dois l'entrée dans l'œuvre de Thomas Jones, auquel il consacre un chapitre de *Saisir, Quatre aventures galloises* (2018). Le titre français des Mémoires de Thomas Jones dit pourtant que le cœur de l'aventure de ce peintre n'est pas gallois, mais italien.

En 1797, il est de retour dans sa terre natale, Pencerrig, où il va administrer le domaine hérité de son père, puis de son frère décédé sans héritier. 1797 est l'année où il clôt son *Day book*[6], livre de comptes qui consigne ses dépenses et recettes. Pour 1797, il note par exemple, le 23 janvier, en dépenses, « *To my daughter… 2* », le 30 janvier « *To a poor woman from Lanise (?)… 6* » ou le 9 février « *Settled with M. Cowper for fish* ». Cette année-là est aussi celle du portrait peint par Francesco Renaldi, *Thomas Jones et sa famille*, conservé à Cardiff, au National Museum of Wales. Francesco Renaldi, peintre anglais malgré ce que laisse entendre son nom, est un ami de Thomas Jones, qu'il fréquenta dans ses années italiennes. Voilà pour l'entrée dans

4 Éditions Gérard Monfort, 2001.

5 Lawrence Gowing, *The Originality of Thomas Jones*, Londres, Thames and Hudson Ltd, 1985 ; *L'Originalité de Thomas Jones*, traduction et postface d'Alain Madeleine-Perdrillat, Lyon, Éditions Fage, 2017.

6 Numérisé par The National Library of Wales.

Francesco Renaldi, *Thomas Jones and his Family*.

la vie et l'œuvre de ce peintre qui restera en Italie « marginal et décalé[7] » même s'il exposa, par la suite et régulièrement, à la Royal Academy. C'est bien peu pour l'intégrer à « 1797 ».

Et pourtant, c'est par sa discrète « embardée », essentielle en vérité, qu'il a droit de cité ici, dans ce parcours qui s'emploie à recenser ce qui, comme l'apparition de l'enfant de l'Aveyron dans les bois de La Caune, fait événement sans crier gare. Dans une perspective classique d'histoire de l'art, la peinture de Thomas Jones fait événement pour deux ou trois vues de murs de Naples, peints depuis sa *lastrica* en 1782. Le mot *lastrica* n'existe pas tel quel dans le dictionnaire, qui nous renvoie à *lastricare*, « paver, daller ». Mais la *lastrica* est le terme que Thomas Jones emploie pour désigner le lieu d'où il peint, la terrasse sur le toit de la maison où il vit.

> J'avais l'usage exclusif de la *lastrica*, ce toit en terrasse entouré d'un parapet que l'on trouve à Naples. De cette terrasse on dominait une grande partie de la ville, avec les baies, les montagnes de Sorrente et l'île de Capri ; de l'autre côté on voyait les rochers, les maisons et les vignobles de Capodimonte. Je passai là bien des heures de bonheur à peindre d'après nature[8].

Le ciel est bien là dans ses vues de Naples, mais les proportions en sont dérisoires au regard de celles des façades, surtout dans *Un mur à Naples* : il est réduit à une bande géométrique sur la partie supérieure droite, quand celle de gauche n'est autre qu'un « petit pan de mur jaune ».

7 Bailly, *Saisir, op. cit.*, p. 79.
8 Jones, *Journal, op. cit.*, p. 216.

Les proportions dévolues au ciel sont plus importantes dans les deux autres vues de façades napolitaines : *Maisons à Naples* et *Toits à Naples*[9]. Outre qu'il s'agit de petits formats (11,8 × 15,2 cm pour *Un mur à Naples*), l'essentiel de la vue se concentre sur la façade qui précisément pourrait sembler, surtout dans le *Mur*, obstruer le ciel. Il n'en est rien : le regard se concentre à égalité sur le mur, car c'est sa partie supérieure qui est cadrée, et le ciel qui domine le dernier étage des bâtiments (*Maisons à Naples*, *Toits à Naples*).

D'autres ont peint le ciel de Rome : on pense à Pierre-Henri de Valenciennes, à ses études de ciel au Quirinal, dans les mêmes années 1780, à ses « effets de nuages », à sa vue de Rome le matin, ses orages en bord de mer. Émergent alors les *cloud studies*, même si l'expression est anachronique, même si certaines de ces études de nuages ne sont pas peintes sur le motif. Jones et Valenciennes ne semblent pas s'être rencontrés, et l'histoire de l'art retient plus volontiers le second comme précurseur de la peinture de paysage. Parmi ses devanciers, il faut citer aussi le paysagiste anglais John Robert Cozens (1752-1797), qui fit aussi le voyage d'Italie et résida à Naples dans les mêmes années (1782-1783). Son père, Alexander Cozens, qui lui enseigna le dessin, est l'auteur de très belles *cloud studies* (1785), entendues dans un sens méthodique, comme l'indique le titre de son ouvrage, *Nouvelle Méthode pour assister l'invention dans le dessin de compositions originales de paysages*[10] : la méthode, appelée *blotting*, consiste à peindre des

---

9 *Toits à Naples*, huile sur papier, Ashmolean Museum, Cardiff.

10 Alexander Cozens, *A New Method of Assisting the Invention in Drawing Original Compositions of Landscape* (1785) ; *Nouvelle Méthode pour assister l'invention dans le dessin de compositions originales de paysages*, traduit de l'anglais par Patrice Oliete Loscos, Paris, Allia, 2005.

nuages, des arbres ou des rochers à partir de taches aléatoires (*blots*) apparues sur un papier maculé d'encre puis déplié. Le fils s'en affranchit par ses aquarelles atmosphériques :

> Les ciels des aquarelles de Cozens deviennent des lieux de créativité à part entière, affichant leurs nuages tantôt vaporeux, tantôt moutonneux, tantôt dramatiquement illuminés, voire menaçants, au gré des variations climatiques[11].

La technique de John Robert Cozens, que l'on a pu dire « soustractive » par le procédé de la réserve qui consiste à laisser apparaître par endroits le papier vierge, est à mettre en parallèle avec celle de son père, Alexander : il avait en son temps su jouer des possibilités de l'invention du papier vélin (1750), qui permet d'éviter les ombres involontaires. Mais le fils va plus loin dans l'économie de moyens : par la réserve, par l'aquarelle, par la parenté délibérée entre la matière – ou son absence – et ce qui est représenté, sa peinture accueille l'atmosphère. De John Robert Cozens, Constable pourra dire qu'il fut « *the greatest genius that ever touched landscape* ». Avec John Robert Cozens, avant Turner, avant le « pleinairisme » et la peinture sur le motif, commence la grande embardée vers le ciel.

Mais revenons à Jones. S'agit-il de peinture de paysage ? S'agit-il même de ciel ? Avec Jones, les catégories classiques n'ont plus lieu d'être. Si la séparation des genres commence à être remise en question comme on le voit dans les *Salons* de Diderot, qui fait souvent l'éloge de la peinture dite « de genre », paysage ou nature morte, la distinction académique demeure. Jones ne cherche nullement à révolutionner les hiérarchies. À

11 Marie-Claude Beaulieu Orna, « Le Grand Tour de John Robert Cozens », *Dix-Huitième Siècle*, n° 50, « Les lieux de l'art », 2018, p. 53.

distance des genres en général, il s'attache à la simple présence du monde. De quel genre relèvent ses vues de Naples ? Il lui plaît de montrer des façades sans charme, parfois très abîmées, draps blancs séchant aux fenêtres, en contraste avec les bâtiments historiques de Naples, palais royal et Castel Nuovo : « Il est difficile de ne pas sentir là une intention de se moquer un peu, discrètement, de toutes les belles traditions du paysage héroïque ou historique : d'opposer de la lessive séchant au soleil à l'éternité présumée des palais », écrit Alain Madeleine-Perdrillat[12] à propos d'une autre vue de 1782, *Bâtiments à Naples (et face nord-est du Castel Nuovo)*. Thomas Jones remplit tous les critères de la modernité. Pas de « paysage idéal » : cette prise de distance est sensible avant même son départ à Rome, dès les scènes peintes dans son pays natal. Des *Pencerrig*, huiles sur papier, il y en eut plusieurs (1772, 1776) ou, dans ces mêmes années autour de 1776, tel *Champ près de Pencerrig*, ou encore *Carneddau, vu depuis Pencerrig*. Le monde est vu depuis « chez lui », ou au plus près du domaine de son père. Il s'en tient à une « position donnée[13] », très éloignée des codes du sublime. Il s'ensuit la suppression des cadres du paysage classique idéal, de ses lignes, de la perspective horizontale avec ses niveaux parallèles et ses effets de symétrie. Si « la géométrie du paysage idéal » l'intéresse, il voit surtout « les nuages floconneux rayer très doucement les prairies inondées avec leurs ombres[14] ». La modernité, c'est aussi, si sensible dans ses vues des façades napolitaines, une façon de s'approcher de la chose, de la matière, frontalement : une façon de délimiter la chose « en fonction du format de la feuille utilisée[15] ». Au

12 Madeleine-Perdrillat, Postface de L. Gowing, *L'Originalité de Thomas Jones, op. cit.*, p. 54.

13 « The delineation of a given spot », expression de Füssli, *Conférences sur la peinture faites à la Royal Academy*, publiées en 1801.

14 Gowing, *L'Originalité, op. cit.*, p. 20.

15 Madeleine-Perdrillat, *L'Originalité, op. cit.*, p. 55.

John Robert Cozens, *La Baie de Naples depuis Capodimonte*, 1790.
Yale Center for British Art, Paul Mellon Collection.

point que, comme dans les *Toits* et plus encore dans le *Mur* « à » Naples, le ciel est réduit à une bande, un ruban, qui confine à l'abstraction. Thomas Jones s'abîme dans l'observation au point, sans en avoir conscience sans doute, de laisser presque le motif disparaître. Il « est le premier à regarder de près ce qu'on ne voyait que de loin[16] ». Nous ne sommes que dans les années 80 du siècle des Lumières… Oui, on pourrait en dire autant des grands naturalistes, Linné le premier. Mais il ne s'agit pas pour Jones d'observer pour nommer. Il ne s'agit que de voir, et de montrer le monde dans sa simplicité. Plus tard, Luke Howard s'y emploiera pour les nuages, et ce sera une autre gageure : montrer de près ce qu'on ne peut voir que de loin – en levant les yeux – et qui toujours échappe.

Jones est moderne encore par un autre effet, purement biographique celui-là. Revenu « vivre entre les siens le reste de son âge », il entreprend la rédaction de ses Mémoires, parle de lui tout en tenant en lisière ses émotions intimes. C'est encore de « réserve » qu'il s'agit. Et le mot prend tout son sens pour le peintre. Sur le plan artistique comme biographique, on est frappé, dans le cas de Thomas Jones, par ce que Jean-Christophe Bailly appelle un « refus de l'anecdote[17] » et du détail. Jones dit et ne dit pas. C'est exactement l'effet produit par la mince bande de ciel bleu qui surplombe le *Mur* :

> [Voilà] quelque chose de différent, qui ne s'accorde ni la chance de la profondeur ni le charme de la dilatation, non, c'est au contraire resserré, c'est là comme ce qui est là quand on est sur une cour et qu'on est confronté à ce qui est juste en face et contre quoi on bute[18].

---

16 *Ibid.*, p. 59.
17 Bailly, *Saisir, op. cit.*, p. 102.
18 *Ibid.*, p. 98.

Nous sommes à des distances considérables des panoramas et autres fantasmagories. De la technique « moderne » et de ses effets panoptiques. Des divertissements sociaux. Avec Jones, qui nous montre le monde de près, le théâtre de l'histoire est loin. Sans doute méconnut-il, lui, le « drame solennel de l'histoire ».

Mais penser météore nous invite à nous projeter dans le même lieu, Naples, cette année-là, 1797. C'est l'année où Giandomenico Tiepolo (1727-1804), le fils de Giambattista, achève la fresque du *Mondo Nuovo*, qu'il avait commencée en 1791 pour la maison familiale à Zianigo, près de Venise. Ce que nous montre Jones à sa manière, c'est aussi un nouveau monde : toits, linges, murs abîmés sans que la ruine, qui n'en est pas une il est vrai, ait charge romantique.

Il Mondo Nuovo de Giandomenico Tiepolo est tout autre : c'est celui d'une petite société rassemblée près d'un hangar pour une scène de lanterne magique. Ce monde nouveau, c'est là le geste du peintre, consiste à nous montrer ceux qui regardent, sans que nous ne voyions jamais ce qui par eux est vu. Avec une plaisante ironie, Giandomenico Tiepolo dénie lui aussi le principe de composition classique, mais sur un mode bien différent de Thomas Jones qui s'approche du mur – de la matière. Dans le cas de Tiepolo, le principe de composition classique consisterait à nous montrer la scène en toute « transparence ». Au lieu de quoi il nous montre les spectateurs de la scène, et c'est de dos, pour la plupart, que nous les voyons. La mise en scène du regard, étrangère à Jones, est une autre marque de la modernité. *On n'y voit rien*. Ou on voit tout.

1797, c'est un dos tourné : au sens, aussi, d'un certain déni du réel, de l'histoire en marche. Les spectateurs de la lanterne magique veulent-ils voir le « monde nouveau » qui les attend ? Car 1797, à Venise, c'est aussi la fin de la République, après 1 070 ans d'indépendance. Venise se rend

à Bonaparte le 12 mai. Les Français emportent *Les Noces de Cana* de Véronèse. Quelques mois plus tard, le traité de Campo-Formio (17 octobre) met un terme à la municipalité provisoire de Venise, que Bonaparte cède à l'Autriche. La ville deviendra bientôt, avec la Vénétie tout entière et le Frioul, Province vénitienne d'Autriche. Le 17 novembre 1797, Casanova, qui n'est plus à Venise depuis des années et meurt l'année suivante, adresse à Cécile de Roggendorf un « Précis de [s]a vie ». Les derniers feux de l'ancienne Venise brilleront lors des représentations à la Fenice, créée en 1792, de la pièce de Sografi, *Telemaco nell'isola di Calipso*. L'auteur avait alors demandé qu'un théâtre démocratique soit ouvert à Venise[19]. Fin de la parenthèse.

Pas tout à fait. L'histoire continue pourtant, mais on lui tourne le dos : voilà la « Gestalt romantique[20] ». Le tableau de Friedrich, *Le Voyageur au-dessus de la mer de nuages* (1818), la rendra visible, sensible ; c'est la fameuse *Rückenfigur*. Mais la silhouette le dos tourné n'est pas une spécificité picturale. En France, elle est contemporaine de la Révolution, et repérable dans la littérature, chez ceux qui ne veulent pas voir le réel en face. Parler du temps qu'il fait est une façon de ne pas mettre le nez dehors : « 25 décembre 1794. Je suis seul, près de mon feu, retenu dans ma chambre par un froid très piquant survenu dans la nuit avec une telle promptitude que le thermomètre est descendu tout à coup du 8e degré au-dessus de zéro au 7e au-dessous[21] », écrit Maine de Biran dans son

19 Voir Audren Moal, « Sografi et le drame bourgeois », *Recherches sur Diderot et l'Encyclopédie* (RDE), n° XLVII, 2012, p. 97-98 et 100.

20 Anouchka Vasak, « Une silhouette le dos tourné, la "Gestalt" romantique », in *Les Entretiens de la Fondation des Treilles*, « De l'utopie au désenchantement », Les Cahiers de la NRF, Paris, Gallimard, 2010, p. 275-292.

21 Maine de Biran, Journal, « Pages sans dates », *Journal III, Agendas, carnets et notes* (1794-1824), édition publiée par Henri Gouhier, Neuchâtel, La Baconnière, 1957, p. 219.

Journal, en pleine Terreur. Et beaucoup plus tard, en 1802, Joseph Joubert confiera : « La révolution a chassé mon esprit du monde réel en me le rendant trop horrible[22]. » Repli sur soi, écriture du moi : Pierre Pachet avait bien montré, dans *Les Baromètres de l'âme*, la coïncidence entre la « naissance du journal intime » et, en France, un régime politique qui prétend contrôler les consciences. Le repli de Maine de Biran ne semble pas répondre à une « terreur » de la répression. Mais c'est bien dans son « Vieux cahier 1794 » qu'il écrit :

> Après une vie de tumulte et de dissipation, je me suis retiré dans la solitude où je vis encore, et je me remets sous les yeux ce qui a successivement exercé mon activité depuis 26 mois jusqu'à ce moment qui est une époque remarquable[23].

Cette époque remarquable voit la naissance de ce que j'ai appelé le « moi météorologique[24] ». Il n'y a pas pourtant de coïncidence systématique entre les tempêtes révolutionnaires et la naissance du moi météorologique, cette identité perçue comme instable et discontinue. Rousseau, le premier, formulait dans la première promenade des *Rêveries du promeneur solitaire* le projet de consigner les variations de son être en « appliqu[ant] le baromètre à [s]on âme ». Il avait déjà émis l'hypothèse d'un tel programme dans les *Confessions* : c'est le projet de la « morale sensitive », qu'il ne développera jamais, par une mise en abyme significative ; d'autres projets plus pressants et la passion pour Sophie d'Houdetot l'en détourneront. Le sujet s'éprouve dans sa variabilité, sa discontinuité :

22 Joseph Joubert, *Carnets*, I, 25 mars 1802, *op. cit.*, p. 458.
23 Maine de Biran, « Vieux cahier 1794 », dans *Journal III*, *op. cit.*, p. 13.
24 Anouchka Vasak, *Météorologies. Discours sur le ciel et le climat, des Lumières au romantisme*, Paris, Champion, 2007, chapitre 6.

« J'avoue ici, confie encore Maine de Biran à cette même époque remarquable, que jamais je ne me suis retrouvé deux jours de suite dans la même position, jamais le même le matin que le soir : aussi n'y a-t-il rien eu de suivi dans mes goûts ni dans mes projets[25]. » La nouvelle image, ici, est une métaphore : celle du temps qu'il fait. La variabilité est intériorisée. Mais consigner les variations de l'humeur intime, comme y invitait alors le « biomètre ou Mémorial horaire, instrument pour mesurer la vie » de Marc-Antoine Jullien, par ailleurs rédacteur du *Courrier d'Italie* d'août à novembre 1797 pendant la campagne d'Italie, est peine perdue. S'agissant de Maine de Biran, qui s'efforcera un temps de suivre le programme de Jullien en utilisant les agendas organisés en rubriques *ad hoc*, le temps qu'il fait semble rarement coïncider avec l'humeur intime. Cela arrive, de loin en loin : « 6 septembre 1815. Très frais. / Le changement de température influe heureusement sur ma manière d'être et me donne plus de confiance et de forces. » Mais le plus souvent, le temps qu'il fait est, dans son journal, la métaphore d'un état d'âme, investi d'emblée par le sentiment. Où est le ciel, où est l'« âme », l'extérieur, l'intérieur ? Cette séparation n'a plus cours : « ciel rasséréné, frais » ; « temps sombre, brouillards ». La grande embardée vers le ciel, voilà aussi « 1797 », coïncide avec un mouvement de repli sur soi, d'intériorisation. Beaucoup plus tard, un jour de 1933, le poète gallois Dylan Thomas écrira : « Un jour, peut-être, je penserai pluvieusement[26]. »

En attendant, alors que certains négocient l'ouverture vers le ciel, d'autres explorent leur sombre intériorité. La figure humaine se ressent de cette plongée dans les cauchemars intimes.

---

25 Maine de Biran, *ibid.*
26 Dylan Thomas, lettre à Pamela, 1933, citée par Bailly, *Saisir*, *op. cit.*, p. 132.

Le sommeil de la raison engendre des monstres

Dehors, dedans ; le ciel, l'intimité. En réalité, les frontières s'estompent. Et s'il y a deux mouvements, centrifuge et centripète, ils ne sont pas successifs, mais contemporains, l'histoire vue à travers 97 étant à l'image de notre vie que Proust dira « si peu chronologique, interférant tant d'anachronismes dans la suite des jours[27] ». Penser 97, c'est accepter ce « chevauchement » que l'auteur d'*À la Recherche du temps perdu* a identifié comme une loi de notre rapport au temps. Il reste cependant des partitions subjectives : l'un jouera le ciel, l'autre la plongée intime ; l'un la lumière, l'autre l'obscurité ; l'un le monde, l'autre le sujet.

Du côté de ces « autres », on trouvera Goya, Füssli, William Blake, Jean-Jacques Lequeu. Chacun révèle à sa manière la face obscure du sujet, tous disent la fin d'une représentation stable de la figure humaine.

Est-ce un point de vue français ? Deux parmi les plus grands écrivains-critiques d'art ayant étudié cette période, Annie Lebrun et Jean Clair, établissent un lien entre la Révolution et la fin du portrait classique. Pour la première, l'obscurité est l'autre versant des Lumières, et la Révolution l'exacerbe :

> Le noir est une invention des Lumières. Il ne me paraît pas tout à fait inutile de le rappeler, alors que notre époque, aveuglée de positivité, est prête à oublier l'étrange nuit qui se leva sur l'Europe à la fin du XVIIIe siècle, mais aussi à quel point cette invention du noir est indissociable du raz-de-marée de liberté à l'origine de la Révolution de 1789[28].

27 Marcel Proust, *À l'ombre des jeunes filles en fleurs*, Paris, Gallimard, 1954, p. 263.
28 Annie Le Brun, « La révolution, la nuit », *L'Ange du bizarre, le romantisme noir de Goya à Max Ernst*, introduction au catalogue de l'exposition, Städel Museum de Francfort et musée d'Orsay, Paris, Musée d'Orsay et Hatje Cantz, 2013, p. 17.

Füssli, *Le Cauchemar*, version de 1790-91.
Maison de Goethe.

Annie Lebrun rappelle la publication des *Nuits* de Young (1742-1745) aux origines du romantisme noir et du *Château d'Otrante* de Walpole (1764), fondateur du roman gothique. La veine, qui se poursuit pendant la période révolutionnaire, avec *L'Italien* de Ann Radcliffe en 1797, se prolonge bien avant dans le siècle suivant, et au-delà, si l'on suit le propos de l'exposition *L'Ange du bizarre*. L'obscurité, dit Annie Lebrun, est « une des conditions du sublime », théorisé par Burke en 1757[29]. Un des effets de l'obscurité est, dans l'ordre des images, la disparition, pour le spectateur, de la figure humaine. Caspar David Friedrich rendra cette disparition sensible dans toute son œuvre, avec les *Rückenfiguren* déjà évoquées ; mais aucun tableau plus que *Le Moine au bord de la mer* (1808-1810) ne rendra aussi littéralement la disparition du sujet humain : on se souvient des mots de Kleist, des paupières coupées comme effet produit par cette vision sur le spectateur. Mais bien avant Friedrich, le siècle des Lumières travaille « l'écart entre la figure humaine et sa représentation[30] ». Jean Clair, on l'a dit, décline cette distorsion en trois figures : l'homoncule, le géant et l'acéphale. Il rappelle, comme Laure Murat l'a fait pour la folie dans *L'Homme qui se prenait pour Napoléon*, le lien qu'entretient « naturellement » ou plutôt historiquement la figure de l'acéphale avec les représentations de guillotinés qui ont fleuri sous la Révolution. En 1789, Girodet lui-même dessinera les « Têtes décapitées du marquis de Launay, de Foulon et de Bertier de Sauvigny[31] ».

---

29 Edmund Burke, *Recherche philosophique sur l'origine de nos idées du sublime et du beau*, présentation et traduction de Baldine Saint Girons, Paris, Vrin, 1990.

30 Clair, *Hubris*, *op. cit.*, p. 21.

31 Voir en particulier Martial Guédron, « L'ère du soupçon. Faces, profils et grimaces », in *Visages de l'effroi. Violence et fantastique de David à Delacroix*, catalogue de l'exposition du musée de la Vie romantique, Paris, Lienart éditions, 2015. Pour les têtes décapitées de Girodet, voir BnF, département des Estampes et de la Photographie, collection Hennin, inv. 10360 et Valérie Bajou, « Les violences de la Révolution », in *Visages de l'effroi, op. cit.*, p. 58-59.

> Tête tranchée, tête dérangée, tête qui se perd ou qui s'égare, tête déformée et dont les traits sont devenus fuyants, instables, insaisissables : les métaphores rendent compte aisément, trop aisément peut-être, de la nouvelle expérience physiologique de la décapitation comme de la nouvelle approche de la folie et, finalement, du même coup, de la naissance d'une esthétique nouvelle du visage et du corps[32].

Le successeur de Pinel, Esquirol, commandera aussi une série de faciès de décapités à Georges-François-Marie Gabriel.

Dès lors, écrit Jean Clair, il n'est plus question de portrait stable : « Le portrait psychologique, le portrait individuel se transforme ou agonise [...]. La guillotine semble avoir tranché au vif[33]. » Il voit notamment dans l'œuvre étrange, quant à sa partie graphique et non dans ses sculptures de facture classique, de Théophile Bra, né en 1797, une expression hallucinée du thème obsessionnel de la tête coupée[34].

D'autres images de 1797 contredisent *a priori* une telle vision. Est-ce en vertu de la loi énoncée par Freud selon laquelle « des morceaux de l'ancienne organisation demeurent » ? On pense à la représentation, d'apparence classique, de « la mort de Caius Gracchus » par Topino-Lebrun, transposition antiquisante de la mort de Gracchus Babeuf : le codirecteur de la conjuration des Égaux fut transporté mourant sur l'échafaud après sa tentative de suicide en plein prétoire, à Vendôme (8 prairial an V, 27 mai 1797). Le peintre lui-même, en raison de ses sympathies babouvistes, sera guillotiné sur ordre de

32 Clair, *Hubris, op. cit.*, p. 146.
33 *Ibid.*, p. 156.
34 Voir Daniel Marchesseau (dir.), *Sang d'encre, Théophile Bra (1797-1863). Un illuminé romantique*, Catalogue de l'exposition du Musée de la Vie romantique, Paris Musées, 2007.

Bonaparte en 1801, peu après l'attentat de la rue Saint-Nicaise attribué aux Jacobins. Si ce qui nous apparaît « classique » est en réalité le néoclassicisme où se reconnaît l'esthétique républicaine, pour qui la référence romaine est majeure, ici la figure humaine, loin d'être distordue, est lissée avec le mouvement du corps. Il reste que se joue là une nouvelle forme de la peinture d'histoire[35].

Une autre manière de portrait, halluciné, apparaît avec le dessinateur Jean-Jacques Lequeu (1757-1826), architecte classé dans la catégorie des utopistes avec Boullée et Ledoux : il doit en partie cette catégorisation à ses échecs, car presque aucun de ses projets ne sera réalisé, mais aussi à certains projets visionnaires. Quant à ses portraits, ils sont reconnus pour leur aspect saisissant, à première vue caricatural, et certains de ses dessins, libertins, ont longtemps été relégués dans l'enfer de la Bibliothèque nationale. Représentations fantasmatiques, certes ; corps trop sculpturaux pour être réalistes, sans doute. Mais corps intègres : où est, chez Lequeu, la distorsion de la figure humaine, son morcellement, sa diffraction ?

Il est utile, pour comprendre « le cas Lequeu », de rappeler les circonstances historiques qui ont conduit progressivement à « un nouveau rapport à l'identité et à l'identification, que la période révolutionnaire, écrit Martial Guédron, a encore amplifiée[36] ». En effet, sur le modèle de l'armée, l'institution judiciaire d'Ancien Régime commence à procéder à une signalétique de l'individu. Si le « passe-port » existe depuis Louis XIV pour les déplacements à l'étranger, la Révolution va en généraliser l'usage pour les déplacements intérieurs. Et les critères d'identification requis sont de plus en plus précis :

---

35 Voir *Guillotine et peinture. Topino-Lebrun et ses amis*, catalogue de l'exposition du Centre Pompidou, Paris, 1977, organisée par Alain Jouffroy.

36 Guédron, art. cité, p. 82.

Jean-Jacques Lequeu, *Je promets*.

Jean-Jacques Lequeu, *L'homme à la lippe*.
Bibliothèque nationale de France.

la raison invoquée est le contrôle des épidémies et des criminels. En réalité, ce mouvement s'inscrit dans un ensemble plus vaste de nouveau rapport à l'identité, dans lequel on trouve la physiognomonie, les débuts de l'anthropométrie et l'application du modèle naturaliste au modèle médical. La tête, présentée comme « un abrégé de l'individu », est l'objet de toutes les attentions.

Ce sont les portraits de Lequeu, dont certains passent pour des autoportraits, qui, dans cette perspective, sont intéressants. Il publie en 1792 une *Nouvelle méthode appliquée aux principes élémentaires du dessin tendant à perfectionner graphiquement le tracé de la tête de l'homme au moyen de figures géométriques*, où apparaît son obsession anthropométrique. Dans cet ouvrage il reconnaît aussi, et l'on mesure par là la distance prise avec Lebrun et ses « expressions des passions de l'âme », l'impossibilité « de déterminer la vraie combinaison des passions sur notre visage[37] ».

Les dessins de Lequeu les plus connus frappent par la parenté entre « la pierre et la chair », et leur caractère provocant : « Et nous aussi nous serons mères » (an II), « Il est libre » (1798-1799) ou « Je promets » (1797-1798) : là, une figure sensuelle, érotique, est paradoxalement minéralisée. Mais certains portraits de Lequeu, où la physionomie se fige en grimace, révèlent une manière de folie, à l'image de cet *Homme à la lippe* non daté (1777-1825) qui semble être coiffé du bonnet dont on affublait les malades mentaux. La folie de Lequeu, assez typique de 97, tient à cette exacerbation, visible dans ses dessins, du nouveau régime identitaire.

---

37 Jean-Jacques Lequeu, *Nouvelle méthode appliquée aux principes élémentaires du dessin tendant à perfectionner graphiquement le tracé de la tête de l'homme au moyen de figures géométriques*, 1792, BnF, département des Estampes et de la Photographie, p. 28.

Francesco Goya, *Le songe de la Raison produit des monstres*, dessin préparatoire pour l'estampe 43 des *Caprices*.

50.

Los Chinchillas.

« C'est bien parce qu'il fut nourri de toutes les contradictions d'un âge à la fois raisonneur et déraisonnant, froidement pragmatique et ivre d'utopies, rigoureux et libertin, qu'il a pu anticiper de manière troublante l'art moderne, des surréalistes aux manifestations les plus actuelles de la figuration », commente Alexis Merle du Bourg [38]. La folie de Lequeu, ou sa névrose, se caractérise non par un portrait instable du sujet, mais par son hyper-stabilité : voilà la figure humaine figée en pierre, ou en grimace. Si le vent tourne..., disaient nos grands-mères. Le vent, avec Lequeu, a déjà tourné.

Mais c'est la mobilité, la fluidité qui caractérisent la plupart des représentations humaines de 1797, ou, pour le dire autrement, l'absence de frontière entre le rêve et la réalité. *Le Cauchemar* de Füssli (1781 pour la première version) en est une des expressions premières, avant 97, et parmi les plus connues : référence durable pour les peintres qui suivront. Les ânes, allégories de la mauvaise éducation, des *Caprices* 37 ou 40 de Goya ne sont certainement pas des échos à la jument du *Cauchemar*. Mais la célèbre planche 43 des *Caprices*, série entreprise en 1797, est tout aussi « programmatique ».

El Sueño de la razón produce monstruos devait ouvrir la série des *Caprichos* ; il deviendra un des emblèmes de ce qu'on appellera le « romantisme noir ». Tantôt traduit par « sommeil », tantôt par « songe », le *sueño* a ce double sens sur lequel joue la gravure : la raison est-elle endormie, ou sort-elle d'elle-même ? Le dessin préparatoire (1797) montre des formes comme auto-générées à partir de la plume du dessinateur. « Monstres et fantômes naissent de l'interaction de l'imagination abandonnée à elle-même et de la main qui dessine sans entraves, et c'est à cette genèse que le spectateur se trouve

38 Alexis Merle du Bourg, « Jean-Jaques Lequeu bâtisseur de fantasmes », exposition au Petit Palais, Paris, Hors série Objet d'art, 2018, p. 16.

en quelque sorte livré[39]. » Alors bien sûr, Goya peindra des colosses et des monstres (*Le Colosse*, 1801-1812, *Saturne dévorant un de ses enfants*, 1821-1823), et s'emploiera plus que quiconque à tordre la figure humaine. Mais ce qu'on peut retenir du *Caprice* 43, c'est sa mise en scène du mouvement de l'imagination. Ici, le medium lui-même importe « au premier chef » : l'aquatinte. Ce procédé favorise l'équivoque en troublant la perspective classique puisqu'on ne distingue plus clairement la situation spatiale, le fond tendant à ressortir au premier plan.

« Goya, écrit Johannes Grave, établit ses représentations dans un monde intermédiaire, sans localisation précise, mais regorgeant tout de même d'éléments qui renvoient à la réalité. L'eau-forte ne sert plus seulement à rendre visibles les univers visuels à peine contrôlables de l'imagination, mais elle prend elle-même une part décisive à la production de ces inquiétantes images[40]. » L'artiste accepterait alors, à travers cette pratique, de ne pas voir précisément où il va. C'est ainsi que Malraux dans son *Saturne, Essai sur Goya* explique l'effet que cette technique produit sur le travail même du graveur :

> Le graveur sur bois, le buriniste, voient ce qu'ils gravent ; l'aquafortiste ne le voit guère. La matière, à laquelle il attache tant d'importance, n'apparaît qu'à l'épreuve ; il grave un négatif, et au lieu de faire un tableau, doit l'imaginer. Certes, l'eau-forte n'est pas nécessairement mystérieuse ; mais aucune technique ne s'accorde au mystère mieux que la sienne[41].

39 Johannes Grave, « Des images d'une inquiétante étrangeté. Les "faces nocturnes" des arts visuels vers 1800 », *L'Ange du bizarre*, *op. cit.*, p. 43.

40 *Ibid.*

41 André Malraux, *Dessins de Goya au musée du Prado* (1947), repris dans *Saturne, Essai sur Goya*, Paris, Gallimard, 1950, p. 60.

Francesco Goya, *Le Vol des sorcières*.

46

Or if we wish a fourth, it is a friend——
But friends how mortal! dangerous the desire.
Take Phœbus to yourselves, ye basking bards!
Inebriate at fair fortune's fountain-head;
And reeling through the wilderness of joy;
* Where sense runs savage broke from reason's chain,
And sings false peace, till smother'd by the pall.
My fortune is unlike; unlike my song;
Unlike the DEITY my song invokes.
I to day's soft-eyed sister pay my court,
Endymion's rival! and her aid implore;
Now first implored in succour to the muse.
Thou who didst lately borrow Cynthia's form,
And modestly forego thine own! O thou
Who didst thyself, at midnight hours, inspire!
Say, why not Cynthia patroness of song?
As thou her crescent, she thy character
Assumes; still more a goddess by the change.
Are there demurring wits, who dare dispute
This revolution in the world inspired?
Ye train pierian! to the lunar sphere,
In silent hour address your ardent call
For aid immortal—less her brother's right.
She, with the spheres harmonious, nightly leads
The mazy dance, and hears their matchless strain;
A strain for gods, denied to mortal ear.
Transmit it heard, thou silver queen of heaven!
What title or what name endears thee most?
Cynthia! Cyllene! Phœbe!—or dost hear
With higher gust fair P——d of the skies?

William Blake, illustration de *Les Nuits* de Young (1797).
© The Picture Art Collection / Alamy Stock Photo.

« Cela ne peut se regarder » est le titre d'une gravure de la série des *Désastres de la guerre* (1810-1815). Goya est d'abord enthousiasmé par la Révolution puis l'entreprise napoléonienne qui visait à renverser Ferdinand VII pour placer sur le trône d'Espagne son frère Joseph Bonaparte ; mais bien vite la réalité de la guerre réveille son nationalisme. *Les Désastres* sont une œuvre engagée qui dénonce le caractère insoutenable de la guerre. La difficulté à regarder l'horreur en face est déjà présente dans certains *Caprices*, comme le n° 12 intitulé *A caza de dientes* (« À la chasse aux dents »), où l'on voit une jeune femme terrorisée arracher les dents d'un pendu, en vertu de la croyance selon laquelle les dents des pendus seraient efficaces pour les envoûtements. Même terreur de la vision dans un tableau de 1797, *Le Vol des sorcières* : un homme, suivi par un âne, se cache sous un drap ; un autre, face contre terre, se bouche les oreilles, tandis que des sorcières au bonnet pointu s'élèvent dans le ciel noir, emportant ce qu'on comprend être une de leurs proies. Est-ce une critique de l'obscurantisme religieux ? Goya l'affirme : « Je n'ai pas peur des sorcières, des lutins, des apparitions, des géants vantards, des esprits malins, des farfadets, etc. ni d'aucun autre genre de créatures hormis l'être humain[42]. » Le regard a envie de se détourner de l'être humain qui commet les atrocités : mais cette réalité-là, Goya nous oblige à la regarder en face. Cette « mise en péril du sens de la vue[43] » est l'inverse des *Rückenfiguren* qui tournent le dos au réel.

À propos du *Caprice* n° 50, *Los Chinchillas*, où l'on voit des personnages aux yeux fermés et aux oreilles bouchées par des cadenas, le cartel du musée du Prado commente : « Celui qui

42 Francisco de Goya, « Lettre à Martin Zapater », cité par Sarah Carr-Gomm, *Francisco de Goya (1746-1828)*, New York, Parkstone international, 2019.

43 Johannes Grave, « Des images d'une inquiétante étrangeté », in *L'Ange du bizarre*, *op. cit.*, p. 45.

n'entend rien, ne sait rien, appartient à la nombreuse famille des Chinchillas[44], qui n'a jamais servi à rien. » La revendication de la fantaisie – le caprice – est bien sûr un refus de se soumettre aux canons classiques, voire néoclassiques ; mais c'est, au-delà, l'expression assumée de la liberté de penser et de dénoncer. Le sommeil de la raison est libérateur. « Ici commence la peinture moderne[45] » : telle est la dernière phrase de l'*Essai sur Goya* d'André Malraux.

Avec William Blake (1757-1827), il semble que ressurgisse l'irrationnel. À la vérité, nous entrons ici dans un monde personnel, peuplé de visions, mais possédant une cohérence interne propre. L'embardée est radicale, ici vers un univers intérieur complet. Au risque de l'ésotérisme. Le dos tourné à l'histoire, ou plutôt à l'époque qui est la sienne avec ses remous, serait là plus manifeste, délibéré, si Blake n'avait tout de même dessiné par exemple Voltaire, dans une de ses *Visionary Heads* : datée de 1820, cette tête hallucinée est bien postérieure à la mort du philosophe, bien postérieure à 1797. *The Spirit of Voltaire by Blake* est un des avatars rêveur et poétique d'une nouvelle relation à la réalité, à la figure humaine, à la postérité. Mais en 1797, Blake se voit confier l'illustration d'une nouvelle édition des *Nuits* de Young (*The Complaint, or Night Thoughts on Life, Death and Immortality*, 1742), œuvre phare du romantisme européen par sa revendication d'émancipation des règles classiques. Elle n'appartient pas vraiment à ce courant – pour autant qu'on puisse le borner à des frontières. Blake avait prévu de faire 537 aquarelles, et à partir d'elles, 200 gravures. Seul le premier volume paraîtra, en 1797. Depuis, chaque nouvelle tentative d'édition

44 En référence aux personnages de la comédie *El dómine Lucas* de José de Cañizares (1676-1750).

45 André Malraux, cité par Jean Clair, *Hubris, op. cit.*, p. 169.

7 53

The Lamb of God stood before Satan opposite
In Entuthon Benithon in the shadows of torments & woe
Upon the heights of Amalek taking refuge in his arms
The Victims fled from punishment for all his words were peace

Urizen calld together the Synagogue of Satan in dire Sanhedrim
To Judge the Lamb of God to Death as a murderer & robber
As it is written he was numberd among the transgressors

Cold dark opake the Assembly met twelvefold in Amalek
Twelve rocky unshapd forms terrific forms of torture & woe
Such seemd the Synagogue to distant view amidst them beamd

A False Feminine Counterpart Lovely of Delusive Beauty
Dividing & Uniting at will in the Cruelties of Holiness
Vala drawn down into a Vegetated body now triumphant
The Synagogue of Satan Clothed her with Scarlet robes & Gems
And on her forehead was her name written in blood Mystery
When viewd remote she is One when viewd near she divides
To multitude as it is in Eden so permitted because
It was the best possible in the State called Satan to save
From Death Eternal & to put off Satan Eternally

The Synagogue Created her from Fruit of Urizens tree
By devilish arts abominable unlawful unutterable
Perpetually vegetating in detestable births
Of Female forms beautiful thro poisons hidden in secret
Which give a tincture to false beauty then was hidden within
The bosom of Satan The false Female as in an ark & veil
Which Christ must rend & her reveal Her Daughters are Calld
Tirzah She is namd Rahab their various divisions are calld
The Daughters of Amalek Canaan & Moab &c

The Daughters of Amalek Canaan & Moab binding on the Stones
Their victims & with knives tormenting them singing with tears
Over their victims Hear ye the song of the Females of Amalek

O thou poor human form O thou poor child of woe
Why dost thou wander away from Tirzah why me compell to bind thee
If thou dost go away from me I shall consume upon the rocks
These fibres of thine eyes that used to wander in distant heavens
Away from me I have bound down with a hot iron
These nostrils that Expanded with delight in morning skies
I have bent downward with lead molten in my roaring furnaces
My soul is seven furnaces incessant roars the bellows
Upon my terribly flaming heart the molten metal runs
In channels thro my fiery limbs O love O pity O pain
O the pangs the bitter pangs of love forsaken
Ephraim was a wilderness of joy where all my wild beasts ran
The river Kanah wanderd by my sweet Manassehs side
~~[illegible]~~
Go Noah fetch the girdle of strong brass heat it red hot
Press it around the loins of this expanding cruelty
Shriek not so my only love
Bind him down Sisters bind him down on Ebal mount of cursing
Malah come forth from Lebanon & Hoglah from Mount sinai
Come circumscribe this tongue of sweets & with a screw of iron
Fasten this ear into the Rock Milcah the task is thine
Weep not so sisters weep not so our life depends on this
Or mercy & truth are fled away from Shechem & Mount Gilead
Unless my beloved is bound upon the Stems of Vegetation

Such are the songs of Tirzah such the loves of Amalek
The Lamb of God descended thro the twelve portions of Israel
Bearing his sorrows & receiving all his cruel wounds

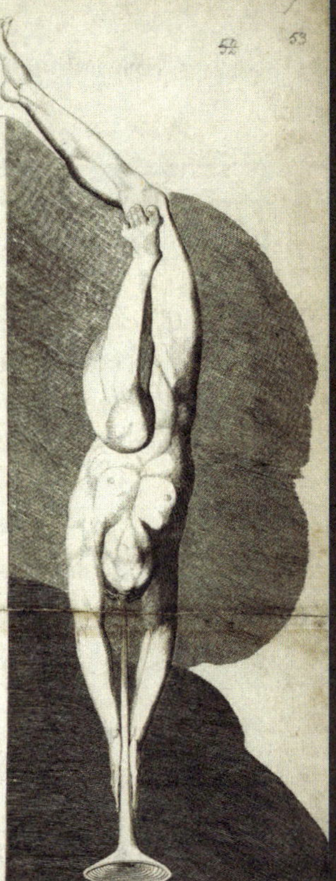

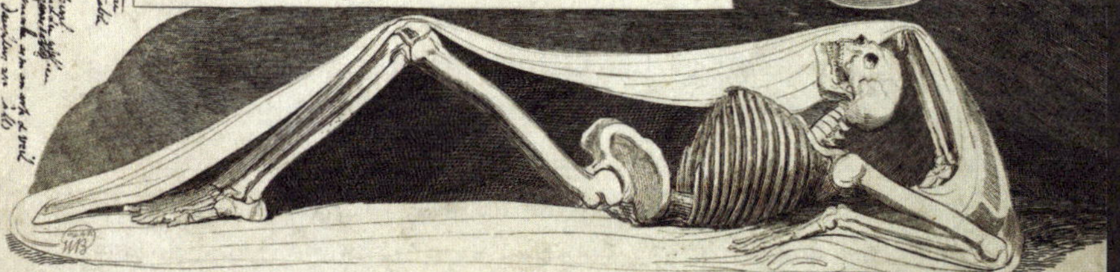

complète des *Nuits* illustrée par Blake semble vouée à l'échec, l'entreprise de 2005 ayant été interrompue également après la parution des deux premiers volumes. Si Blake n'est pas seul responsable de l'inachèvement de cette œuvre initiée en 1797, cette incomplétude est au cœur de sa poétique. Dans sa *Public Address* de 1810, dans le cadre d'une exposition qui devait, espérait-il, lui gagner une audience plus large, il écrit :

> *Let a Man who has made a drawing go on & on & he will produce a Picture or Painting, but if he chooses to leave it before he has spoil'd it, he will do a Better Thing*[46].
> [Laissez un homme qui a fait un dessin continuer, & il produira un tableau ou une peinture, mais s'il choisit de le laisser avant de l'avoir gâché, son œuvre n'en sera que meilleure.]

Il est préférable de laisser un dessin à l'état de dessin, inachevé au regard de l'idée classique d'œuvre (« *Picture or Painting* »), plutôt que de le « gâcher ». Une telle poétique, qui revient à considérer l'œuvre achevée comme une possible altération du geste créateur, est proprement romantique. Du moins la trouve-t-on chez maints romantiques, nourris pourtant des principes académiques. Ce va-et-vient même entre le dessin, probable ébauche, et l'horizon de l'œuvre, témoigne du refus d'une esthétique construite et définitive.

Il reste que les illustrations des *Nuits* de Young nous font pénétrer dans la mythologie de Blake. Dire qu'elle est obscure est une tautologie peut-être au regard du projet. Mais cette mythologie a sa cohérence, nourrie de Milton, de Swedenborg, de Jakob Böhme. En 1797, Blake travaille aussi

46 William Blake, *Complete Writings*, édition de Sir Geoffrey Keynes, Oxford, Oxford University Press,1966, p. 603.

au poème épique des *Four Zoas*, ces quatre morceaux issus de la division d'Albion, « *the Ancient Man* », après sa chute. Les *Four Zoas : The Torments of Love & Jealousy in the Death and Judgment of Albion the Ancient Man* sera le nouveau nom donné au poème en 1807. Primitivement intitulé *Vala*, une des émanations féminines d'une forme déchue d'Albion, ce poème qui devait s'agencer en neuf livres, ou « nuits », l'occupera dix ans et ne sera pas achevé. Blake entreprend ce long poème « illuminé » sur les épreuves mêmes de l'édition des *Nuits* de Young. Le poète renonce finalement aux *Four Zoas* en 1807, mais Yeats publiera le texte en 1893. L'association du dessin et du texte manuscrit fait des *Four Zoas*[47] une œuvre à elle seule, fût-elle inachevée.

C'est une véritable plongée dans la nuit à laquelle on participe, nuit de la raison qui engendre des monstres, moins effrayants peut-être que ceux de Goya ; car il n'y a chez Blake nulle recherche de réalisme. Nous voici placés en position d'initié, pour autant que l'on accepte d'entrer dans la *mythopaedia* de Blake. Partis de la lumière de Naples avec Thomas Jones, des nuages dilués de John Robert Cozens et des grands ciels de Turner, nous voici en pleine nuit avec William Blake. Jour et nuit : 97 recrée le monde.

47 Voir le manuscrit complet numérisé par la British Library : https://www.bl.uk/collection-items/manuscript-of-william-blakes-the-four-zoas

Chapitre IX

La mort des hommes illustres

Écartez les portraits, surtout ceux des grands personnages, ils sont tous faux ou factices ; puis tous les portraits ne montrent de nous qu'un instant de notre Visage, et encore altéré. On a fait des portraits de Voltaire à l'infini ; tous se ressemblent, et il n'y en a pas un, pour moi, qui soit ressemblant à l'homme.

Louis-Sébastien Mercier,
Le Nouveau Paris, « Dessins de Lebrun ».

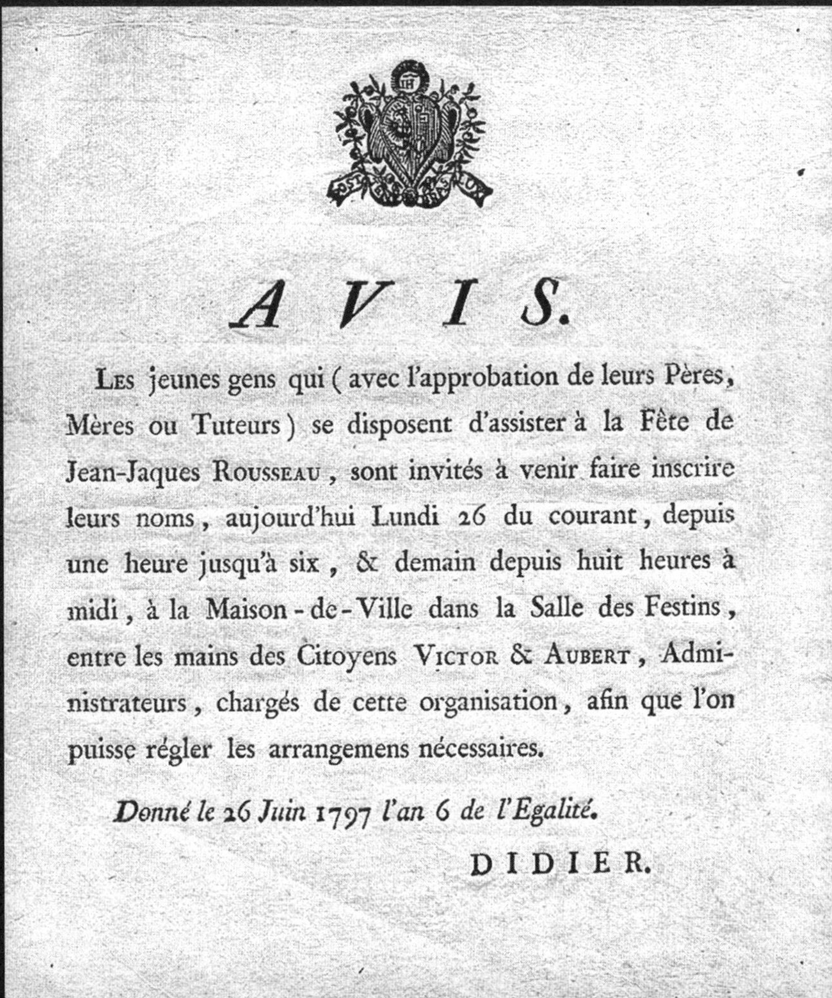

AVIS.

Les jeunes gens qui (avec l'approbation de leurs Pères, Mères ou Tuteurs) se disposent d'assister à la Fête de Jean-Jaques Rousseau, sont invités à venir faire inscrire leurs noms, aujourd'hui Lundi 26 du courant, depuis une heure jusqu'à six, & demain depuis huit heures à midi, à la Maison-de-Ville dans la Salle des Festins, entre les mains des Citoyens Victor & Aubert, Administrateurs, chargés de cette organisation, afin que l'on puisse régler les arrangemens nécessaires.

Donné le 26 Juin 1797 l'an 6 de l'Egalité.

DIDIER.

« Avis du 26 juin 1797. Le Conseil administratif invite les jeunes gens à participer à la fête de Rousseau ». Sur l'affiche, on note une curieuse coquille : « l'an 6 de l'égalité ». Or le 26 juin 1797, qui tombe bien un lundi, correspond au 8 messidor an V.

Que sont les grands hommes devenus ? Je veux parler des grands hommes des Lumières, j'entends par là les « frères ennemis », ici associés *post mortem* : Jean-Jacques Rousseau et Denis Diderot. L'un est au Panthéon, l'autre pas. 97 est l'occasion d'interroger ce qui reste des Philosophes, qui n'ont pas connu la Révolution, ne l'ont pas souhaitée, mais l'ont rendue possible. Occasion aussi d'interroger un nouveau rapport à la mort et à la postérité. Leurs morts parallèles, leurs morts illustres, permettent de mesurer leur empreinte.

En 1797 est organisée à Genève une grande « Fête de Jean-Jacques Rousseau ». Si le mythe Rousseau grandit avec sa mort en 1778, Diderot, mort en 1784, n'accédera jamais à une telle aura. En 1796 paraissent deux de ses romans majeurs, *Jacques le Fataliste* et *La Religieuse* : jusqu'alors peu publiée ou dispersée, l'œuvre du Philosophe surtout connu alors comme maître d'œuvre de l'*Encyclopédie* commence à exister aux yeux de la postérité.

L'ouvrage d'Olivier de Corancez, *De Jean-Jacques Rousseau*, ouvrage hagiographique consacré au grand homme qu'il fréquenta dans les dernières années de sa vie, est publié en 1797 ou 1798 : an VI toujours, ambiguïté des années traduites en calendrier chrétien. Corancez, qui fut son voisin rue Plâtrière, se targue de connaître Jean-Jacques mieux que quiconque ; il lui proposa même sa maison de Sceaux. Mais c'est chez le marquis de Girardin à Ermenonville que, on le sait, Rousseau achève son existence. Dans ce livre, série d'articles en fait parus dans le *Journal de Paris*, le journaliste revient sur les circonstances de la mort de Rousseau : « Rousseau est mort le 2 juillet 1778, âgé de 66 ans. Le procès-verbal, qui constate son genre de mort, est du 3[1]. » Le propos de Corancez est

1 Olivier de Corancez, *De Jean-Jacques Rousseau*, Extraits du *Journal de Paris*, Extraits des Numéros 251, 256, 258, 259, 260, 261, de l'an VI, Paris, 1798, p. 58.

de contester ce procès-verbal qui conclut à une « apoplexie séreuse » comme cause du décès, et de formuler l'hypothèse, « rocambolesque[2] » après analyse, d'un suicide. Par le récit circonstancié de la mort du grand homme et l'hypothèse d'une mort non naturelle, Corancez contribue au mythe Jean-Jacques. La mort de Diderot ne donnera pas lieu à une telle enquête « policière », mais Mme Vandeul, sa fille, adoptera aussi la perspective hagiographique dans son récit.

C'est du point de vue de leur mort que nous considérerons donc ces grands hommes, du moment de leur mort et des récits qu'ils ont suscités[3]. 1797 nous invite à écouter les résonances. La mort des « grands hommes » n'est pas un point dans le temps. C'est un moment qui se prolonge en discours, « bulles de l'histoire » encore, parvenues jusqu'à nous.

D'un point de vue littéraire, le récit de mort peut être considéré comme un genre à part entière ; or ce genre prend une forme particulière au siècle des Lumières. Nourris des lettres antiques et humanistes, les Philosophes racontent volontiers la vie et la mort des hommes illustres pour les ériger en modèles, soucieux de perpétuer un *ars moriendi* hérité de l'Antiquité ; comme Robert Favre l'avait montré dans *La Mort au siècle des Lumières*, les Philosophes prennent leur distance avec le modèle chrétien auquel Bossuet donna au Grand Siècle une forme accomplie[4]. Mais l'exemple des « frères enne-

---

2 Voir R. A. Leigh, « La mort de J.-J. Rousseau : images d'Épinal et roman policier », *Revue d'Histoire littéraire de la France*, mars-juin 1979, p. 187-198.

3 Une première version de cet article a paru en 2016. Anouchka Vasak, « Les récits de mort et la question de la transmission : Rousseau et Diderot, étude comparée », Actes du colloque « Rousseau et Diderot : traduire, interpréter, connaître », Varsovie, 2-3 décembre 2013, *in* Izabella Zatorska (dir.), *Rousseau et Diderot, traduire, interpréter, connaître*, Varsovie, Presses universitaires de Varsovie, 2016.

4 Robert Favre, *La Mort au siècle des Lumières*, Lyon, Presses universitaires de Lyon, 1978.

mis » Rousseau et Diderot fait également une place, peut-être inédite, à la mort domestique (chez soi, entouré des siens). En dépit du traitement différent qu'ils accordent à ces deux types de morts, l'illustre et la domestique, que l'on peut lire dans leurs œuvres, l'un et l'autre concourent à cet « infléchissement anthropologique » que Thierry Belleguic[5] a, avec d'autres, identifié dans le rapport à la mort et, partant, à son récit, au XVIIIe siècle. Cet infléchissement doit beaucoup, rappelle-t-il, à Buffon, en particulier à la section « De la vieillesse et de la mort » dans l'*Histoire naturelle de l'homme* : l'homme meurt comme les autres animaux, la mort est une des modalités de la vie qui « n'est point une trame continue », et entre l'une et l'autre « il n'y a souvent qu'une nuance si faible qu'on ne peut l'apercevoir[6] ». Vaste entreprise de désacralisation de la mort à laquelle, tout illustre qu'il puisse être, voire, comme Rousseau, pétri du sentiment de n'être fait « comme aucun de ceux qu'[il a] vus[7] », l'homme des Lumières ne saurait échapper, puisque aussi bien il y travaille lui-même.

Raconter la mort, c'est aussi, souvent, anticiper sur la sienne, surtout l'âge venant. Suivant la voie ouverte par Pierre Bayard dans *Demain est écrit*[8], et, avant lui, par Michel Schneider dans ses *Morts imaginaires*[9], on pourrait même considérer certains récits de mort comme pré-visions conscientes ou non

---

5 Thierry Belleguic, « Évoquer les ombres : dialogues anthumes d'un philosophe ou portrait de Diderot en voyageur sentimental », *Diderot studies,* n° 31, 2009, p. 267-314.

6 Buffon, *De l'homme*, présentation par Michèle Duchet, Paris, L'Harmattan, 2006 [Maspéro, 1971], p. 171 et 159.

7 Jean-Jacques Rousseau, *Les Confessions*, Paris, Gallimard, coll. « Bibliothèque de la Pléiade », 1959, p. 6.

8 Pierre Bayard, *Demain est écrit*, Paris, Minuit, 2005.

9 Michel Schneider, *Morts imaginaires*, Paris, Grasset et Fasquelle, 2003, rééd. Gallimard, coll. « Folio », 2004. Je remercie Élise Pavy de m'avoir signalé cet ouvrage important. « Il faut donc, écrit Michel Schneider, lire les livres que ces écrivains ont écrits : c'est là que leur mort est racontée. » (*Morts imaginaires*, *op. cit.*, p. 20.)

par l'auteur de sa propre mort. En cette matière, fiction et autobiographie ont partie liée. Plus : le récit de la mort réelle de l'auteur peut être traité comme tout autre récit de mort, tant il est vrai que la mort est toujours prise dans un récit qui a pour effet optique de donner sens à la vie qui s'est achevée.

> Un homme qui est mort à trente-cinq ans [...] apparaît dans la remémoration, à chaque point de sa vie, comme un homme qui devait mourir à trente-cinq ans. Autrement dit : cette formule, qui n'a pas de sens sur le plan de la vie réelle, devient irréfutable dans l'ordre du souvenir. On ne saurait mieux définir ce qu'est, en son essence, le personnage de roman. Cette phrase signifie que seule sa mort révèle le « sens » de sa vie[10].

Comment à travers les récits de mort, tous genres confondus, les œuvres de Rousseau et Diderot se distinguent-elles et nous parviennent-elles ? Que nous révèlent ces récits du rapport, fascinant pour le lecteur, de l'auteur au grand passage, à l'après, à la postérité ? Que reste-t-il de ces grands hommes et de leur hagiographie en 1797 ? Plutôt que de partir de l'œuvre, des récits de mort dans les œuvres respectives de Rousseau et Diderot, je me risquerai ici à la démarche inverse : je partirai du récit – ou des récits – de leur mort réelle pour voir ce qu'il révèle de leur œuvre. Le récit de mort sera considéré comme une ombre portée, après coup, sur l'œuvre, en tant qu'indissociable de la vie.

---

10 Walter Benjamin, « Le conteur », *Œuvres III*, Paris, Gallimard, coll. « Folio essais », 2000, p. 139.

Rousseau, Diderot : récit de leur mort, autopsie, autopsie du récit

Rousseau est mort le 2 juillet 1778, Diderot le 31 juillet 1784. Suivant notre logique du rebours, on commencera par le récit de la mort du Philosophe. Le récit, fait par sa fille Mme Vandeul, semble simple, tout d'une pièce, bien connu par ailleurs :

> Il se leva le samedi 30 juillet 1784 ; il causa toute la matinée avec son gendre et son médecin ; il se fit raccommoder son vésicatoire dont il souffrait ; il se mit à table, mangea une soupe, du mouton bouilli et de la chicorée ; il prit un abricot ; ma mère voulut l'empêcher de manger ce fruit : « Mais que diantre de mal veux-tu que cela me fasse ? » Il le mangea, appuya son coude sur la table pour manger quelques cerises en compote, toussa légèrement. Ma mère lui fit une question ; comme il gardait le silence, elle leva la tête, le regarda, il n'était plus[11].

Nous voici bien hors de l'œuvre – mais après tout Diderot ne disait-il pas de lui, étrangement, « Je suis un hors d'œuvre[12] » ? – et ce texte doit être pris d'abord comme un témoignage, ou plutôt un document, y compris d'un point de vue d'histoire

11 Madame Vandeul, *Diderot mon père*, Belval, Circé, 1982, p. 51. Publié pour la première fois sous le titre de *Mémoires pour servir à l'histoire de la vie et des ouvrages de M. Diderot* (4 livraisons de la *Correspondance littéraire* : mars, mai, juillet, septembre 1787). Remarquons que Madame Vandeul se trompe de jour : Diderot est mort le samedi 31 juillet 1784.

12 Thierry Belleguic a montré que cette étrange formule pouvait signifier une tension propre à Diderot, entre la dissolution de la pensée dans la matière fluente, et la nécessité maintenue d'une « inscription du sujet dans le temps et dans la mémoire ». (Art. cité, p. 285.)

sociale : rôle des femmes, de l'épouse en particulier qui nourrit et veille en garde-malade, présence des membres de la famille et du médecin, mais aussi document sur les usages alimentaires dans un milieu et une saison donnés (c'est le temps des cerises…). Ce récit, qui avait notamment pour fonction de continuer à fournir la *Correspondance littéraire*, fait tableau domestique. À table avec Diderot, comme Eckermann dira plus tard, ouvrant maints récits de ses conversations avec Goethe : « *Zu Tisch mit Goethe.* »

Qu'en est-il de la mort de Rousseau, antérieure mais qui eut lieu à la même époque de l'année, à Ermenonville, chez le marquis de Girardin ? L'affaire est plus compliquée. Le catalogue d'une des expositions du tricentenaire à Genève (ouvrage dont le titre reprend une phrase des *Dialogues*), *Vivant ou mort, il les inquiètera toujours : Amis et ennemis de Rousseau (XVIIIe-XXIe siècle*[13]*)*, donne des extraits des nombreux récits de la mort de Jean-Jacques. J'en retiendrai un pour le moment : celui du médecin et censeur royal, Le Bègue de Presle, récit que l'on trouve dans la *Correspondance* de Rousseau :

> Le jeudi 2 juillet il se leva de bonne heure, se promena suivant son usage jusqu'à l'heure de son déjeuner, qu'il fit selon sa coutume avec du café au lait préparé par sa femme, et dont elle prit une tasse, ainsi que sa servante. Aussitôt après le déjeuner il demanda à sa femme de l'aider à s'habiller ; parce que la veille il avait promis d'aller au château dans la matinée.

13 Gauthier Ambrus et Alain Grosrichard, *Vivant ou mort, il les inquiètera toujours : Amis et ennemis de Rousseau (XVIIIe-XXIe siècle)*, chapitre IV « Mort et résurrection », catalogue de l'exposition de Genève, Fondation Bodmer, 2012.

> Il se préparait à sortir dans un état de malaise, de faiblesse et de souffrance générale. Il se plaignit successivement de picotement très incommode à la plante des pieds ; d'une sensation de froid le long de l'épine du dos, comme s'il y coulait un fluide de glace ; et de quelques douleurs de poitrine ; et surtout pendant la dernière heure de sa vie, de douleurs à la tête d'une violence extrême, qui se faisaient sentir par accès ; il les exprimait en portant les deux mains à la tête, et disant qu'il semblait qu'on lui déchirait le crâne. Ce fut dans un de ces accès que sa vie se termina ; et il tomba de son siège par terre. On le releva à l'instant, mais il était mort ; car les chirurgiens qu'on n'avait pas pu avoir plus tôt, employèrent sans succès la saignée, l'alkali volatil, les vésicatoires, *etc.*[14].

La mort de Rousseau fait en réalité l'objet d'une interminable réécriture, dont on a les pièces dans la *Correspondance.* Sans qu'on puisse toujours identifier l'auteur du récit, la scène de la mort est enrichie d'*ultima verba* imaginaires qui nourrissent le mythe rousseauiste. Ainsi, le récit daté du 13 juillet envoyé au marquis de Girardin, mais qui selon l'éditeur porterait la trace de corrections du marquis lui-même. Rousseau, ayant demandé qu'on ouvrît la fenêtre, aurait prononcé ces paroles exaltées : « Qu'il est heureux de mourir quand on n'a rien à se reprocher. [...] Voyez-vous cette lumière immense : voilà Dieu, oui, Dieu lui-même qui m'ouvre son sein[15]... » Comme l'observe Michel Schneider, « souvent, les derniers mots

14 *Correspondance complète de Jean-Jacques Rousseau*, édition critique établie et annotée par R.A. Leigh, vol. XL, janvier 1775-juillet 1778, Voltaire Foundation, 1978, p. 330.

15 *Ibid.*, vol. XLI, p. 40.

rapportés concernent la lumière et la vue[16] ». Vingt ans plus tard, Thérèse avouera : « Il est mort en me tenant les mains serrées dans les siennes sans prononcer une seule parole[17]. »

On peut établir un parallèle entre les deux récits de mort : la présence de l'épouse, une mort domestique, la nourriture. L'autopsie pratiquée dans l'un et l'autre cas, et à la demande des deux hommes de leur vivant, est un nouveau point commun. L'autopsie contribue paradoxalement à l'hagiographie ; « action de voir de ses propres yeux » qui permettrait de pénétrer le mystère du génie, elle aidera à l'établissement du diagnostic, mais mettra l'accent sur la santé exceptionnelle des deux hommes, à la cause de la mort près : « hydropisie[18] » dans le cas de Diderot, « apoplexie séreuse[19] » dans celui de Rousseau. Mais si le procès-verbal de l'autopsie de Rousseau est publié dans la *Correspondance* comme une pièce du dossier, celui de l'autopsie de Diderot est plus difficilement accessible

---

16 Schneider, *Morts imaginaires*, *op. cit.*, p. 125.

17 *Correspondance complète…*, *op. cit*, vol. XL, A 688, note de l'éditeur, p. 387.

18 « Mon père croyait qu'il était sage d'ouvrir ceux qui n'étaient plus ; il croyait cette opération utile aux vivants, il me l'avait plus d'une fois demandé ; il l'a donc été. La tête était aussi parfaite, aussi bien conservée que celle d'un homme de vingt ans. Un des poumons était plein d'eau ; son cœur les deux tiers plus gros que celui des autres personnes. Il avait la vésicule du fiel entièrement sèche, il n'y avait plus de matière bileuse ; mais elle contenait vingt et une pierres dont la moindre était grosse comme une noisette. Les détails existent par écrit, mais je n'ai pu me déterminer à lire cet horrible procès-verbal ». (Madame Vandeul, *Diderot mon père*, *op. cit.*, p. 51-52.)

19 « Le volume, la capacité, la consistance, la couleur de toutes les parties internes du bas-ventre étaient parfaitement saines, et n'avaient point la mauvaise odeur qu'elles exhalent d'ordinaire dans un temps aussi chaud, au bout de trente heures de mort. L'estomac ne contenait que le café au lait que M. Rousseau avait pris, suivant sa coutume, pour son déjeuner, vers sept heures, avec sa femme. Les portions des intestins qui avaient formé les hernies ne portaient aucun signe qu'il y eût ni inflammation ni étranglement.
[…] L'ouverture de la tête, et l'examen des parties renfermées dans le crâne, nous ont fait voir une quantité très considérable (plus de huit pouces) de sérosité épanchée entre la substance du cerveau et les membranes qui la recouvrent. » (« Rapport de M. Casterès, chirurgien à Senlis, de l'ouverture du corps de Jean-Jacques », *Correspondance complète…*, *op. cit.*, vol. XL, p. 322.)

(archives de la Haute-Marne) et Angélique Vandeul avoue ne pas avoir voulu le reproduire *in extenso*, dans tous ses détails : pièce d'un quasi-dossier judiciaire accessible à tous dans un cas, rétention d'information pour protéger la vie privée, dirait-on aujourd'hui, dans l'autre. Je ne m'arrêterai pas sur la cause de la mort : Diderot est mort, semble-t-il, de la même maladie que son père ; la mort de Rousseau a pu être considérée par les contemporains et encore tout récemment comme une lointaine conséquence, par formation d'un hématome sous-dural, de l'accident de Ménilmontant, le 24 octobre 1776[20] : restons prudents.

On le voit : le récit de mort s'inscrit dans un réseau de significations qui participe de la configuration vie-œuvre. Le récit de la mort des grands hommes travaille implicitement à construire leur mythe à partir de leur œuvre, autobiographique ou non. Dans le cas de Diderot, le récit de mort fait tableau : à mi-chemin entre les scènes de Greuze et de Chardin, il évoque aussi le genre sérieux, domestique et bourgeois dont Diderot a développé la théorie dans les *Entretiens sur le Fils naturel.* Le récit de la mort de Rousseau, où la promenade et le café au lait matinaux font signe, prolonge l'image du promeneur solitaire et du J.-J. des *Dialogues de Rousseau juge de Jean-Jacques* : « Ses goûts sont sains, délicats même mais non pas raffinés. Le bon vin, les bons mets lui plaisent fort, mais par préférence ceux qui sont simples, communs, sans apprêt[21]. »

Ces deux récits de mort servent donc d'apologie contre les détracteurs. Reprenant le topos de la mort du matérialiste, Barbey d'Aurevilly écrira dans son *Goethe et Diderot* (1880) que

20 Mihaela Vlaicu, « À la frontière d'un rêve », *in* Anouchka Vasak (dir.), *L'Accident de Ménilmontant*, Paris, Classiques Garnier, 2015, p. 219-234.

21 Jean-Jacques Rousseau, *Dialogues de Rousseau juge de Jean-Jacques*, Deuxième dialogue, *Œuvres complètes*, I, Paris, Gallimard, coll. « Bibliothèque de la Pléiade », 1959, p. 808.

Diderot « est mort comme un chien, de trop plein, après avoir dîné[22] ». L'insistance sur le motif de la nourriture par Angélique, loin du simple café au lait de Rousseau, donnait prise à cette interprétation. Manger, boire, penser, mourir, c'est même réalité organique, et Diderot le revendique. « Quant à la vie, écrivait-il à la princesse Dashkoff dix ans avant sa mort, je vous déclare que je quitterais la mienne aussi aisément que je verserais un verre de champagne, ne fût-ce que pour fermer la bouche à quiconque oserait contredire une telle assertion[23]. » On a pu montrer l'importance de la question de la digestion dans l'anthropologie matérialiste de Diderot[24].

Quant au récit de la mort de Rousseau, il s'est vu dans les premières semaines qui ont suivi sa mort réécrit (on a parlé de suicide, d'empoisonnement) et déformé, notamment par des diagnostics digestifs divers mais qui ne mettent pas en cause la sobriété du philosophe (« refroidissement causé par des fraises et de la crème que Rousseau avait mangées la veille[25] »). Il reste que la vie et l'œuvre de Rousseau ne cesseront jamais de faire l'objet des plus violentes critiques – parmi lesquelles celle de Diderot, dans son *Essai sur les règnes de Claude et de Néron*. Or il se trouve que, selon les termes de Jean-Marie Goulemot, l'entreprise primitive d'une *Vie de Sénèque*, à l'origine de l'*Essai*, est d'abord « la quête d'un modèle proposant un art de mourir[26] ». Qu'en est-il de cet *ars moriendi*, qu'en

22 Jules Barbey d'Aurevilly, *Goethe et Diderot* (1880), Paris, Alphonse Lemerre, 1913, p. 151.

23 Denis Diderot, *Correspondance*, cité par Jean-Marie Goulemot, « La vieillesse des philosophes : le cas Diderot », *Diderot studies*, n° 32, Québec, Université Laval, 2013, p. 176.

24 François Pépin, « L'homme-laboratoire ? La chimie et l'anthropologie matérialiste de Diderot », Colloque « L'anthropologie matérialiste de Diderot et les sciences », Museum national d'histoire naturelle, Paris, 15 et 16 octobre 2013.

25 Noël Lemire au rédacteur du *Courrier de l'Europe*, 4 juillet 1778, *Correspondance* XLI, p. 3.

26 Goulemot, art. cité, p. 176.

est-il du rapport à la mort des deux « frères ennemis » ? Que nous en disent les récits de mort présents dans leurs œuvres, quel rapport ces récits entretiennent-ils avec le récit de leur mort réelle ?

Ars moriendi, de morte beata

La mort des hommes illustres hante Diderot. Elle a valeur apologétique et morale, donc esthétique. C'est le cas de la mort de Socrate, dont Diderot écrit l'esquisse dans le discours *De la poésie dramatique* de 1758 : ce morceau s'inscrit dans la poétique du drame, non pas bourgeois, mais philosophique, dans lequel on « présenterait la morale directement et avec succès[27] ». Yves Citton a montré que la mort de Socrate avait servi « de référence constante à l'imaginaire autorial des Philosophes[28] ». Mais en 1758, c'est plutôt à Rousseau qu'est assimilée, dit Yves Citton, « l'abnégation socratique ». Autre mort illustre à laquelle se réfère Diderot, celle de Sénèque. Inspirée du récit de Tacite, la mort de Sénèque dans l'*Essai sur les règnes de Claude et de Néron* est écrite en opposition avec celle de Néron : la mort du stoïcien sert de modèle, comme sa vie, comme son œuvre. Le lecteur de Sénèque qu'est devenu Diderot est entré en sympathie, au sens fort, avec le précepteur de Néron. Ni « bilan politique de l'action du philosophe », ni « dialogue avec Rousseau » comme Goulemot y insiste, l'*Essai sur la vie de Sénèque* (1778), réédité en 1782 sous le titre *Essai sur les règnes de Claude et de Néron*, fait en

27 Denis Diderot, *De la poésie dramatique*, *Œuvres*, t. IV : « Esthétique, théâtre », Paris, Robert Laffont, coll. « Bouquins », 1996, p. 1284.

28 Yves Citton, « Retour sur la misérable querelle Rousseau-Diderot : position, conséquence, spectacle et sphère publique », *Recherches sur Diderot et l'Encyclopédie* (*RDE*), n° 36, 2004, p. 67, http://rde.revues.org/283, consulté le 2 juillet 2014.

tout cas résonner, dans cette deuxième version écrite dans la hantise de la publication des *Confessions*, une violente diatribe contre l'ancien ami[29]. Elle révèle un rapport très singulier du matérialiste à la postérité.

Mais l'*ars moriendi* est plutôt à chercher, chez Diderot, du côté de la mort domestique. La mort du père est un motif insistant dans son œuvre, il apparaît par exemple en 1757 dans *Le Fils naturel* (prologue et épilogue), ou dans le *Salon* de 1765 avec l'esquisse du *Fils puni* de Greuze : tableau-récit, récit-tableau. On a dit ce que le « goût de Diderot » pour cette œuvre devait à sa propre histoire : fils puni lui aussi, il n'assistera pas à la mort de son père, dont il s'est affranchi avec fracas après la rencontre avec Anne-Toinette Champion. Plusieurs belles études ont récemment mis l'accent sur les relations entre le père et le fils, et sur les trois voyages de Diderot à Langres, dont le dernier, après la mort du père, survenue le 3 juin 1759. Celle-ci fait bien sûr l'objet d'un récit, tableau aussi bien, dont l'auteur est « Sœurette », Denise, la petite sœur chérie : elle mourra en 1797. Mais c'est par Diderot le fils que le récit nous est parvenu, dans une lettre à Grimm. Les références à la piété du père et à la sociabilité de province constituent une différence évidente avec le récit de la mort du fils, Denis Diderot. Pourtant, les deux récits de mort, celui du père et celui du fils, présentent une certaine « parenté », à partir d'une série similaire : mort du père, récit de la fille. Faut-il voir dans le récit de la mort du père une de ces « figures avant » qui selon Pierre Bayard préfigurent ce qui va advenir dans la vie de l'auteur, ou un essai d'*autothanatographie*, selon l'expression forgée par Michel Schneider[30] ?

29 Goulemot, art. cité, p. 176.
30 Respectivement : Bayard, *Demain est écrit*, *op. cit.*, p. 135 et Schneider, *op. cit.*, p. 20 (*autothanatographie* : « écriture de soi comme mort »).

Aucune transcendance chez Diderot en tout cas : rien n'est écrit là-haut, tout est écrit ici. Ici, là où Diderot raconte la mort de son père, à Grimm :

> Il causait avec douceur et tranquillité, lorsque sa vue se couvrit. Il leur dit en se penchant sur le dos de sa chaise : « Je sens un petit éblouissement, mais ne vous inquiétez pas, ce ne sera rien. » Il revint et se remit à la conversation. Il n'était point changé. Il n'avait aucune inquiétude, ni lui ni ceux qui l'environnaient, lorsqu'il leur dit : « Voilà un petit éblouissement qui me prend. » Il se pencha comme la première fois sur le dos de sa chaise. Il avait les yeux fermés ; les pieds et les mains chauds, contre son ordinaire. Il ne se passait rien à l'extérieur qui annonçât qu'il finissait. Cependant il n'était plus. Il passa dans ce second éblouissement qui ne dura pas plus que le premier. Sa fille qui le tenait par la main, le tira et l'appela plusieurs fois : « Mon père, mon père » ! Mon père n'était plus.
> Imaginez ce qu'elle devint, ce que devint mon frère. Il fallut les arracher de dessus son corps. C'est ainsi qu'on m'a écrit l'événement ; car vous savez bien que je n'y étais pas[31].

Omniprésence du père chez Diderot, qui se verra lui-même transformé par la paternité. Difficile ici de suivre Goulemot lorsqu'il parle de l'amour « excessif[32] » que Diderot porte à Angélique. Difficile aussi de croire que la mère, à laquelle

---

31 Denis Diderot, lettre à Grimm, 25 juin 1759, *Correspondance*, II (décembre 1 757 - novembre 1759), recueillie, établie et annotée par Georges Roth, Paris, Éditions de Minuit, 1956.

32 Goulemot, art. cité, p. 170.

une ligne est consacrée dans le *Voyage à Bourbonne*, compta peu pour lui. Point de récit de la mort de la mère, mais un bouleversant aveu :

> Je ne sais ce que j'ai. Je ne sais ce que j'éprouve. Je voudrais pleurer. Ô mes parents, c'est sans doute un tendre souvenir de vous qui me touche ! Ô toi, qui réchauffais mes pieds froids dans tes mains ! Ô ma mère… Que je suis triste ! Que je suis heureux[33] !

Chez Rousseau, la mort des parents est réduite à un microrécit saisissant qui vise à sceller un destin malheureux, dans les premières pages des *Confessions*[34]. La figure féminine a cependant dans l'œuvre de Rousseau, à l'aune du récit de mort, plus d'importance que chez Diderot. J'en retiendrai deux images. Sur le versant autobiographique d'abord, celle de Mme de Vercellis dont le jeune Jean-Jacques fut quelques mois le secrétaire : la mort de Mme de Vercellis introduit l'épisode du ruban volé : « Nous la perdîmes enfin. Je la vis expirer. Sa vie était celle d'une femme d'esprit et de sens ; sa mort fut celle d'un sage[35]. » Après l'épitaphe à l'antique qu'évoque cette phrase, et le récit comique et touchant de l'agonie qui suivra, le récit de la mort de Mme de Vercellis donne forme à une configuration qui a une importance considérable dans la vie de Rousseau : la mort d'un individu sans descendance, mort à laquelle pourrait succéder un pillage

33 Denis Diderot, *Voyage à Bourbonne-les-Bains en Champagne*, dans *Voyage à Bourbonne et à Langres*, édition présentée par Anne-Marie Chouillet et Odile Richard-Pauchet, Langres, Éditions Dominique Guéniot, juin 2013, p. 23.

34 « [J]e naquis infirme et malade ; je coûtai la vie à ma mère, et ma naissance fut le premier de mes malheurs. » « Quarante ans après l'avoir perdue, il est mort dans les bras d'une seconde femme, mais le nom de la première à la bouche, et son image au fond du cœur. » *Les Confessions*, livre premier, *Œuvres complètes*, I, *op. cit.*, p. 7.

35 *Confessions*, livre second, *op. cit.*, p. 83.

général. Elle est énoncée dans une des plus belles phrases de Rousseau, par sa subtilité tout en double négation, prélude au vol du ruban : « Il est bien difficile que la dissolution d'un ménage n'entraîne un peu de confusion dans la maison, et qu'il ne s'égare bien des choses[36]. »

Loin de ce risque de dissolution et de confusion, la mort de Julie, sur le versant romanesque, est un art de mourir selon Jean-Jacques. Julie s'appartient, Julie construit sa mort dans une mise en scène édifiante, Julie est unique : « Elle n'a point vécu comme une autre : personne, que je sache, n'est mort comme elle[37]. »

Outre cet *ars moriendi* incarné par une figure féminine, on trouve chez Rousseau au moins deux expériences de la mort, expériences solidaires et immédiatement successives. L'une est celle de l'accident de Ménilmontant, du jeudi 24 octobre 1776, que Rousseau raconte dans la Deuxième promenade des *Rêveries* : expérience, à vrai dire, d'une renaissance. On y lirait un petit traité en action qui pourrait s'appeler *De morte beata*, si ici la vie exempte de toute souffrance et gravité ne l'emportait sur la mort :

> Je naissais dans cet instant à la vie, et il me semblait que je remplissais de ma légère existence tous les objets que j'apercevais. Tout entier au moment présent je ne me souvenais de rien ; je n'avais nulle notion distincte de mon individu, pas la moindre idée de ce qui venait de m'arriver ; je ne savais ni qui j'étais ni où j'étais ; je ne sentais ni mal, ni crainte, ni inquiétude[38].

---

36 *Ibid.*, p. 84.

37 Jean-Jacques Rousseau, *La Nouvelle Héloïse*, *Œuvres complètes*, II, Paris, Gallimard, coll. « Bibliothèque de la Pléiade », 1964, p. 704.

38 Jean-Jacques Rousseau, *Les Rêveries du promeneur solitaire, Œuvres complètes*, I, *op. cit.*, p. 1005.

L'autre expérience de la mort, ou plutôt, comme Alain Grosrichard l'a montré, de la position du mort, suit de près l'accident de Ménilmontant : c'est l'annonce parue dans *Le Courrier d'Avignon*. Rousseau raconte dans la Deuxième promenade comment sa mort y est annoncée dans la page « variétés », et comment une souscription est lancée pour la publication de ses œuvres. Est-ce cela, « l'événement aussi triste qu'imprévu[39] » qui déclenche l'écriture des *Rêveries* ? Voici Rousseau « sur terre comme dans une planète étrangère[40] ». Mortel encore, cependant. Pas mort.

Mais l'accident de Ménilmontant lui-même est, comme *Near Death Experience*[41] (NDE), retour à l'origine, celle d'avant le langage. De la perte de langage que sera la vraie mort, le sujet peut aussi faire l'expérience avant coup. Expérience heureuse chez Rousseau, dont les moments de bonheur sont ceux d'une immersion béate dans la musique et le spectacle du monde ; c'est le J.-J. du Deuxième dialogue :

> Il n'aperçoit rien sinon quelque mouvement à son oreille ou devant ses yeux, mais c'en est assez pour lui. Non seulement une parade de foire, une revue, un exercice, une procession l'amusent ; mais la grue, le cabestan, le mouton, le jeu d'une machine quelconque, un bateau qui passe, un moulin qui tourne, un bouvier qui laboure, des joueurs de boule ou de battoir, la rivière qui court, l'oiseau qui vole attachent ses regards[42].

39 *Ibid.*, « Première promenade », p. 997.

40 *Ibid.*, p. 999.

41 Voir l'étude de Jean Baechler, « Le bonheur de Jean-Jacques », in *L'Accident de Ménilmontant*, *op. cit.*, p. 235-248.

42 Jean-Jacques Rousseau, « Deuxième dialogue », *Dialogues de Rousseau juge de Jean-Jacques*, *op. cit.*, p. 816-817.

Bateau qui passe, bouvier qui laboure, joueurs de boule ou de battoir… Retour à ce que Diderot appelle la balbutie. Mais pour Diderot, la balbutie est prémisse de la mort : « Je balbutiais dans l'enfance. Je crois raisonner à présent. Mais tout en raisonnant, le temps passe et je m'en retourne à la balbutie. Telle est ma condition et celle de tous[43]. »

Rousseau mourra sans prononcer une parole. Et quoi qu'il arrive, les *ultima verba*, l'*ars moriendi* ne font pas le poids face au néant. Mais qu'en est-il de la postérité ? Comment est-elle négociée par la vie-œuvre ? Que nous révèle le récit de mort, dans l'œuvre et hors d'elle (mort réelle), de sa transmission ?

Avantage Diderot ?

Tout dit dans l'œuvre de Diderot le désir d'une passation symbolique du père au fils, du père à la fille. Le récit de la mort réelle de Diderot l'atteste : c'est Angélique Vandeul qui en est la gardienne, la rapporte, et la donne à la *Correspondance littéraire* en lieu et place d'un écrit de son père. *Le Fils naturel* témoignait déjà de ce désir de transmission :

> Il ne s'agit point ici d'élever des tréteaux, mais de conserver la mémoire d'un événement qui nous touche, et de le rendre comme il s'est passé… Nous le renouvellerions nous-mêmes, tous les ans, dans cette maison, dans ce salon. Les choses que nous avons dites, nous

43 Cité par T. Belleguic (*Œuvres complètes de Diderot*, vol. X, édition de H. Dieckmann, J. Proust, J. Varloot, Paris, Éditions Hermann, 1980, p. 423), « Évoquer les ombres : dialogues anthumes d'un philosophe », art. cité, p. 287.

> les redirions. Tes enfants en feraient autant, et les leurs, et leurs descendants. Et je me survivrais à moi-même, et j'irais converser ainsi, d'âge en âge, avec tous mes neveux[44]...

Pierre Chartier a montré dans un article admirable comment Diderot tourne autour de la figure du père, comment *Le Fils naturel*, *Le Père de famille*, l'esquisse des *Pères malheureux* revêtent une dimension autobiographique et fantasmatique tout à la fois. L'*Entretien d'un père avec ses enfants* (1771) le révèle clairement en réunissant « les conditions d'une réconciliation littéraire avec l'image paternelle » en vue d'une « passation symbolique de pouvoirs[45] ». « Le Philosophe, écrit encore Chartier, s'est vécu et mis en scène comme fils naturel dressé contre tout ce que représente, en son temps, le père de famille, qu'il a pourtant souhaité devenir à son tour dans sa vie privée et publique[46]. » De ce désir de prendre la place du père, d'en revêtir les habits, tout en respectant et saluant sa mémoire, témoigne la lettre à Sophie Volland du 14 août 1759, de Langres où Diderot s'est rendu pour régler les affaires après la mort de son père :

> Imaginez que j'ai toujours été assis à table vis-à-vis d'un portrait de mon père, qui est mal peint, mais qu'on a fait tirer il y a seulement quelques années, et qui ressemble assez ; que nos journées ont été employées à lire des papiers écrits de sa main, et que les derniers moments se passent à remplir des malles de hardes qui ont été à son

44 *Le Fils naturel*, *op. cit.*, p. 1082.
45 Pierre Chartier, « L'épreuve du père », *in* Denis Diderot, *Voyage à Bourbonne et à Langres*, *op. cit.*, p. 139.
46 *Ibid.*, p. 144.

> usage et qui peuvent être au mien. Toutes ces relations qui lient les hommes entre eux d'une manière si douce ont pourtant des instants bien cruels[47].

Rousseau se tiendra quant à lui à distance de ces « relations qui lient les hommes entre eux ». Si son isolement des dernières années n'est pas aussi radical qu'il veut bien le dire, s'il avait trouvé à Ermenonville un nouveau petit élève en la personne d'un des fils du marquis de Girardin, sa relation à la paternité, on le sait, est éminemment problématique. Il mourra donc sans descendant, comme Mme de Vercellis, et sa quête éperdue pour remettre en de bonnes mains le manuscrit des *Dialogues* en dit assez long : l'Histoire du précédent écrit s'achève sur la certitude désabusée de ne trouver aucun dépositaire à son œuvre. Seul le Ciel, ou l'Être éternel invoqué dans le préambule des *Confessions*, rétablira la justice et la vérité d'une œuvre dont l'auteur se sent dépossédé et d'une vie qui ne lui appartient plus : « Que les hommes fassent désormais tout ce qu'ils voudront, après avoir fait moi ce que j'ai dû, ils auront beau tourmenter ma vie, ils ne m'empêcheront pas de mourir en paix[48]. »

Est-il mort en paix ? Ce que l'on peut dire, c'est que le récit de sa mort a subi le sort qu'il a tant redouté pour son œuvre : en passant de main en main, il fera l'objet de mille manipulations. Du simple fait peut-être qu'il fut père, mais aussi qu'il vécut six ans de plus que son frère ennemi, Diderot aurait donc eu

47 Lettre du 14 août 1759, *Correspondance*, II, *op. cit.*, p. 215. Voir aussi la lettre à Sophie du 1er novembre 1762 : « Je prends avec l'âge les infirmités de mon père, et je crois que les traits de ressemblance qui me manquaient me viennent aussi. Mon visage se ride aux mêmes endroits. Il se fait des creux, des reliefs, des signes tout particuliers où il les avait quand il est mort. » (*Correspondance* IV, p. 211. Cité par Belleguic, arti. cité, p. 296.)

48 J.-J. Rousseau, *Dialogues*, « Histoire du précédent écrit », *op. cit.*, p. 989.

l'avantage. « Que Jean-Jacques dédaigne tant qu'il lui plaira le jugement de la postérité, mais qu'il ne suppose pas son mépris dans les autres[49]. » Diderot écrit ces lignes au présent, alors que, au moment de la parution de l'*Essai sur les règnes de Claude et de Néron* dans la *Correspondance littéraire* (fin 1778), Rousseau est mort – l'été précédent. On lui fera grief de ses jugements sur Jean-Jacques, si peu de temps après sa mort. Le Philosophe n'en avait donc pas fini avec M. R. de G. (Monsieur Rousseau de Genève). Yves Citton analyse précisément le rapport de Diderot à la postérité, et montre en quoi il est apparemment très différent de celui de Rousseau : matérialiste, Diderot ne croit pas à une survie de l'individu après la mort, mais en une « présomption » (anticipation) de son immortalité purement humaine, à condition que celle-ci soit transmise par une « église invisible » et non par la « voix publique » toujours prompte à la calomnie. Il écrit à Falconet en septembre 1766 :

> Quand je parle de la voix publique, il ne s'agit pas de cette cohue mêlée de gens de toute espèce, qui va tumultueusement au parterre siffler un chef d'œuvre, élever la poussière au Salon, et chercher sur le livret si elle doit admirer ou blâmer. Je parle de ce petit troupeau, de cette église invisible qui écoute, qui regarde, qui médite, qui parle bas, et dont la voix prédomine à la longue et forme l'opinion générale. Je parle de ce jugement sain, tranquille et réfléchi d'une nation entière, jugement qui n'est jamais faux, jugement qui n'est jamais ignoré, jugement qui reste lorsque les petits intérêts particuliers se sont tus ; jugement qui assigne à toute production sa juste valeur, jugement sans équivoque et sans appel, lorsque la nation, d'accord

49 Denis Diderot, *Essai sur les règnes de Claude et de Néron*, in *Œuvres philosophiques*, Paris, Gallimard, Bibliothèque de la Pléiade, 2010, p. 724.

> avec les plus grands artistes sur le mérite reconnu et senti des productions anciennes, se montre compétente dans la sentence qu'elle porte des productions modernes[50].

Cette hantise même, car elle existe chez Diderot, rapproche le Philosophe du Rousseau des *Dialogues*, et précise leur relation même après la rupture, relation inconsciemment symétrique. Diderot expérimente ou du moins veut expérimenter aussi la position du mort ; c'est ainsi qu'on peut entendre la phrase de l'*Essai sur les règnes*, commentaire d'une lettre à Lucilius : « On ne pense, on ne parle avec force que du fond de son tombeau ; c'est là qu'il faut se placer, c'est de là qu'il faut s'adresser aux hommes[51]. » À la différence de Rousseau, Diderot entend toujours s'adresser aux hommes, même d'outre-tombe.

Mais put-il maîtriser sa postérité ? Bien sûr que non. Son œuvre, sa mort même telle qu'elle est racontée par Mme Vandeul ne cesseront à leur tour de susciter de haineuses critiques, comme l'a montré le livre de Raymond Trousson, *Images de Diderot en France, 1784-1913*[52]. L'œuvre du reste n'est pas une – « Diderot ou l'absence d'œuvre », a pu dire Georges Benrekassa –, il faudra des années pour la reconstituer à partir des copies éparses en Europe.

Rousseau est au Panthéon, il a fait l'objet d'un culte après sa mort, et même avant[53]. Pourtant la postérité, même au plus près de sa mort, continue d'avoir un rapport ambigu à

---

50 Diderot, lettre à Falconet, citée par Yves Citton, art. cité, p. 89.

51 Diderot, *Essai sur les règnes de Claude et de Néron*, *Œuvres philosophiques*, *op. cit.*, p. 864.

52 Raymond Trousson, *Images de Diderot en France, 1784-1913*, Paris, Champion, 1997.

53 Ewa Rzadkowska, « Les pèlerinages à Ermenonville et "une nouvelle crise de la conscience européenne" (en marge du culte de J.-J. Rousseau entre 1778 et 1830) », *Kwartalnik Historii Nauki i Techniki*, Rok XXIV-3, Varsovie, PWN, 1979, p. 571-579.

Jean-Jacques. En 1797, Wilhelm von Humboldt, alors à Paris, lit l'ouvrage de Dusaulx, traducteur, député et membre de l'Institut, *De mes rapports avec Jean-Jacques Rousseau et de notre correspondance* ; il est frappé par l'ambiguïté du personnage, tel qu'il est évoqué par son « ami ». L'anecdote qu'il rapporte pourrait valoir pour Rousseau et Diderot :

> Lorsque, longtemps après leur rupture, Rousseau et Dusaulx se rencontrèrent un jour sur les Champs-Élysées, leur premier mouvement fut de tomber dans les bras l'un de l'autre. Mais comme Rousseau se trouvait par hasard au bord d'un fossé, il trembla soudain et, désignant le fossé en question, il manifesta si clairement sa peur d'y être précipité par Dusaulx que ce dernier s'empressa de s'éloigner[54].

Diderot se serait-il éloigné ?

Un tel conflit « mémoriel » ne semble pas s'être déchaîné contre lui après sa mort. Du moins y a-t-il chez Diderot le matérialiste une adéquation sensible entre sa vie et son œuvre, son corps vivant et son corps mort, dont les restes ont disparu sous la Révolution. Est-ce suffisant ? Sa patrie reconnaissante doit peut-être quelque chose au grand homme. Ma lecture à la fois romantique et téléologique (la mort transforme la vie en destin) est sans doute peu diderotienne. Diderot n'a pas une vie, mais des vies[55], et ses molécules éparses n'ont pas besoin d'un tombeau pour agir en ferment. Mais si une des dernières paroles de Diderot, rapportées par sa fille, fut « Le premier pas vers la philosophie, c'est l'incrédulité », il aurait

54 Wilhelm von Humboldt, *Journal parisien (1797-1799)*, traduit de l'allemand par Élisabeth Beyer, préface d'Alberto Manguel, Solin, Actes Sud, 2001, p. 33.

55 C'est le titre de l'ouvrage de Pierre Chartier, *Vies de Diderot*, 3 volumes, Paris, Éditions Hermann, 2011, 2012, 2013.

peut-être, à condition de la prendre simplement comme un vœu, souscrit à la prière de Rilke : « Mon Dieu, donne à chacun sa propre mort, donne à chacun la mort née de sa propre vie. »

Demeure, en 1797, une place vide. C'est, à bonne distance des *Vies illustres* et de leurs morts illustres, la place des Philosophes. Les grands hommes des Lumières ont vécu. Place désormais à l'homme moyen, à l'homme *mitoyen*[56]. Non pas le citoyen, mais le « père de famille ». 1797 serait l'année de naissance des classes moyennes, et de l'idéologie « juste milieu » qui fleurira sous la monarchie de Juillet. C'est la *Décade philosophique* qui la première invente, dans son numéro du 7 août 1797, la « classe mitoyenne[57] ». En finir avec les hommes illustres.

---

56 Entre les hommes illustres et l'homme mitoyen, « 97 » voit aussi l'émergence de personnages comme Pierre-Antoine Antonelle, « aristocrate et révolutionnaire », inventeur du concept de démocratie représentative, acquitté à Vendôme dans le procès des Égaux. Voir la biographie de Pierre Serna, *Antonelle, aristocrate et révolutionnaire*, Paris, Actes Sud, 2017.

57 L. Bienvenue, *La Décade*, *Considérations sur la situation intérieure de la France*, 20 thermidor an V (7 août 1797). Cité par Pierre Serna, *La République des girouettes. 1789-1815, et au-delà : une anomalie politique, la France de l'extrême centre*, Seyssel, Champ Vallon, 2005, p. 436. Naissance de la classe mitoyenne, recherche du centre, invention de l'« extrême-centre » : dans ces événements de 1797, Pierre Serna voit les prémices de notre histoire toute contemporaine et les ambiguïtés idéologiques du « centrisme » inventé selon lui vers 1797. Voir aussi Pierre Serna, *L'Extrême-centre ou le poison français 1789-2019*, Seyssel, Champ Vallon, 2019.

Chapitre X
« Trois femmes »

... ce n'était qu'un regard qui s'était attardé à travers
les temps, brouillé, affaibli par son voyage,
mais que l'on sentait pourtant nettement posé sur soi
quand on les observait.

Robert Musil, *Trois Femmes*.

L'histoire des femmes dans la Révolution est, prise collectivement, celle d'une « révolte brisée », d'un retour à l'obscurité après Thermidor malgré le brillant trompeur des Merveilleuses[1], incarné d'abord par Joséphine Bonaparte et Mme Tallien[2].

Pour parler des femmes de 1797, on peut adopter le point de vue du collectif ; on peut aussi s'attacher à certaines figures. On peut choisir la fiction, et s'intéresser aux *Trois Femmes* d'Isabelle de Charrière, titre du roman qu'elle publie en 1796. Comme *L'Émigré* de Sénac de Meilhan (1797), il relève d'un genre caractéristique de la période, le « roman de l'émigration », et suit trois personnages de Françaises émigrées en Allemagne. Pourquoi le chiffre trois s'impose-t-il curieusement quand il s'agit des femmes[3], au point d'être devenu un quasi-cliché ? Il aurait l'avantage de prétendre à un début de pluriel, tout en maintenant la singularité en trois unités : trois échantillons « du » sexe. Un historien oublié, Léopold Lacour, publiera ainsi *Trois femmes de la Révolution : Olympe de Gouges, Théroigne de Méricourt, Rose Lacombe*[4].

À tort ou à raison, je poursuivrai cette approche par exemplification, conforme, après tout, à la démarche buissonnière qui préside à ce livre. Trois femmes, après un choix arbitraire et subjectif, seront l'objet de ce chapitre. Deux d'entre elles, Théroigne

---

1 Jean-Clément Martin, *La Révolte brisée. Femmes dans la Révolution et l'Empire*, Paris, Armand Colin, 2008.

2 Theresa Cabarrus, devenue Tallien puis compagne de Barras, un des Directeurs et instigateur du coup d'État du 18 fructidor – père d'une de ses filles née et morte en 1797 –, est l'une de ces figures féminines, mondaines et républicaines.

3 Voir aussi Élisabeth Crouzet-Pavan et Jean-Claude Maire Vigueur, *Décapitées. Trois femmes dans l'Italie de la Renaissance*, Paris, Albin Michel, 2018. Ou Cécile Berly, *Trois femmes : Madame du Deffand, Madame Roland, Madame Vigée Lebrun*, Paris, Passés Composés, 2020. Ou encore Marie NDiaye, *Trois femmes puissantes*, Paris, Gallimard, 2009. Et bien sûr, Robert Musil, *Trois femmes*, 1924.

4 Léopold Lacour, *Les Origines du féminisme contemporain. Trois femmes de la Révolution : Olympe de Gouges, Théroigne de Méricourt, Rose Lacombe*, Paris, Plon-Nourrit et Cie, 1900. La dernière s'appelle en réalité Claire Lacombe.

de Méricourt (1762-1817) – elle est, en 1797, internée depuis plusieurs années – et Mary Wollstonecraft (1759-1797), qui mourut peu de temps après avoir mis au monde la future Mary Shelley, sont à leur manière des « misérables » : c'est évident pour Théroigne, qui mourra dans des conditions lamentables à la Salpêtrière ; Mary Wollstonecraft, bien qu'endettée, n'est pas misérable socialement. Mais leur « destin » est à l'image de la condition des femmes et de cette « révolte brisée » : volé. La troisième femme sur laquelle je m'arrêterai n'est ni misérable ni ne fut jamais obscure : c'est Germaine de Staël, qui rédige, probablement en 1798, *Des circonstances actuelles qui peuvent terminer la Révolution et des principes qui doivent fonder la république en France*. Mais si elle a pu susciter l'admiration, comme la crainte et la haine (on la traita dans ces années-là de « femme furie »), son image est-elle moins trouble ? Michelet est le seul historien du XIXe siècle à accorder aux femmes un rôle essentiel dans la Révolution française ; mais on trouve dans son livre *Les Femmes de la Révolution*[5] un portrait assez significatif de « Madame de Staël » dans le chapitre VIII consacré aux « Salons ». Au-delà, *Des circonstances actuelles*, qui ne sera pas publié avant 1906, invite à réfléchir à une question essentielle de 97 : celle de la fin de la Révolution. Évoquer ces trois femmes permet aussi de tisser entre elles un lien, conformément à la méthode 1797. Car ce lien n'existe pas dans la réalité : Mary Wollstonecraft meurt à Londres. Les deux autres, l'une Liégeoise, l'autre Suisse, sont en France. L'une, Mme de Staël, provisoirement, jusqu'à ce que le coup d'État de brumaire finisse par la convaincre de regagner Coppet : entre décembre 1796 et mai 1797, elle est à l'abbaye d'Hérivaux, chez Benjamin Constant. L'autre, Théroigne de Méricourt, est alors internée à l'Hôtel-Dieu. Toutes deux meurent en 1817.

---

5 Jules Michelet, *Les Femmes de la Révolution* (1855), Paris, Calmann-Lévy, 1898.

1797, c'est lier ce qui est séparé ; c'est penser l'après-coup pour mieux réfléchir aux « circonstances actuelles ».

Mary Wollstonecraft. « *I remember at every moment all the accidents to which your condition subjects you*[6]. »

En 1797, Mary Wollstonecraft est à Londres. L'auteure de *A Vindication of the Rights of Woman* (1792) épouse le philosophe William Godwin le 29 mars à Saint-Pancras ; leur fille Mary, future Mary Shelley, naît le 30 août. Victime de la fièvre puerpérale, Mary Wollstonecraft-Godwin meurt le 10 septembre.

Le risque est de réduire Mary Wollstonecraft à l'anecdote, à la correspondance familière de l'année 1797[7]. Ce que je souhaite montrer au contraire ici, c'est le lien entre l'auteure de la *Défense des droits des femmes* et son écriture « privée », elle-même révélatrice des « accidents à laquelle [sa] condition l'assujettit », pour paraphraser la phrase de Godwin dans une lettre qu'il lui adresse en juin 1797.

À première vue, les lettres de Mary Wollstonecraft, du 1er janvier au 30 août 1797, n'ont pas d'autre prétention que la communication familière. Mary s'adresse à sa sœur Everina, à ses amies Mary Hays ou Amelia Alderson Opie – future auteure de romans salués par l'Europe romantique et épouse de John Opie qui fit le portrait de Mary Wollstonecraft en 1797 –, et, surtout, à William Godwin. Mais elle est écrivaine, « la première d'un nouveau genre[8] ». Elle a déjà publié les

6 « À chaque instant je me souviens de tous les accidents auxquels votre condition vous assujettit » (William Godwin à Mary Wollstonecraft).

7 Mary Wollstonecraft, *The Collected Letters*, edited by Janet Todd, Londres, Penguin Classics, 2004.

8 À Everina Wollstonecraft, 7 novembre 1787, *The Collected Letters, op. cit.* p. 139. Toutes les citations des lettres de Mary Wollstonecraft sont ma traduction.

Pensées sur l'éducation des filles (1787), *A Vindication of the Rights of Men* (1790), réponse aux *Réflexions sur la Révolution française* de Burke et défense des classes moyennes contre le code aristocratique, *A Vindication of the Rights of Woman*, mais aussi le roman *Mary : A Fiction* (1788) et un livre pour enfants, *Original Stories from Real Life* (1788). Elle a été gouvernante en Irlande, puis, après une liaison platonique avec le peintre Füssli, a vécu la « Révolution de France ». Elle a eu une fille, Fanny, née au Havre en 1792 de sa liaison avec l'aventurier et néanmoins diplomate Gilbert Imlay, qui les abandonnera. Elle a passé, seule avec sa fille, trois mois en Scandinavie. C'est l'auteure des *Lettres écrites en Suède, en Norvège et au Danemark* (1796) qui a séduit William Godwin. Lui, l'auteur de *Political justice* (1793), prônait l'abolition du mariage. Sa vie avec Mary Wollstonecraft sera une « union libre ». Les billets qu'ils s'envoient presque quotidiennement, parfois plusieurs fois par jour, sont la conséquence de cette liberté : les époux vivent séparés, dans deux maisons récemment bâties en demi-cercle du quartier Somers Town à Londres, dans un ensemble appelé le Polygone.

Godwin a en outre conservé son appartement du 25 Chalton Street. Voici donc une famille recomposée ; si Godwin est lui-même père de deux filles, s'il a élevé aussi les enfants de sa seconde femme avant de rencontrer Mary Wollstonecraft, il se conduit en père de la petite Fanny Imlay. Les lettres de 1797 reflètent un quotidien qui, pour le lecteur, ne manque pas de charme ni de poésie. Il y est question du temps qu'il fait, des habits qui y conviennent[9], des plats à partager, des rendez-vous pour une promenade ou le dîner. Mary est

9 « Je me sens mieux ce matin. Mais il neige tant que je ne sais pas si je pourrai honorer mon rendez-vous ce soir. Que vous dire ? Vous ne portez pas de ces jupons qui traînent dans la neige. Pauvres femmes, assaillies de fléaux, à l'intérieur comme à l'extérieur ! ». *The Collected Letters*, 12 janvier 1797, *op. cit.*, p. 390-391.

John Opie, portrait de Mary Wollstonecraft, 1797.

enceinte. Elle cache sa grossesse, et même son mariage. Mais elle parle en confiance du bébé à venir à Godwin, dont on perçoit l'inquiétude et la sollicitude.

> Je commence à aimer cette petite créature, et à anticiper sa naissance comme un nouveau tour donné à un nœud que je ne veux pas défaire[10].

A fresh twist to a knot : un nouveau tour donné à un nœud, que je ne veux pas défaire. Telle est la « petite créature » pour Mary. Elle parle souvent de sa fille aînée, Fanny : à Godwin lorsqu'il fera un voyage en « Étrurie » ; à une autre maman, pour organiser une partie de culbute dans les foins dans les champs tout proches :

> Polygone, mercredi matin. La petite Fanny serait heureuse d'avoir le râteau promis pour un jour ou deux, car elle souhaite faire les foins dans les champs en face de la maison. Si Henry veut bien l'apporter, elle serait ravie de faire des culbutes avec lui dans le foin[11].

Si elle évoque sa « condition », pour reprendre le mot de Godwin – qu'il s'agisse, comme c'est sans doute le cas, de son « état » de femme enceinte qu'elle appelle plutôt « situation », ou de sa condition de femme –, ce n'est pas sans humour (ici à Godwin) :

> Je ne me sens pas bien. La fièvre m'a tourmenté l'esprit ces deux dernières nuits. Vous ne prenez pas assez en considération la particularité de ma situation. Mais les femmes sont nées pour souffrir[12].

---

10 6 juin 1797, *ibid.*, p. 417.
11 À Maria Reveley, *ibid.*, p. 425.
12 À William Godwin, 1er janvier 1797, *ibid.*, p. 389.

Elle semble plaisanter. Mais il faut relire certains passages de la *Défense des droits des femmes*. Dans le chapitre II, « *Current views about sexual differences* », elle écrit notamment :

> On ne nous parle point du Choix d'un état pour les Femmes, abstraction faite du mariage. Quoique tous les moralistes ayent reconnu que le système de la vie semble démontrer que l'homme est préparé par diverses circonstances à prendre un état, ils veulent que la Femme ne s'occupe que du présent ; d'après ce principe, ils lui recommandent la docilité, la gentillesse, et je ne sais quelle affection caressante ; ils font de ces qualités les vertus cardinales du sexe ; et, sans égard pour la variété que la nature met dans les caractères, un écrivain a déclaré que le sérieux étoit une qualité masculine dans une Femme ; elle a été formée pour être le joujou de l'homme, et il faut qu'elle remplisse cette destination[13].

Si elle n'est pas hostile par principe au mariage, Mary Wollstonecraft déplore la « servitude conjugale » imposée à la femme par l'organisation sociale, sous prétexte du respect des « devoirs à l'égard des parents » :

> Le devoir qu'on exige d'elles, comme tous les devoirs imposés arbitrairement aux Femmes, tient moins à la raison, qu'au sentiment de la propriété, et au respect pour le décorum. C'est ainsi qu'en leur apprenant à se soumettre servilement à leurs parents, on les prépare à la servitude conjugale[14].

13 Mary Wollstonecraft, *Défense des droits des femmes*, Paris, chez Buisson, rue Haute-Feuille, n° 20, 1792, chapitre II, p. 65. https://fr.wikisource.org/wiki/D%C3%A9fense_des_droits_des_femmes (Nous reproduisons la graphie de cette traduction.)

14 Chapitre XI, « Devoirs à l'égard des parents », *ibid.*, p. 410.

Dans sa vie personnelle, Mary Wollstonecraft connaît l'opprobre attaché à l'état de mère célibataire. Le rapport problématique qu'elle entretient avec son nom « de famille » en est la traduction. Tant qu'elle passe pour mariée à Gilbert Imlay, elle est reçue dans la bonne société londonienne. Les portes se ferment lorsqu'on apprend qu'elle n'a jamais porté son nom. Son amie Mary Hays lui conseille de reprendre son nom dit « de jeune fille », et c'est sous ce nom, son nom propre, qu'elle publie notamment ses *Lettres de Suède*. Mais le nom Godwin s'impose à elle en 97. La lettre qu'elle adresse à Amelia le 11 avril 1797, dans laquelle elle explique pourquoi elle avait souhaité, dès avant son mariage avec Godwin, renoncer à se faire passer pour « Mary Imlay », nom qui la déshonorait, cette lettre est signée à la mode républicaine : « Mary Wollstonecraft, femme GODWIN[15]. » Mais la plupart du temps, ce sont à ses correspondants masculins qu'elle réserve cet usage nouveau. Ambiguïté donc, du rapport au nom, et souffrance de la femme à qui la société ne reconnaît pas le droit à une vie libre. Et si elle accueille l'enfant qu'elle porte « *as a fresh twist to a knot* », elle ne souhaite pas révéler sa grossesse. Son corps est pourtant présent dans ses lettres, une silhouette, pour nous du moins ce qu'elle appelle une « ombre portée ». Le 21 août, elle écrit à James Marshall, ami et voisin de Godwin, témoin du mariage à Saint-Pancras, et à l'évidence au courant d'une situation qu'elle ne peut plus guère cacher :

> Je me sens très bien, juste impatiente de reprendre mon activité, et de réduire la forme de l'ombre portée qui croise mon regard chaque fois que je me promène[16].

---

15 À Amelia Alderson, 11 avril 1797, *Collected Letters, op. cit.*, p. 409.
16 À James Marshall, 21 août 1797, *ibid.*, p. 435.

Les dernières lignes que Mary Wollstonecraft adresse à William Godwin, le jeudi 30 août, sont poignantes. Le corps est là, les deux corps, celui de la mère, celui de la fille :

> Je ne doute pas que je verrai l'animal aujourd'hui ; mais je dois attendre Mrs Blenkisop qui m'en dira plus sur l'heure – Je l'ai fait appeler.

Mrs Blenkinsop est la sage-femme qui doit accoucher Mary ; elle a signé du nom de Mary Holby le registre de présence. Un peu plus tard, la sage-femme confirme la délivrance pour la journée même, mais pas immédiate :

> Mrs Blenkensop me dit que tout suit son cours normalement, et que je ne dois pas craindre que l'événement ne soit reporté à un autre jour – Toutefois à l'heure actuelle je ne serai pas immédiatement libérée de ma charge – Je me sens très bien – Passez avant l'heure du dîner, à moins d'avoir reçu un autre message de ma part.

Le dernier billet, toujours non signé, confirme la nécessité, si symbolique de la situation, d'avoir « un peu de patience » :

> Mrs Blenkinsop me dit que mon état est des plus naturels, et me promet une délivrance sûre – Je dois juste être patiente[17].

Cette situation, les circonstances de l'accouchement et la mort dix jours plus tard de Mary Wollstonecraft sont à l'image de la « condition des femmes » en cette fin de XVIIIe siècle.

17 À William Godwin, 30 août 1797, *ibid.*, p. 436-437. Il n'y a pas de point à la fin de la dernière phrase de M. Wollstonecraft. L'orthographe aléatoire est de Mary Wollstonecraft.

Encore faut-il nuancer. La situation sociale de Mary Godwin lui permettait de recourir à un médecin. Les sages-femmes, dont le statut est dit inférieur à celui des médecins mâles, sont généralement réservées aux femmes les plus pauvres. Mais Mary Wollstonecraft a fait ce choix. Dans *A Vindication of the Rights of Woman*, elle écrit :

> [Les] Femmes peuvent certainement étudier l'art de guérir et être médecins aussi bien que garde-malades. L'art des accouchemens, par exemple, la décence sembloit le leur réserver ; je crains bien pourtant que le mot de *sage-femme* ne tarde pas à être remplacé dans tous les dictionnaires par celui d'*accoucheur*, et qu'une preuve de l'ancienne délicatesse de mon sexe ne s'efface bientôt du langage[18].

C'est peut-être au nom de « l'ancienne délicatesse de [s]on sexe » qu'elle tient à être assistée par une sage-femme. C'est, au-delà, en conformité avec son opinion selon laquelle les femmes peuvent, comme les hommes, acquérir « l'art de guérir » et accéder au statut de médecins.

L'enfant naît à 23 h 20, selon le registre. Mais la naissance n'est pas suivie par l'expulsion du placenta. La sage-femme demande alors à Godwin de faire venir le Dr Louis Poignand : il extrait le placenta, mais Mary souffre tant qu'elle perd connaissance à plusieurs reprises. Revenue à elle, elle réclame le Dr Fordyce, que Poignand n'apprécie pas. Celui-ci approuve néanmoins le traitement de son collègue et de la sage-femme. Le dimanche suivant, 2 septembre, l'état de Mary révèle une septicémie[19]. Elle meurt le 10 septembre de

18 M. Wollstonecraft, *Défense du droit des femmes, op. cit.*, p. 389.
19 *Collected Letters*, note 959 de Janet Todd, p. 437.

la fièvre puerpérale. C'est en 1847 que le médecin hongrois Semmelweis démontrera, sans être entendu de son vivant, que cette fièvre, responsable de la mort des femmes encore aujourd'hui dans certains pays dits en développement, a pour cause l'absence d'hygiène des médecins : il suffit – ne nous le répète-t-on pas assez aujourd'hui ? – de se laver les mains.

Moins de six mois après la mort de Mary Wollstonecraft, William Godwin publie les *Memoirs of the Author of A Vindication of the Rights of Woman* (janvier 1798). Godwin entend saluer la mémoire de celle qu'il a aimée comme aucune autre femme : « Cette lumière s'est penchée sur moi pendant une très brève période, et la voilà éteinte à jamais[20] ! » Mais le titre de son ouvrage dit tout : il se fait l'auteur des mémoires et s'empare de la vie de Mary Wollstonecraft, dont il trahit la mémoire, sans doute sans le vouloir. Du moins l'effet est-il durablement négatif sur l'image qu'elle laisse à la postérité. Les contemporains sont aussitôt scandalisés par l'immoralité de cette existence, et ce qui apparaît comme un scepticisme antireligieux. La vie des femmes, décidément, ne leur appartient pas.

La postérité rectifiera. Mais je m'aventurerai, en matière de postérité, sur un autre terrain : celui, littéraire, qui lie Mary Wollstonecraft à l'auteure de *Frankenstein* (1818), sa fille, future Mary Shelley. Il s'agit d'une transmission probable et posthume dont le genre du roman gothique est le lieu. Il s'agit d'un rapport nouveau à la « créature » – tel est le nom de l'être fabriqué par Victor Frankenstein. En 1797, paraît un roman gothique de Ann Radcliffe, *The Italian.* Mary Wollstonecraft en fait la critique pour l'*Analytical Review* :

---

20 Avant-dernière phrase des *Memoirs of the Author of A Vindication of the Rights of Woman* publiés par William Godwin. https://www.gutenberg.org/files/16199/16199-h/16199-h.htm (Ma traduction).

> La nature de l'histoire nous oblige à digérer des invraisemblances, et à nous rappeler continûment que nous sommes en train de lire une romance, non un roman [...]. Tout est destiné à nous émerveiller, seulement à nous émerveiller ; mais le sort qui nous conduit, encore et toujours, autour du même cercle magique, est le sort du génie[21].

Mary Wollstonecraft salue le génie de ce sort irrésistible jeté sur le lecteur (*the spell of genius*). La raison, conclut-elle, lâche avec délice la bride à la fantaisie (*reason with delight resigns the reins to fancy*). Mais il a fallu « digérer les invraisemblances » et se rappeler constamment que c'est une histoire d'amour (*a romance*), non un roman (*a novel*), que nous lisons.

La même année 1797, Coleridge, dans une critique du *Moine* de Lewis (1796) qui l'enthousiasme, met en garde contre la dérive probable du genre gothique :

> Nous espérons cependant que la satiété bannira ce que le bon sens aurait dû empêcher ; et que, lassé des monstres, des personnages incompréhensibles, des cris, des meurtres et des cachots souterrains, le public apprendra, du fait de la production en série, à quel point cette espèce de composition est fabriquée à peu de frais en matière de réflexion ou d'imagination[22].

Avec *Frankenstein*, Mary Shelley infléchira le genre du roman gothique : c'est peu de dire que la créature de Victor Frankenstein est à hauteur d'homme, c'est peu de dire que le lecteur n'a

21 *Analytical Review*, XXV, p. 516, mai 1797. Cité par Janet Todd, *The Collected Letters, op. cit.*, note 852, p. 402 et note 857, p. 404.

22 Samuel Coleridge, « Review of '*The Monk*' », *The Critical Review*, février 1797, p. 194-200. Cité par Julien Beckaert, « Malléabilité et cohérence de l'esthétique gothique, 1764-1818 », mémoire de master 2, Université de Lille, 2019, p. 63. (Ma traduction).

nul besoin de « digérer des invraisemblances ». Si la créature a échappé à son créateur, son épaisseur psychologique la rend digne de pitié, d'une pitié qui permet l'identification. Nul besoin de jeter un sort sur le lecteur, de l'enchanter. C'est « le monstre », nouveau monstre si humain, qui est abandonné à son triste sort. Comme Mary la mère a abandonné, à son corps défendant, Mary la fille. 97, c'est aussi l'histoire d'une transmission.

La folie-Méricourt

« Les idées de liberté et de réformes ont égaré bien des têtes en France et il est remarquable que les folies qui ont éclaté depuis trente ans ont eu pour caractère les différents orages qui ont troublé notre patrie[23]. » Ainsi Esquirol, déjà rencontré au cours de la période[24], établit-il un lien entre folie et « orages » de la Révolution – suivant la métaphore météorologique désormais bien identifiée. Voilà, à partir d'Esquirol, une des grilles d'interprétation appliquées à certains « cas » célèbres de la période révolutionnaire, comme celui de Théroigne de Méricourt. Élisabeth Roudinesco lui a consacré une biographie remarquable[25], qui m'a servi d'entrée dans le personnage si particulier de celle qu'on a appelée l'Amazone, l'Ardennaise, la belle Liégeoise qu'on a affublée de tant de noms, à laquelle tant de rumeurs et d'histoires fausses sont attachées. Bien que déconstruisant les discours associés à la figure de Théroigne de Méricourt, en

23 Étienne Esquirol, *Des maladies mentales*, Paris, chez Baillière, Libraire de l'Académie royale de médecine, 1838, vol. 1, p. 43.
24 Chapitres I, II, III, V, VIII.
25 Élisabeth Roudinesco, *Théroigne de Méricourt. Une femme mélancolique sous la Révolution*, Paris, Seuil, 1989, nouvelle édition Albin Michel, 2010. On peut citer d'autres biographies, comme celle de Helga Grubitzsch et Roswitha Bockholt: *Théroigne de Méricourt. Die Amazone der Freiheit*, Pfaffenweiler, Centaurus Verlag, 1991.

particulier celui, « organiciste », d'Esquirol, représentant des débuts de la psychiatrie asilaire, Élisabeth Roudinesco s'inscrit dans cette grille d'interprétation : Théroigne est « une femme mélancolique sous la Révolution ».

Pour ma part, je voudrais surtout mettre l'accent sur un effet biographique du personnage de Théroigne de Méricourt tel qu'il est parvenu jusqu'à nous, y compris à travers l'entreprise Roudinesco. C'est que sa vie, ainsi qu'elle nous est restituée à travers de nombreux documents, lui a échappé. Cet effet ne lui est pas propre. On l'a vu pour Mary Wollstonecraft, dont la vie a été en partie « volée » par la publication des *Mémoires* posthumes que fit paraître Godwin sous son nom à elle, alors qu'elle n'en était pas l'auteure. Mais les discours et les représentations dont Théroigne de Méricourt fut et demeure l'objet font d'elle une femme, littéralement, aliénée. « Aliénée révolutionnaire » : c'est ainsi que P.M.A. Dumoutier, né en 1797, étiquette dans sa collection phrénologique conservée au musée de l'Homme le buste moulé qu'il fit de Théroigne de Méricourt[26].

Marcel Florkin, biochimiste et historien de la médecine, a lui-même pu donner en 1964 ce résumé saisissant du rôle de Théroigne pendant la Révolution :

> Théroigne, fille galante, peu instruite, chroniquement exaltée, apparaît avoir fait partie du décor de la Révolution sans y avoir été mêlée autrement que par sa frénésie[27].

26 Erwin H. Ackerknecht, « P.M.A. Dumoutiers et la collection phrénologique du Musée de l'Homme », *Bulletins et Mémoires de la Société d'anthropologie de Paris*, Xe série, t. 7, fascicule 5-6, 1956, p. 307. https://www.persee.fr/doc/bmsap_0037-8984_1956_num_7_5_9731

27 Marcel Florkin, *Médecins, libertins et pasquins*, chapitre I « Théroigne et les phrénologues », Liège, Librairie Fernand Gothier, 1964, p. 16. Je remercie Daniel Droixhe de m'avoir communiqué cet ouvrage.

La fiche du moulage de Théroigne dans le Musée phrénologique que Dumoutier ouvrit rue de Seine à Paris en 1815 est ainsi libellée :

> Théroigne de Méricourt. Anne-Joséphine. Monomanie, fanatisme politique. Entrée à la 5ème D^{on} de la Salpêtrière le 5 décembre 1807, décédée dans le même lieu le 8 juin 1817[28].

Le personnage de Théroigne de Méricourt est caractéristique d'une autre frénésie, la frénésie interprétative dont elle a été victime, quelles que soient les périodes. Bien entendu, toute existence est exposée à l'interprétation historique. Mais nous voici avec Théroigne en présence d'une femme sur laquelle tous les fantasmes d'une époque ont trouvé prise. La lecture phrénologique, contemporaine de celle d'Esquirol et qui fut aussi appliquée à Victor de l'Aveyron, révèle que 97 ouvre un moment fixiste et organiciste dans le regard porté à l'humain, notamment quand il est considéré comme « déviant ». Le moulage et la muséification phrénologiques en sont une expression.

Dès 1790, année de la parution d'un *Précis historique sur la vie de Théroigne de Méricourt*, « l'Ardennaise » est l'objet de critiques contre-révolutionnaires. « Plus elle est méconnue dans sa vie réelle, écrit Élisabeth Roudinesco, plus sa personne devient l'enjeu d'une formidable construction fantasmatique[29]. »

Peut-être faut-il reconstituer les principaux faits de la vie de Théroigne, mais je ne retiendrai que ceux qui révèlent son « aliénation », au sens strict : le fait de ne pas s'appartenir. Son nom est une déformation de « Marcourt », village luxembourgeois

---

28 *Ibid.*, p. 20.
29 Roudinesco, *op. cit.*, p. 57.

où elle est née. Son vrai nom est « Anne-Josèphe Terwagne » : c'est la presse royaliste qui, en lui attribuant le nom pseudo-aristocratique de Théroigne de Méricourt, construira son personnage. Retenons qu'elle est à Paris en 1789, apparaît habillée en Amazone, et suit les séances de l'Assemblée constituante à partir du mois d'août. Elle ne participe pas à la marche des femmes, en octobre, sur Versailles, contrairement à ce qu'affirmera par exemple Lamartine dans son *Histoire des Girondins*[30]. En 1790, elle fonde la Société des amis de la loi, plus tard le club des droits de l'homme, et prononcera un discours au club des Cordeliers, dont Camille Desmoulins rend compte en termes enthousiastes. Aussitôt accablée par la presse royaliste, elle décide de regagner Marcourt. Enlevée en janvier 1791 par de douteux aristocrates français, elle est enfermée au château de Kufstein dans le Tyrol. Interrogée par le conseiller de l'empereur Léopold, elle écrit *Les Confessions de Théroigne de Méricourt*, qui ne seront publiées qu'en 1892. Les deux aristocrates prétendent apporter la preuve de sa culpabilité en produisant un faux : les *Dires et Aveux* que Théroigne aurait rédigés pendant son enlèvement. Très vite donc, la parole de Théroigne est mise en doute, ou falsifiée. Mais dans ses cahiers, Théroigne réfute les prétendus aveux et convainc le conseiller aulique, qui obtient sa libération. Un autre manuscrit que Théroigne rédige à ce moment-là et qui porte le titre d'*Essais sur la langue française* révèle son rapport compliqué à la langue, son désir constant de s'instruire et celui de voir le peuple instruit. Jamais Théroigne n'aura l'éloquence d'Olympe de Gouges, qui publie en septembre 1791 la *Déclaration des droits de la femme et de la citoyenne*. Mais, quelques jours après la pétition des femmes parisiennes appelant à la formation de bataillons féminins (6 mars 1792),

30 Lamartine, *Histoire des Girondins* (1843-1847), cité par E. Roudinesco, *op. cit.*, p. 264.

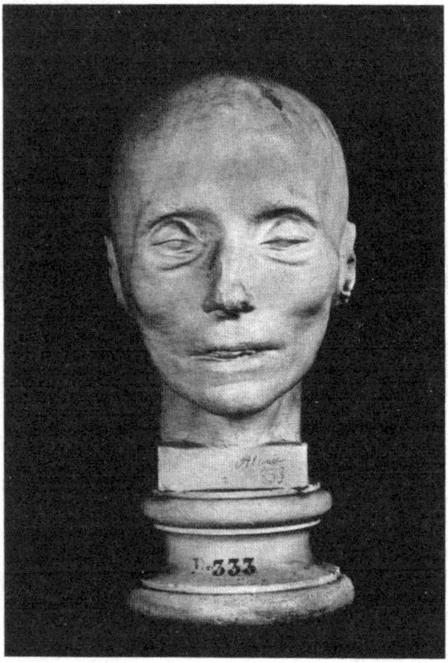

Moulage de la tête de Théroigne de Méricourt,
de la collection phrénologique de Dumoutier au Musée de l'Homme. Vue de face.
(*Cliché Musée de l'Homme*).

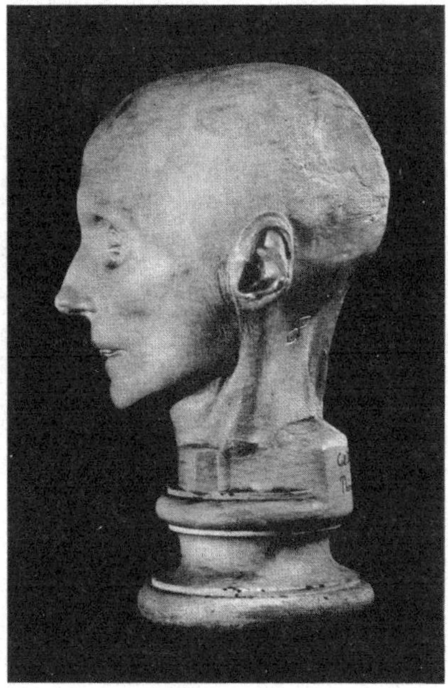

Moulage de la tête de Théroigne de Méricourt,
de la collection phrénologique de Dumoutier au Musée de l'Homme. Vue de profil.
(*Cliché Musée de l'Homme*).

Moulage de la tête de Théroigne de Méricourt, face et profil.
Collection phrénologique de Dumoutier, Musée de l'homme.

elle prononce un discours en faveur des légions d'amazones (25 mars). Elle est alors, selon É. Roudinesco, « à l'apogée de sa gloire ». Ce haut fait même se retournera contre elle, parce que Santerre, commandant de la Garde nationale, n'entend faire de place ni à Théroigne ni au club des femmes. L'ordre domestique doit régner :

> Les hommes de ces faubourgs [Saint-Antoine] aiment mieux, en rentrant de leur travail, trouver leur ménage en ordre, que de voir revenir leurs femmes d'une assemblée où elles ne gagnent pas toujours un esprit de douceur[31].

Théroigne est contrainte de ne pas défiler avec les sans-culottes. Mais le 10 août 1792, jour de la chute de la royauté, elle participe à l'insurrection des Tuileries et à la mort du journaliste royaliste Suleau. En réalité, c'est la foule qui le tuera, au moment même où il s'apprête à percer Théroigne d'un sabre volé à un insurgé.

En mai 1793, Théroigne est accusée d'être « brissotine » (girondine). Le 15, elle se rend pourtant à la Convention, comme à son habitude. Des « mégères jacobines[32] » (É. Roudinesco) se jettent sur elle et la flagellent. C'est Marat qui interrompt cette scène d'humiliation. Mais le discours anti-féministe, qui n'est certes pas l'apanage des royalistes, aura raison de Théroigne de Méricourt.

Au printemps 1794, un des frères de Théroigne demande sa mise sous tutelle, au motif qu'elle présente des signes de délire de persécution. Il n'obtient pas gain de cause, mais Théroigne est enfermée. La lettre qu'elle écrit à Saint-Just ne parviendra pas à son destinataire :

---

31 Cité par É. Roudinesco, *op. cit.*, p. 141.
32 *Ibid.*, p. 190.

> Je puis vous assurer que j'ai fait des progrès. Je n'ai ni papier, ni lumière, ni rien ; mais quand même il faut que je sois libre pour pouvoir écrire ; il m'est impossible de rien faire ici[33].

Dès lors, la vie de Théroigne se limite peu ou prou au passage d'un lieu à un autre d'enfermement pour « aliénation ». Elle est officiellement reconnue folle le 20 septembre 1794. C'est alors qu'elle est internée à la demande de son frère à la maison des folles du faubourg Saint-Marceau. En 1797, elle est transférée à l'Hôtel-Dieu. Pierre Villiers, ancien secrétaire de Robespierre, lui aurait rendu visite :

> J'ai vu cette furie révolutionnaire. J'ai causé avec elle en 1797 et réellement sa raison était aliénée. Les mots « liberté » et « nivellement » sortaient souvent de sa bouche[34].

Le 9 décembre 1799, elle est transférée à la Salpêtrière, dirigée par Pinel – « le bienfaiteur des aliénés » n'en parle pas. Le 11 janvier 1800, nouveau transfert, aux Petites-Maisons. Le 7 décembre 1807, on la ramène à la Salpêtrière, dirigée alors par Esquirol. Elle y meurt le 8 juin 1817.

Une des dernières étapes, mais non l'ultime, de l'emprise discursive dont Théroigne de Méricourt est l'objet est la description, fameuse, qu'Esquirol donnera d'elle dans son traité *Des maladies mentales*.

> Téroenne ne veut supporter aucun vêtement, pas même de chemise. Tous les jours, matin et soir, et plusieurs fois le jour, elle inonde son lit, ou mieux la paille de son lit,

---

33 *Ibid.*, p. 202.
34 *Ibid.*, p. 208.

> avec plusieurs seaux d'eau, se couche et se recouvre de son drap en été, et de son drap et de sa couverture en hiver. Elle se plaît à se promener nu-pieds dans sa cellule dallée en pierre et inondée d'eau.
> Le froid rigoureux ne change rien à ce régime. Jamais on n'a pu la faire coucher avec une chemise, ni prendre une seconde couverture. Dans les trois dernières années de sa vie, on lui donna une très grande robe de chambre dont elle ne se servait presque jamais. Lorsqu'il gèle et qu'elle ne peut avoir de l'eau en abondance, elle brise la glace et prend l'eau au-dessous pour se mouiller le corps, particulièrement les pieds.
> [...] Elle se fâche, s'emporte lorsqu'on la contrarie, surtout lorsqu'on veut l'empêcher de prendre de l'eau. Une fois elle a mordu une de ses compagnes avec tant de fureur, qu'elle lui a emporté un lambeau de chair : le caractère de cette femme avait donc survécu à son intelligence[35].

Rédigée en 1820, cette description est un pas de plus vers le travail d'aliénation à l'œuvre dans le cas de Théroigne de Méricourt. Le présent de description la fige, le pronom « elle » la réduit à une « non-personne ». Et si on la voit bouger dans l'espace clos de sa cellule, elle est décrite comme un animal – ou comme l'enfant sauvage qui a ouvert l'histoire de 97. On assiste là à une véritable emprise discursive du sujet Théroigne de Méricourt par l'aliéniste.

Par ailleurs, la description n'exclut pas le jugement moral, qui apparaît dans la dernière phrase. Esquirol est assez bon écrivain : le style prosopographique, dont l'asyndète est un autre trait, évoque celui de La Bruyère. Mais si Théroigne

35 Esquirol, *Des maladies mentales*, vol. 1, *op. cit.*, p. 448-449.

n'est pas un « caractère » au sens classique, un type moral, l'emploi du mot ici a la même valeur d'estampille : il s'agit d'inscrire la personne, fût-elle aliénée, dans une catégorie, mi-psychologique mi-morale. Du point de vue nosologique, Théroigne est intégrée à la classe « Lypémanie ou mélancolie ».

Esquirol confie le soin de réaliser le portrait de Théroigne de Méricourt à Gabriel en 1816, comme il le fit pour les aliénés de Charenton. Gravé par Ambroise Tardieu, ce portrait est, dans le livre de Marcel Florkin, mis en regard avec le dessin de Fouquet, réalisé en 1792 et gravé par « Chrétien inventeur du physionotrace ».

Tous les portraits qui nous sont parvenus de Théroigne de Méricourt sont également révélateurs du fantasme multiforme dont elle fut toujours l'objet. Michelet n'y échappe pas, lorsqu'il commente avec son lyrisme habituel le portrait exécuté par Gabriel :

> Il existe un fort bon portrait gravé de la belle, vaillante, infortunée Liégeoise, qui, au 3 octobre, eut la grande initiative de gagner le régiment de Flandre, de briser l'appui de la royauté, qui, au 10 août, parmi les premiers combattants, entra au château l'épée à la main, et reçut une couronne de la main des vainqueurs. – Malheureusement ce portrait, dessiné à la Salpêtrière, quand elle fut devenue folle, rappelle bien faiblement l'héroïque beauté qui ravit le cœur de nos pères et leur fit voir dans une femme l'image même de la Liberté.
>
> La tête ronde et forte (vrai type liégeois), l'œil noir, un peu gros, un peu dur, n'a pas perdu sa flamme. La passion y reste encore, et la trace du violent amour dont cette fille vécut et mourut, – amour d'un homme ? non

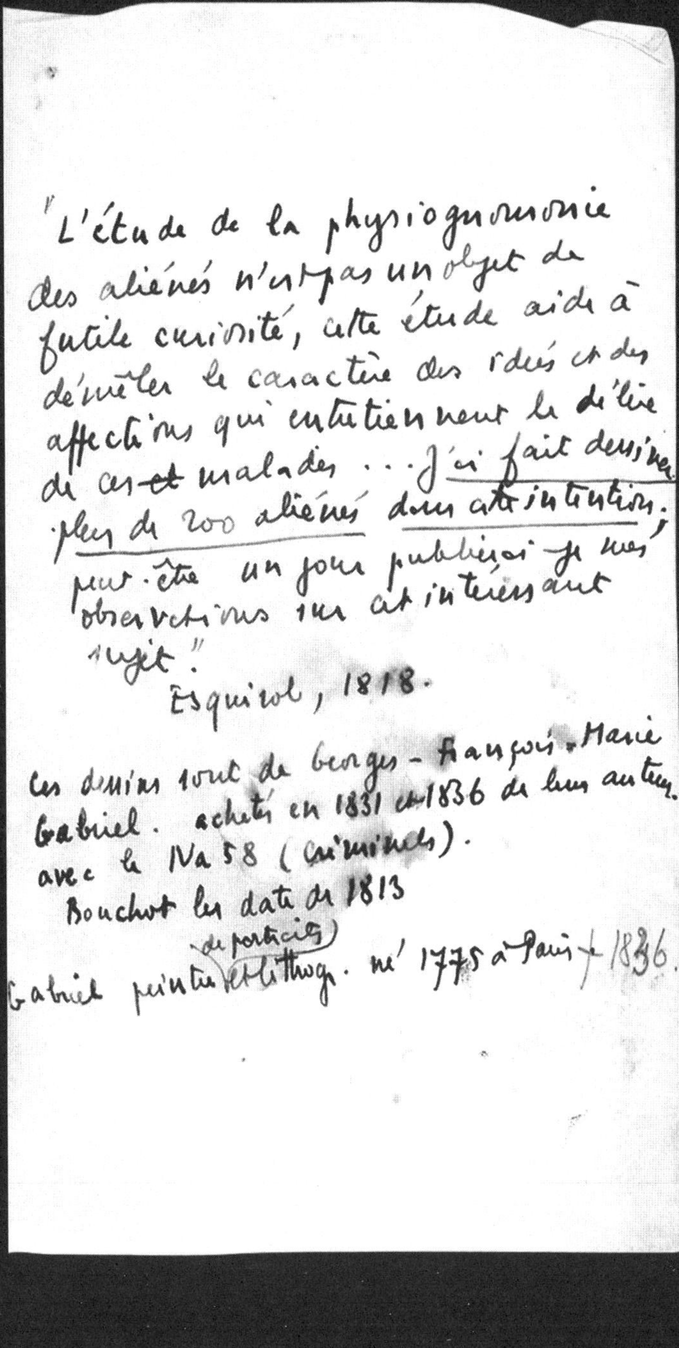
"L'étude de la physiognomonie des aliénés n'est pas un objet de futile curiosité, cette étude aide à démêler le caractère des idées et des affections qui entretiennent le délire de ces ~~et~~ malades ... J'ai fait dessiner plus de 200 aliénés dans cette intention; peut-être un jour publierai-je mes observations sur cet intéressant sujet."

Esquirol, 1818.

Ces dessins sont de Georges-François-Marie Gabriel. achetés en 1831 et 1836 de leur auteur. avec le Na 58 (criminels).

Bouchot les date de 1813

Gabriel peintre de portraits et lithogr. né 1775 à Paris † 1836.

Recueil. Têtes d'aliénés dessinées à Charenton, vers 1823 par Georges-François-Marie Gabriel. Page de garde du livre de Gabriel, écrite de la main d'Esquirol : « J'ai fait dessiner… ». Bibliothèque nationale de France.

> (quoique la chose semble étrange à dire pour une telle vie). L'amour de l'idée, l'amour de la Liberté et de la Révolution[36].

Il y aura aussi l'autopsie pratiquée par Esquirol :

> Dure-mère adhérente au crâne, crâne épais postérieurement, ligne médiane très déjetée.
> Cerveau très mou, décoloré, membrane qui revêt les ventricules épaissis, la substance cérébrale subjacente, dans l'épaisseur d'une ligne, d'un aspect vitreux et d'un blanc grisâtre[37].

Ici vraiment pointe la folie : la folie de l'aliéniste. Sa précision froide, l'implicite d'une « ligne médiane » qui sépare normalité et anormalité, la certitude informulée, « déjetée », de révéler l'origine, organique, de l'aliénation.

L'ultime étape d'objectivation de Théroigne sera réalisée avec le moulage de sa tête par Dumoutier. Revenons-y. Dans le chapitre passionnant qu'il lui consacre, l'historien de la médecine Marcel Florkin posera, quant à lui, le diagnostic conforme à la psychiatrie de l'époque où il écrit (1964) : « psychose maniaco-dépressive[38] ». Il explique en termes limpides le projet phrénologique, inventé par l'anatomiste Franz Joseph Gall (1758-1828) vers 1800, « qui commettait l'erreur de croire que le crâne était moulé sur le cerveau » : « Il était possible selon lui, poursuit Florkin, de déterminer la forme du cerveau par l'étude de la forme du crâne et d'établir une liaison entre la psychologie de l'individu et la forme

36 Jules Michelet, *Les femmes de la Révolution*, chapitre IX « Théroigne de Méricourt (89-93) », Paris, Calmann-Lévy, 1898, p. 117-118.
37 Esquirol, *op. cit.*, p. 450.
38 Florkin, *op. cit.*, p. 18-19.

du cerveau ainsi connue indirectement[39]. » La description phrénologique du crâne de Théroigne par Dumoutier est, sous couvert d'objectivité, tant chargée d'idéologie qu'elle vaut d'être mise en évidence :

> La tête de Théroigne de Méricourt est remarquable par le grand développement des parties latérales où siègent les instincts. Et les organes les plus développés de cette région sont ceux du courage, de la détermination et de la ruse. [...] Les facultés intellectuelles quoique présentant un beau développement n'ont servi qu'à l'accomplissement des actes déterminés par les instincts[40].

Il n'est pas inutile d'exhiber ce discours, tout entier sous-tendu par une certaine représentation du sujet : d'abord, la réduction du féminin à ses instincts, en dépit même de « facultés intellectuelles » reconnues, mais soigneusement distinguées des premiers ; ensuite, les catégories morales, elles-mêmes séparées, de l'intelligence et des instincts (courage, détermination, ruse) ; enfin, l'interprétation après coup du destin de Théroigne, qui par sa constitution même courait à l'échec. Dans « phrénologie », on trouve le même radical que dans « frénésie ».

La biographie d'Élisabeth Roudinesco clôt-elle le sujet ? Sans doute n'y prétend-elle pas. Si la lecture psychanalytique est non seulement fondée ici sur des documents historiques *a priori* systématiquement vérifiés, si elle témoigne d'une empathie avec son objet nourrie d'un autre regard porté sur la folie, si même on ne voit guère, aujourd'hui, quoi lui opposer, il reste qu'elle relève de la même tentation de

39 *Id.*, p. 19.
40 Dumoutier, cité par M. Florkin, *op. cit.*, p. 19-20.

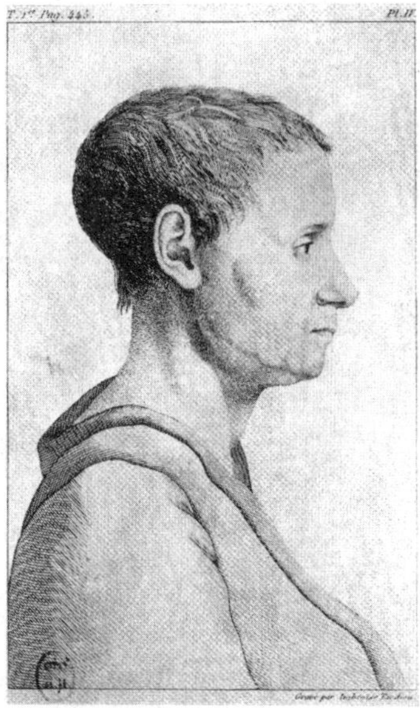

« *Mlle Théroigne. Dess. p. Fouquet. gr. p. Chrétien inv. du physionotrace, Cloître St Honoré à Paris en* 1792. »
et portrait de Théroigne gravé par Ambroise Tardieu pour l'ouvrage d'Esquirol.

Théroigne de Méricourt. À gauche, portrait gravé par Ambroise Tardieu.
À droite, dessin de Fouquet, réalisé en 1792 et gravé par « Chrétien, inventeur du physionotrace ».

l'hyper-interprétation et que, à sa façon, elle nourrit le mythe. Théroigne de Méricourt est au croisement de discours que « 97 » a ouverts et qui résonnent jusqu'à nous. Je retiens, quant à la question de la folie associée au féminin, ce conflit dont elle fut et reste l'enjeu, entre différentes lectures : romantique, organiciste (pré-scientiste), psychanalytique.

Germaine de Staël, entre deux eaux

Le 18 fructidor an V (4 septembre 1797) a lieu un coup, d'État ou de force[41], mené par trois Directeurs – Reubell, La Révellière, Barras – et soutenu par l'armée, contre les royalistes devenus majoritaires dans le Corps législatif (Conseil des Cinq-Cents et Conseil des Anciens). Le général Pichegru, président du Conseil des Cinq-Cents, sauveur de la Révolution en maintes occasions mais ami des monarchistes et des émigrés, fomentait sans doute un coup d'État au service des royalistes. Jean-Pierre Ramel, commandant de la garde du Corps législatif, tentera d'empêcher le coup de force du 18 fructidor : son journal[42], plaidoyer d'un homme qui défend sa loyauté envers la république, est l'un des témoignages-clefs de la période. Sans qu'il soit fait de détail, Pichegru, Ramel, le général Willot, des députés, des journalistes sont arrêtés et déportés en Guyane. Le coup de force du 18 fructidor, qui affaiblit le pouvoir législatif au profit de l'exécutif, est, en matière de coup de force, une parfaite réussite : il prépare le terrain au coup d'État qui clôt le Directoire, celui du 18 brumaire (9 novembre 99). « L'esprit militaire » est en marche.

41 Coup de force, car la constitution ne change pas.
42 *Journal de l'adjudant-général Ramel, un des déportés à la Guiane après le 18 fructidor*, Londres, 1799.

Jean-Pierre Ramel au jardin des Tuileries.
Eau-forte de Pierre-Gabriel Berthault, d'après Abraham Girardet (1802).
Bibliothèque nationale de France.

Dans *Des circonstances actuelles*, qui sera publié près d'un siècle après sa mort, Mme de Staël écrit :

> Rien n'est plus digne d'admiration que les succès des armes, que la valeur invincible des généraux et des soldats, mais rien n'est plus contraire à la liberté que l'esprit militaire[43].

Cette formule certes visionnaire, mais justifiée par les « circonstances actuelles », me retient surtout par son ambiguïté : rien n'est plus digne… mais rien n'est plus contraire. Mme de Staël est entre deux eaux[44]. Si son discours porte en cela la marque de la période, il est aussi l'expression d'une position identifiable dans l'espace idéologique du moment. Les « circonstances actuelles », je parle de notre actualité, invitent à méditer sur une telle insistance discursive. 1797 est là. Mme de Staël, comme Benjamin Constant, croit alors, comme un moindre mal, à la nécessité du renforcement du pouvoir exécutif pour en finir avec la corruption des élites[45]. Dans cet entre-deux-eaux se construit le régime dictatorial instauré par Bonaparte, régime dont Germaine de Staël et Benjamin Constant ont pourtant, les premiers, perçu les signes avant-coureurs : telle est la thèse de Pierre Serna, qui va plus loin dans le lien avec notre actualité. Cet « extrême-centre » en sa dérive autoritaire, perçue par Staël et Constant, serait une caractéristique de notre politique contemporaine, dont la naissance serait à trouver sous le Directoire[46].

---

43 Germaine de Staël, *Des circonstances actuelles qui peuvent terminer la Révolution et des principes qui doivent fonder la république en France*, édition critique par Lucia Omacini, Genève, Paris, Librairie Droz, 1979, p. 289.

44 Sur la période « entre deux eaux », voir A. Vasak (dir.), *Entre deux eaux. op. cit.*

45 Voir Pierre Serna, *La République des girouettes, op. cit.*, p. 477.

46 *Ibid.*, p. 542.

La notion d'« actuel », sa profonde ambiguïté, invitent à jeter un pont entre ce passé et notre présent. Quelles sont les « circonstances actuelles » dans lesquelles Mme de Staël écrit, et que dit son livre de notre actualité ? En cela réside sa pleine appartenance à 1797, modèle pour penser l'histoire en tant que continuum : l'absence de rupture franche entre passé et présent, caractéristique de cette année-là, dans les remous de la grande fracture de 1789, est une des modalités de lecture de l'histoire.

Selon Lucia Omacini et Simone Balayé, *Des circonstances actuelles* n'a pas été écrit cette année-là 1797, mais la suivante. Si Mme de Staël renonce à le faire paraître, c'est précisément parce que sa situation est instable et menacée. En 1795, elle a publié ses *Réflexions sur le procès de la Reine* : elle y associe le destin de Marie-Antoinette au malheur de la condition féminine[47]. Après l'insurrection royaliste du 13 vendémiaire an IV (5 octobre 1795), elle est exilée. Le 22 avril 1796, le ministre de la police signe un mandat d'arrêt contre elle au cas où elle rentrerait en France. Fin décembre 1796, elle est autorisée à rentrer. Entre cette date et mai 1797, Germaine de Staël séjourne à Hérivaux, chez Benjamin Constant. En nivôse an VI (janvier 1798), elle est à nouveau contrainte de quitter Paris, et sera expulsée en messidor an VIII[48] (juillet 1800). Où se trouve-t-elle précisément lorsqu'elle écrit *Des circonstances actuelles* ? Quand exactement a-t-elle rédigé l'ouvrage ? Quelles sont ses « circonstances actuelles » ? De nombreux indices pointent en effet vers l'actualité, mais la signalent comme étant celle de l'après-coup de fructidor. La Conclusion des

47 « Je reviens à vous, femmes immolées dans une mère si tendre, immolées par l'attentat qui serait commis sur la faiblesse, par l'anéantissement de la pitié : c'en est fait de votre empire si la férocité règne, c'en est fait de votre destinée si vos pleurs coulent en vain. » (*Œuvres de Madame de Staël-Holstein*, Paris, Lefèvre, 1858, p. 64.)

48 Staël, *Des circonstances actuelles*, note 18, p. 351-352.

Circonstances actuelles aurait été écrite en septembre 1798[49]. Bonaparte n'est pas rentré d'Égypte, et l'année 1798 elle-même est mentionnée dans le texte. Le second coup d'État du Directoire, celui du 22 floréal an VI (11 mai 1798), dirigé cette fois contre les Jacobins, n'est pas mentionné, mais constitue pour l'auteure une nouvelle menace, venue des royalistes. C'est sans doute après ce 22 floréal qu'elle entreprend la rédaction. Entre deux eaux, entre deux coups pour la rédaction, l'ouvrage fait de nombreuses références à 1797 ; il mentionne 19 fois le coup de force du 18 fructidor, que Mme de Staël appelle « la dernière révolution[50] », et l'élection de Bonaparte à l'Institut (5 nivôse an VI, 25 décembre 1797). Si elle évoque Babeuf, c'est à propos de la question de la propriété, non de la conjuration des Égaux et du procès de Vendôme, dont la légalité a toujours été contestée[51], ni de l'exécution qui le suivit (8 prairial an V, 27 mai 1797).

Le premier point que l'ouvrage prend à bras-le-corps est celui de la « fin » de la Révolution. Il faut la « terminer ». La terminer, dans le respect de son esprit. Une première ambiguïté apparaît, par la métaphore caractéristique de l'orage qui tend à naturaliser le processus révolutionnaire :

> Vainement un décret prononcera que la révolution est finie. [...]. A-t-on besoin de proclamer au laboureur la fin de l'orage ? La nature entière l'en avertit[52].

49 Omacini, Introduction, *ibid.*, p. XXI.

50 *Des circonstances actuelles, op. cit.*, p. 122 pour Bonaparte (« Bonaparte lui-même serait importuné, s'il revenait parmi nous, de ces nuées de phrases dont il deviendrait l'objet »), p. 311 pour la mention de 1798, p. 306 enfin pour cette période entre deux eaux.

51 Pour un point juridique sur la question, voir notamment Philippe Riviale, *Le Procès de Gracchus Babeuf devant la haute cour de Vendôme, ou La vertu coupable*, Paris, L'Harmattan, 2011.

52 *Des circonstances actuelles, op. cit.*, p. 151.

Le texte poursuit sur un autre registre, une phrase ouverte par un « mais » qui semble attribuer aux hommes une efficience dans le processus :

> Mais jamais on ne croira la Révolution faite, quand un grand nombre d'hommes au désespoir répèteront qu'elle ne tiendra pas, quand l'injustice, la plus instable des pensées humaines, sera regardée comme un moyen[53].

La fin de la Révolution étant cependant présentée comme une croyance, du moins une conviction, l'ambiguïté demeure en partie. La Révolution est-elle un processus « naturel », ou le gouvernement a-t-il une prise sur ce processus ? Mme de Staël semble hésiter, comme on le voit dans ce passage complexe :

> Il faut que [le gouvernement] se recueille dans la nature des choses et que, décidé à terminer la Révolution, il montre le génie qui fonde les constitutions après avoir été les conquérants de la nation sur laquelle ils l'établissent[54].

Cette ambiguïté n'est pas sans évoquer la « nature » des gouvernements telle que Montesquieu la posait dans *L'Esprit des lois*, notamment dans ce que l'on a appelé abusivement la « théorie des climats », mais aussi lorsqu'il évoquait la nécessité de suivre l'esprit général de la nation, dont le climat n'est qu'un aspect. S'il n'est pas question ici de cette théorie des climats, que Mme de Staël réactualisera dans *De l'Allemagne* et *De la littérature*, l'auteure semble se fier à une « nature des choses » que le « génie » des bons gouvernements consisterait à suivre.

---

53 *Id.*
54 *Ibid.*, p. 137.

Une telle perspective n'est pas précisément révolutionnaire. En 1797, Benjamin Constant, avec qui Germaine de Staël se trouve alors à Hérivaux, fait paraître *Des réactions politiques*[55], sans doute écrit en 1796. Son point de vue semble un peu différent de celui de Mme de Staël, même si sa brochure est également, comme l'écrit Philippe Raynaud, un « appel à la modération ». Constant considère la révolution comme un débordement évitable pour autant que les institutions d'un peuple soient « au niveau des idées », sous peine de provoquer des « réactions politiques », en cas de déséquilibre. Mais c'est bien des réponses aux réactions que Constant propose : « Des devoirs du gouvernement dans les réactions contre les hommes » (chap. II), « Des devoirs du gouvernement dans les réactions contre les idées » (chap. III), « Des devoirs des écrivains dans les réactions contre les idées » (chap. IV). Quoi qu'il en soit, l'un et l'autre, Germaine de Staël et Benjamin Constant, ont en 1797 le sentiment d'une impasse politique.

C'est l'année de l'exacerbation du dilemme issu de Thermidor, entre les deux périls, le royaliste et le néo-jacobin. Fallait-il « assister au probable retour constitutionnel de la monarchie ou viser plutôt au maintien inconstitutionnel du régime[56] » ? La voie est étroite, fermée déjà, en 1798, du point de vue républicain, comme l'écrit Mme de Staël : « Vainement, les uns haïront avec fureur les auteurs du 18 fructidor, les autres les exalteront avec enthousiasme. Ni l'un ni l'autre de ces sentiments ne sera juste[57]. » Même sentiment d'une voie étroite, presque impraticable, pour Benjamin Constant, lorsqu'il évoque les « ressources qui restent aux amis de la liberté et des lumières »

55 Benjamin Constant, *Des réactions politiques*, introduction et notes de Philippe Raynaud, Paris, Flammarion, 1988. http://classiques.uqac.ca/classiques/constant_benjamin/des_reactions_politiques/reactions_politiques.pdf

56 Lucia Omacini, Introduction à *Des circonstances actuelles*, *op. cit.*, p. XXVIII.

57 *Des circonstances actuelles*, *op. cit.*, p. 156.

dans *Des réactions politiques*. Ceux-ci, dit-il, « n'accepteront, ni le despotisme, ni une royauté mitigée, qui cesserait bientôt de l'être, ni une république arbitraire, qui ne serait pas moins vexatoire que la royauté, ni l'avilissement réduit en dogme, ni une grossièreté féroce réduite en principe[58] ».

Ni… ni : voici la traduction du dilemme, en termes rhétoriques. On y lit les prémices de la posture romantique, que Mme de Staël traduira en 1800 en termes littéraires : c'est bien ce nouveau territoire, appelé « littérature », exclusif des « sciences physiques », qu'elle fondera dans *De la littérature*[59].

Mais en termes politiques, je vois aujourd'hui, dans *nos* circonstances actuelles, plus d'ambiguïté chez Mme de Staël – ambiguïté qui pourtant ne la garantira nullement des foudres brumairiennes, ni de celles qui ont précédé le 18-Brumaire. Je vois chez elle la recherche inlassable d'un compromis, que je n'ai plus envie d'appeler romantique. Il traduit la position idéologique de Mme de Staël à ce moment donné de l'histoire, dans ces « circonstances »-là. Elle est contre l'esprit militaire, pour la totale liberté de penser et de circulation. Elle est contre la théophilanthropie, mais en faveur d'une religion respectueuse de l'individu : elle la voit dans le protestantisme, sa religion. Elle est contre le régime directorial, mais, bien loin des babouvistes, elle défend la propriété. Elle travaille à ce « et en même temps » dans lequel, sans surprise, on reconnaît la pensée libérale. Il n'est pas étonnant non plus que l'on rencontre dans *Des circonstances actuelles*, nommément ou non, Adam Smith et Jeremy Bentham (traduit à partir de 1797 par le Genevois Étienne Dumont). Quant à William Godwin, qu'elle cite avec Condorcet, Sieyès et

58 Constant, *Des réactions politiques*, *op. cit.*, p. 26.

59 Voir Anouchka Vasak, « Le moment 1800. “Ni…ni”, “et…et”, “ou…ou” », *Romantisme*, n° 144, Laurence Guellec (dir.), « L'éloquence de la pensée », 2009/2, p. 11-24.

Roederer comme représentant de la « science politique[60] », Mme de Staël, qui n'a certes rien d'une anarchiste ni d'une communiste avant l'heure, s'en démarquera nettement. Mais ce qui la démarque tout aussi nettement, d'un autre côté, du libéralisme « actuel », c'est le risque *constant* qu'elle prit à penser, à écrire. Et l'aversion de toute dérive autocratique.

Que retient-on, vers 1797, de Mme de Staël ? Elle est menaçante, menacée, mais ses ouvrages politiques, posthumes, ne sont pas diffusés. L'image que Michelet donnera d'elle dans ses *Femmes de la Révolution* n'est pas glorieuse, ni quant à son attitude pendant la période :

> Réfugiée en Suisse pendant la Terreur, après Thermidor, partisan aveugle de la réaction, elle change brusquement en 96, appuie le Directoire et participe indirectement au coup d'État qui sauva la République[61].

… ni quant à sa personne, qu'il réduit à une femme de salon, talentueuse, mais sans génie :

> Au total, femme excellente, d'un bon cœur et d'un grand talent, qui, peut-être, sans les salons, sans les amitiés médiocres, sans les misères du monde parleur, du monde scribe, eût eu du génie.

Plus. La plume de Michelet ne recule pas, s'agissant de Germaine de Staël, devant les clichés réducteurs : « Madame de Staël fut toujours gouvernée par l'amour. » Ou encore : « Madame de Staël avait une chose bien cruelle pour une

60 *Des circonstances actuelles*, *op. cit.*, p. 281.
61 Michelet, *Les femmes de la Révolution*, *op. cit.*, p. 88.

femme : c'est qu'elle n'était pas belle[62]. » On l'appelle « Madame de Staël ». Dans cette dénomination sociale, à laquelle je souscris moi-même par habitude, je vois le déni persistant d'une pleine reconnaissance.

1797, c'est aussi la permanence d'un fantasme du féminin, dont *Le Cauchemar* de Füssli, par exemple, est une des saisissantes expressions. À tout le moins, 97 manifeste l'ambiguïté de la situation des femmes qui s'aventurent hors de l'espace privé, voire sur la scène politique. Mais rien ne semble rapprocher ces « trois femmes », qui n'ont comme point commun que d'être des femmes, et d'être intervenues, fait assez rare en cette période pour être mis en valeur, dans le champ public. Deux d'entre elles sont mortes la même année, 1817. Là s'arrête leur proximité, qui n'est que contiguïté historique. Là est la limite de l'entreprise 97.

À moins d'accepter un rapprochement intermédiaire, dans l'entre-deux, à la manière dont Joseph Joubert l'exprime en 1800 lors d'une *insomni nocte*. Voici bien de la pensée météore.

> Je voudrois que les pensées se succédassent dans un livre comme les astres dans le ciel, avec ordre, avec harmonie, mais à l'aise et à intervalles, sans se toucher, sans se confondre ; et non pas pourtant sans se suivre, sans s'assortir. Oui, je voudrois qu'elles roulassent sans s'accrocher et se tenir, en sorte que chacune d'elles pût subsister indépendante. Point de cohésion trop stricte ; mais aussi point d'incohérences : la plus légère est monstrueuse[63].

---

62 *Ibid.*, respectivement p. 89, p. 80 et p. 83.
63 Joseph Joubert, 1er août 1800, *Carnets*, Paris, Gallimard, 1994 [1938],p. 375.

Chapitre XI
L’empire nouveau du signe

On comptait alors par les années de la République, c’était l’an V ou l’an VI. Ce n’est que longtemps après, quand l’Empereur l’a bêtement voulu, que j’ai appris à connaître 1796, 1797. Je voyais les choses de près alors.

Stendhal, *Vie de Henry Brulard.*

Lieu constant d'une hésitation de la mémoire, 1797 et ses entours constituent un moment-clef dans la vie de Stendhal – *alias* Henri Beyle, Henry Brulard, H. Cette année-là, il est à l'école centrale de Grenoble ; il y restera de 1796 à 1799. Lorsqu'il évoque son entrée à l'école et sa première année, il hésite : « Les cours n'avaient, je crois, duré cette première année que quatre ou cinq mois. » Mais quelle est cette première année ?

> Je ne puis me rappeler si je suis allé pendant quatre ans ou seulement trois à l'école centrale. Je suis sûr de la date de sortie, examen de la fin de 1799, les Russes attendus à Grenoble. [...]
> Pour moi je tremblais pour l'examen qui devait me faire sortir de Grenoble ! Si j'y venais jamais, quelques recherches dans les Archives de l'Administration départementale, à la Préfecture, m'apprendront si l'école centrale a été ouverte en 1796 ou seulement 1797[1].

Chez Stendhal, 1797 est toujours, dirait-on, entre le temps historique et le temps subjectif, placé sous le sceau de l'indistinction. Sur le plan historique, indistinction entre l'extérieur et l'intérieur : affaires étrangères, affaires intérieures ; mais aussi sur un plan symbolique : histoire et intimité. À la recherche du point H.

Commençons par l'histoire, et la fiction. *La Chartreuse de Parme* (1839) s'ouvre sur un chapitre intitulé « Milan en 1796 ». Le 15 mai 1796, les troupes françaises entrent à Milan. Petit rappel historique, Stendhal étant, comme à son habitude, très allusif. La ville deviendra la capitale

1 Stendhal, *Vie de Henry Brulard*, édition établie sur le manuscrit, présentée et annotée par Béatrice Didier, Paris, Gallimard, coll. « Folio », 1973, p. 236-237.

de la République transpadane proclamée le 15 novembre 1796. Les deux républiques, transpadane (nord du Pô) et cispadane (sud du Pô) s'unissent pour devenir République cisalpine le 29 juin 1797, « république sœur », en réalité satellite de la République française. Reconnue par l'Autriche le 17 octobre 1797 par le traité de Campo-Formio, qui donne en échange à l'Autriche la République vénitienne, la République cisalpine disparaît en 1799 lorsque la coalition austro-russe reprendra Milan. Joyeux intervalle pour les Milanais que la période 97-99, à en croire Stendhal :

> La joie folle, la gaieté, la volupté, l'oubli de tous les sentiments tristes, ou seulement raisonnables, furent poussés à un tel point, depuis le 15 mai 1796, que les Français entrèrent à Milan, jusqu'en avril 1799, qu'ils en furent chassés à la suite de la bataille de Cassano, que l'on a pu citer de vieux marchands millionnaires, de vieux usuriers, de vieux notaires qui, pendant cet intervalle, avaient oublié d'être moroses et de gagner de l'argent[2].

C'est au milieu de cette période confuse mais qui fut, dit-il, « deux années de folie et de bonheur[3] » avant une « époque de réaction et de retour aux idées anciennes », que Stendhal fait naître son héros, Fabrice del Dongo. « Nous avouerons que, suivant l'exemple de beaucoup de graves auteurs, nous avons commencé l'histoire de notre héros une année avant sa naissance. » Pourtant, la suite du texte entretient aussitôt la confusion sur les dates : « Il venait justement de se donner

---

2 Stendhal, *La Chartreuse de Parme*, Paris, Le Livre de Poche, 2000, p. 29.
3 *Ibid.*, p. 31.

la peine de naître, lorsque les Français furent chassés[4] » : or le départ des Français a lieu en 99. La chronologie de la fiction entretient le flou : Fabrice est-il né en 97, 98, ou 99 ?

De même, Stendhal ne peut préciser la date de ses sentiments pour Bonaparte, autour de 97-99, entre campagne d'Italie et débarquement à Fréjus.

> Bonaparte débarqua à Fréjus. Je m'accuse d'avoir eu ce désir sincère : ce jeune Bonaparte, que je me figurais un beau jeune homme comme un colonel d'opéra-comique, devrait se faire roi de France. [...]
> Je ne sais pas, si ce plat sentiment, je l'eus en 1797 en me délectant au récit des batailles de Lodi, d'Arcole, etc., etc., qui désolaient mes parents qui longtemps cherchèrent à ne pas y croire, ou si je l'eus en 1799 à la nouvelle du débarquement de Fréjus. Je penche pour 1797[5].

Je penche pour 1797.

Quant aux « affaires intérieures », les jeux de pouvoir au sommet, elles sont, dans cette autobiographie inachevée qu'est la *Vie de Henry Brulard*, évoquées en termes subjectifs. Et tout porte à croire que nous sommes bien au-delà de 97, puisqu'il est question de l'Empereur – du moins de l'emprise progressive qu'il exerça y compris sur les sciences. Bonaparte, rappelons-le, a été élu à l'Institut national en 1797. Aussitôt après avoir évoqué ses années à l'école centrale de Grenoble, Stendhal écrit :

> L'Empereur commença alors à élever le trône des Bourbons et fut secondé par la lâcheté sans bornes ni mesure de M. Laplace. Chose singulière, les poètes ont

4 *Ibid.*, p. 33-34.
5 Stendhal, *Vie de Henry Brulard*, *op. cit.*, p. 341-342.

> du cœur, les savants proprement dits sont serviles et lâches. Quelle n'a pas été la servilité et la bassesse envers le pouvoir de M. Cuvier ! Elle faisait horreur même au sage baron Sutton Sharpe. Au Conseil d'État M. le baron Cuvier était toujours de l'avis le plus lâche.
> Lors de la création de l'ordre de la Réunion j'étais dans le plus intime de la Cour, il vint pleurer, c'est le mot, pour l'avoir. Je rapporterai en son temps la réponse de l'Empereur. Rentés pour la lâcheté : Bacon, Laplace, Cuvier. M. Lagrange fut moins plat, ce me semble.
> Sûrs de leur gloire par leurs écrits, ces Messieurs espèrent que le savant couvrira l'homme d'État ; en affaires d'argent, comme en faveurs, ils courent à l'utile[6].

Stendhal évoque là une période postérieure, l'après-coup de Brumaire : ce « moment 1800 », celui du partage entre poètes et savants, littérature et science, qui ouvre le *De la littérature* de Germaine de Staël. Partage léonin au profit de la seconde, comme l'a montré Michel Serres, dans sa fameuse introduction aux *Éléments d'histoire des sciences*[7]. Futur auditeur au Conseil d'État, où il sera nommé en 1810, Stendhal dévoile sans doute, à travers son sincère mépris pour certains savants âpres et vils, une part moins avouable, peut-être inconsciente : son ambition secrète et son goût des hautes sphères.

Que sont ces écoles centrales ? Elles sont créées en 1796-1797. La dernière loi de la Convention thermidorienne (25 octobre 1795, 3 brumaire an IV) marquait une régression en matière d'enseignement primaire, lequel cessait d'être gratuit et obligatoire, son organisation étant laissée aux autorités

6 *Id.*
7 Michel Serres, « Paris 1800 », *in* M. Serres (dir.), *Éléments d'histoire des sciences*, Paris, Bordas, coll. « Cultures », 1989, p. 342. Voir aussi Anouchka Vasak, « Le moment 1800. "Ni… ni", "et… et", "ou… ou" », *op. cit.*, p. 11-24.

départementales. Mais le Directoire a innové au niveau de l'enseignement secondaire, en créant dans chaque département une école centrale[8]. Chaque étape du cycle – il y en a trois – est dévolue à certaines disciplines et destinée à développer des compétences liées à l'âge : à 12 ans, langues anciennes, dessin, histoire naturelle (observation et sens de l'analyse) ; à 14 ans, mathématiques, physique et chimie (vers l'abstraction) ; à 16 ans, grammaire générale, belles-lettres, histoire, législation (vers la spéculation intellectuelle). Plus généralement, il s'agit de rapprocher le savant de l'artisan.

Stendhal entre à l'école centrale de l'Isère le 21 novembre 1796. Âgé de 13 ans, il aurait dû intégrer la deuxième section : le voici entre deux classes, entre deux années ; en réalité, il suivra en parallèle les cours de dessin et de mathématiques. Avant d'entrer dans le détail de cet apprentissage, on observera que l'entrée à l'école centrale de Grenoble coïncide pour Henry déjà libéré de la « tyrannie Raillane[9] », avec la mort de Séraphie, la tante honnie qui lui tient lieu de mère. Il ne se souvient pas de la date précise de sa mort, mais du moment déterminant qu'il fut dans son histoire personnelle :

> J'ignore absolument la date de cette mort ; je pourrai la faire prendre sur les registres de l'état civil à Grenoble. Il me semble que bientôt après j'allais à l'école centrale, chose que Séraphie n'eût jamais souffert[e]. Je crois que ce fut vers 1797 et que je ne fus que trois ans à l'école centrale[10].

8 Voir Jean-Luc Chappey, « Les écoles de la Révolution : pour en finir avec la thèse de la table rase », *in* Michel Biard (dir.), *La Révolution française, une histoire toujours vivante*, Paris, Tallandier, 2010, p. 331-343. Voir aussi chapitre I : Pierre-Joseph Bonnaterre était professeur à l'école centrale de Rodez.

9 Stendhal, *Vie de Henry Brulard, op. cit.*, p. 93.

10 *Ibid.*, p. 219.

Séraphie est morte le 9 janvier 1797. En réalité, Stendhal était entré à l'école centrale un mois et demi plus tôt. Sans doute n'a-t-il nul besoin de vérifier la date de décès sur les registres d'état civil. Mais à plusieurs reprises, au fil de la *Vie de Henry Brulard*, il reconnaît qu'il « offens[e] l'ordre chronologique[11] ». Demeurent « des images » :

> J'aurais peut-être dû placer ce détail bien plus haut, mais je répète que pour mon enfance je n'ai que des images fort nettes, sans *date* et comme sans *physionomie*.
> Je les écris un peu quand cela me vient[12].

L'entrée à l'école centrale rime avec découverte des mathématiques, « passion exclusive » dont Stendhal date la naissance du « printemps ou été 1797[13] ». Le jeune homme, on le pressent, on le verra, tombera de haut. Mais pour l'heure :

> Je me figurais à quatorze ans, en 1797, que les hautes mathématiques, celles que je n'ai jamais sues, comprenaient *tous* ou à peu près tous les côtés des objets, qu'ainsi, en avançant, je parviendrais à savoir des choses sûres, indubitables, et que je pourrais me prouver à volonté, *sur toutes choses*[14].

Le but suprême d'un élève de l'école centrale est d'intégrer Polytechnique ; tel était le rêve de Stendhal, du moins le croyait-il. Les « forts » y parviennent :

> Il y avait bien cinq à six *forts* à l'école centrale qui furent reçus à l'École polytechnique en 1797 ou 98, mais ils ne

11 *Ibid.*, p. 222.
12 *Ibid.*, p. 214.
13 *Ibid.*, p. 176.
14 *Ibid.*, p. 332-333.

> daignaient pas répondre à mes difficultés, peut-être exposées peu clairement ou plutôt qui les embarrassaient[15].

Mais s'il reçoit un premier prix de mathématiques à la sortie de l'école centrale, Stendhal-Henry Brulard perd le goût de la matière en arrivant à Paris au lendemain du 18-Brumaire. Il renonce à se présenter à Polytechnique, décevant apparemment sa famille – apparemment, car le père ne s'est pas montré très insistant. Choix inconscient, probablement, du futur Stendhal.

> J'avais adoré Paris et les mathématiques. Paris sans montagnes m'inspira un dégoût si profond qu'il allait presque jusqu'à la nostalgie. Les mathématiques ne furent plus pour moi que comme l'échafaudage du feu de joie de la veille [...].
> Dans le fait je n'avais aimé Paris que par dégoût profond pour Grenoble.
> Quant aux mathématiques, elles n'avaient été qu'un moyen. Je les haïssais même un peu en novembre 1799 car je les craignais. J'étais résolu à ne pas me faire examiner à Paris, comme le firent les sept ou huit élèves qui avaient remporté le premier prix après moi à l'école centrale et qui furent tous reçus. Or si mon père avait pris quelque soin, il m'eût forcé à cet examen, je serais entré à l'école, et je ne pouvais plus *vivre à Paris en faisant des comédies*[16].

L'amour pour les mathématiques était donc un feu de paille, limité aux entours de 97. Qu'en restera-t-il ? Peut-être un tropisme géométrique, que l'autre passion de Stendhal

15 *Ibid.*, p. 328.
16 *Ibid.*, p. 350.

confortera : le dessin. Passion ? Pas nécessairement – la « passion pour les mathématiques » n'était-elle pas elle-même, de l'aveu de Stendhal, le moyen de quitter Grenoble ? Du moins, talent : la mère d'Henry étant douée pour le dessin, il est décidé que le fils l'est aussi. On lui fait donner des cours particuliers, par un M. Le Roy.

> Voici l'histoire de mon talent pour le dessin : ma famille toujours judicieuse avait décidé, après un an ou dix-huit mois de leçons chez cet homme si poli, M. Le Roy, que je dessinais fort bien[17].

« Le fait est, ajoute aussitôt Stendhal, que je ne me doutais pas seulement que le dessin est une imitation de la nature [...]. Mon dessin était propre, froid, sans aucun mérite, comme le dessin d'un jeune pensionnaire. »

Le fait est, aussi, que les cours dispensés à l'école centrale par Louis-Joseph Jay sont strictement académiques. Si l'Académie royale de peinture et de sculpture a été abolie en 1793, ses préceptes sont encore largement en vigueur. Avec Jay, Stendhal apprend à dessiner d'après les feuilles de dessin du XVIIIe siècle :

> Les grandes têtes étaient dessinées à la sanguine ou gravées à la manière du crayon. Il faut avouer que la totale ignorance du dessin y paraissait moins que dans les académies (figures nues). Le grand mérite de ces têtes qui avaient dix-huit pouces de haut était que les hachures furent bien parallèles, quant à imiter la nature, il n'en était pas question[18].

17 *Ibid.*, p. 231.
18 *Id.*

Stendhal n'a guère d'estime pour ce « grand hâbleur, si nul comme peintre[19] ». Louis Jay a pourtant laissé un dessin représentant Henri Beyle à l'école centrale de Grenoble. Et il a le mérite d'entretenir l'émulation « la plus violente » entre les élèves : « C'est là, affirme Stendhal, le premier talent d'un professeur. » Faut-il le suivre dans ce jugement ? Le résultat du moins est que, au grand dam de Jay, l'élève affirme son propre talent et obtient un prix « à la bosse ».

De même, c'est triomphalement qu'il remportera le premier prix de mathématiques, après bien des blessures narcissiques. Ces petites humiliations avant la reconnaissance, nombre d'élèves les auront connues, les connaissent. Mais Stendhal met en place tout un dispositif pour les rendre signifiantes à cet hypothétique lecteur de 1880 ou 1935 qu'il imagine dans le premier chapitre de la *Vie de Henry Brulard*… Ce dispositif, qui articule mathématiques et dessin, passe par les extraordinaires croquis qui scandent la *Vie de Henry Brulard*. J'avancerai que dans ces dessins non d'après nature, mais de mémoire, image « fort nette » gravée en lui, le sujet advient dans sa vérité.

La « vérité », non pas vérité subjective mais vérité du sujet, est donc à chercher dans la mémoire : « Je n'ai aucun livre à C[ivit]a-V[ecchi]a pour […] chercher, mais tant mieux, ce livre-ci, fait uniquement avec ma mémoire, ne sera pas fait avec d'autres livres[20]. »

Marivaux a pu écrire « il n'y a que le sentiment qui nous puisse donner des nouvelles un peu sûres de nous » (*La Vie de Marianne*). De même, ou presque – car sensation n'est pas sentiment –, Stendhal peut écrire :

---

19 *Ibid.*, p. 297.

20 *Ibid.*, p. 394. Stendhal a été nommé consul à Civitavecchia en 1831, port des États pontificaux. Il est resté dix ans dans cette fonction.

Louis-Joseph Jay, *Stendhal et ses camarades de l'école centrale* (détail).
Ville de Grenoble, Musée Stendhal, n°1155.

> Il n'y a sûrement de vrai que les *sensations*, seulement pour parvenir à la vérité il faut mettre quatre dièses à mes expressions. Je les rends avec la froideur et les sens amortis par l'expérience d'un homme de quarante ans[21].

« Mettre quatre dièses à [s]es expressions » : Stendhal sait qu'il faut s'élever, et il ne s'agit nullement d'une quête du sublime. « Le sujet, répète-t-il à plusieurs reprises dans la *Vie de Henry Brulard*, surpasse le disant. » S'élever. S'élever pour être au plus près du point H.

Littéralement, à l'école centrale, l'élève doit monter pour faire ses démonstrations : monter au tableau, sur un escabeau, ou une échelle. Les croquis qui accompagnent ces moments intenses sont au nombre de trois dans la *Vie de Henry Brulard*, et Stendhal en précise à chaque fois le dispositif et les circonstances. Au chapitre 24[22] :

> Monté au tableau, on écrivait en O. La tête du démontrant était bien à huit pieds de haut. Moi, placé en évidence une fois par mois, nullement soutenu par M. Dupuy qui parlait à Monval ou à M. de Pina pendant que je démontrais, j'étais pénétré de timidité et je bredouillais[23].

Au chapitre 32, Stendhal rapporte comment, bien qu'étant très rarement appelé au tableau, il parvient à se faire peu à peu reconnaître :

---

21 *Ibid.*, p. 331.
22 Les numéros de chapitres se réfèrent à l'édition Folio ici utilisée.
23 *Ibid.*, chapitre 24, p. 236.

> Malgré cela mon amour qui commençait à être sérieux pour les mathématiques, faisait que, quand je trouvais une difficulté je la lui exposais, moi étant au tableau, H, et M. Dupuy dans son immense fauteuil bleu de ciel, en D ; mon indiscrétion l'obligeait à répondre et c'était là le diable. Il me demandait sans cesse de lui exposer mes doutes en particulier, prétendant que cela faisait perdre du temps à la classe[24].

Le triomphe pourtant est en marche :

> M. Dupuy eut l'air fort attrapé de mon premier prix si triomphant au cours de belles-lettres. [...] Ce triomphe précéda, je crois, l'examen de mathématiques et me donnait un rang et une assurance qui pour l'année suivante forçaient M. Dupuy à m'appeler souvent au tableau[25].

Au chapitre 34, le dessin rend le dispositif matériel du tableau plus clair : ce qu'on appelle « tableau » est l'ensemble escalier (estrade ?)-ardoise. Selon les dessins, le nombre de degrés varie : 4, 6, 5. Le flou quant au nombre exact de marches signale le caractère évidemment subjectif du dessin « de mémoire », mais aussi son abstraction. Quant à la mention de la hauteur, d'une précision d'ailleurs un peu contradictoire avec la variation dans le nombre de marches, elle ne laisse pas de nous surprendre, même si nous sommes, pour certains, habitués aux estrades : une tête « à huit pieds de haut », cela signifie près de 2,60 m, par rapport au sol. Ce dernier dessin du tableau à l'école centrale coïncide avec un début de désillusion quant à la certitude mathématique. Suit en effet une tentative de

24 *Ibid.*, chapitre 32, p. 307-308.
25 *Id.*

discussion avec M. Chabert, professeur particulier de mathématiques dont le jeune homme suit les cours « en parallèle » de ceux de M. Dupuy, professeur en titre à l'école centrale. En parallèle : c'est bien cette question, celle des parallèles, qui va troubler l'élève. Car le cours de *Statique* de Monge[26] semble remettre en question le dogme scolaire selon lequel deux parallèles ne se rencontrent jamais. À en croire Stendhal, Monge aurait écrit « à peu près » : « *Deux lignes parallèles peuvent être considérées comme se rencontrant, si on les prolonge à l'infini*[27] ». Ce que confirmera Chabert. « Je faillis tout quitter », écrit Stendhal. La vérité n'est donc qu'une convention : en mathématiques comme dans la vie sociale. La chute est rude, et il s'agira désormais de suivre le précepte qu'il imagine être celui d'un « confesseur, adroit et bon jésuite » :

> « Vous voyez que tout est erreur, ou plutôt qu'il n'y a rien de faux, rien de vrai, tout est de convention. Adoptez la convention qui vous fera le mieux recevoir dans le monde. »

Là-dessus, en effet, « Henry Brulard » quitte Grenoble pour Paris.

Or, l'échelle – escalier, estrade, *scala*, *strada* – alerte sur un dispositif subjectif déterminant chez Stendhal. 1797 est peut-être le moment où il se *cristallise*, comme en témoignent les petits dessins du tableau de l'école centrale.

Je dis « échelle » comme un terme générique dans cette configuration stendhalienne. Sans savoir précisément dans quel sens prendre cette (ces) échelle(s), je partirai, lieu de départ tout

---

26 Gaspard Monge, *Traité élémentaire de statique*, 1re édition 1788. La BnF a mis en ligne la troisième édition (1798). https://gallica.bnf.fr/ark:/12148/bpt6k207189s.image

27 Stendhal, *Vie de Henry Brulard, op. cit.*, p. 335.

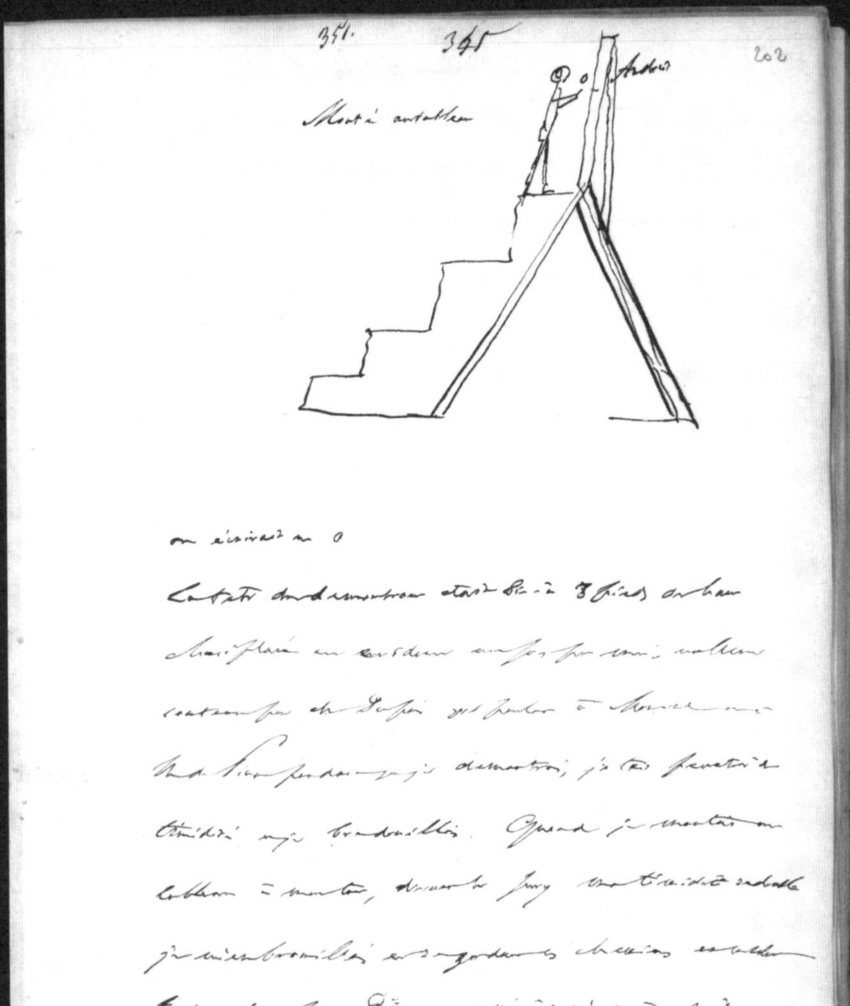

Dessin du tableau n° 1. Stendhal, *Vie de Henry Brulard*.
Ville de Grenoble, Bibliothèque municipale, R.299 (2) Rés., folio 202.

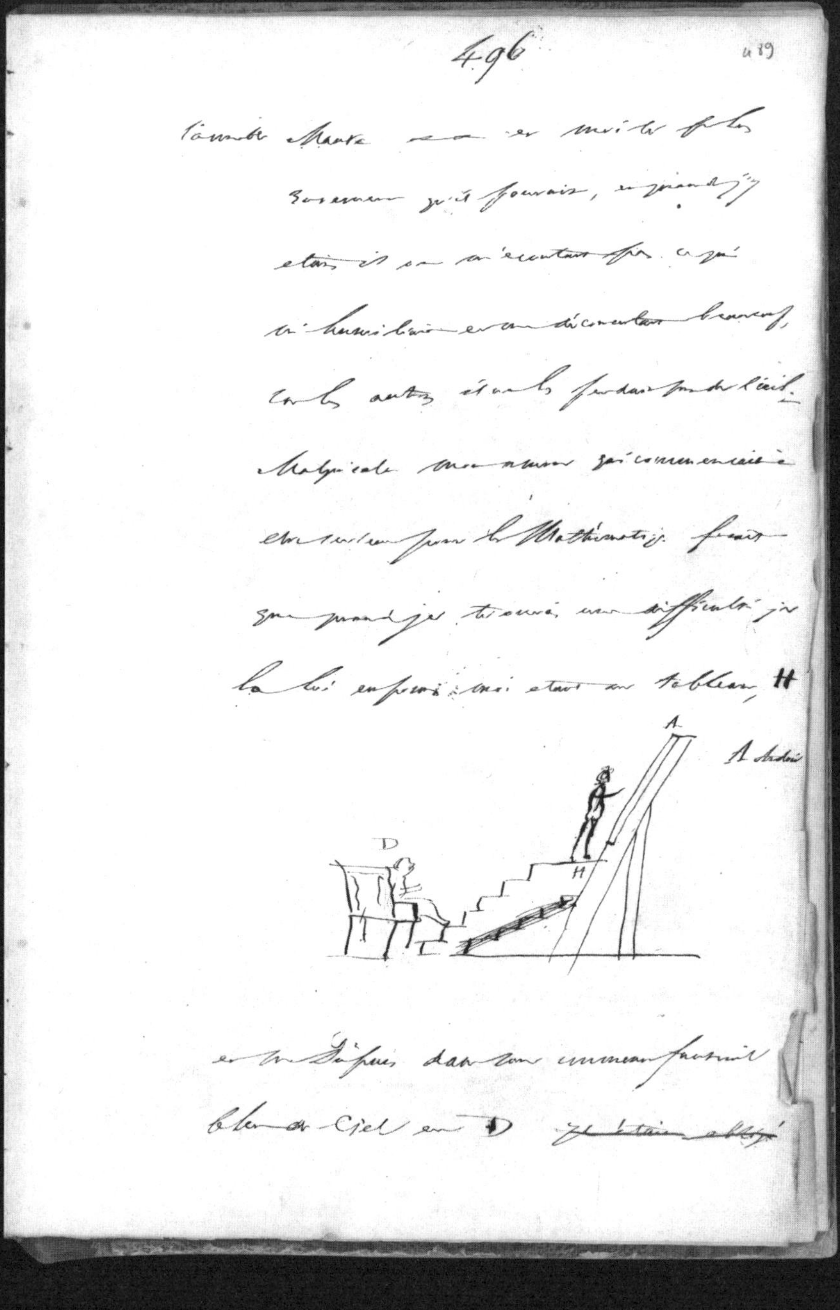

Dessin du tableau n° 2. Stendhal, *Vie de Henry Brulard*.
Ville de Grenoble, Bibliothèque municipale, R.299 (2) Rés., folio 489.

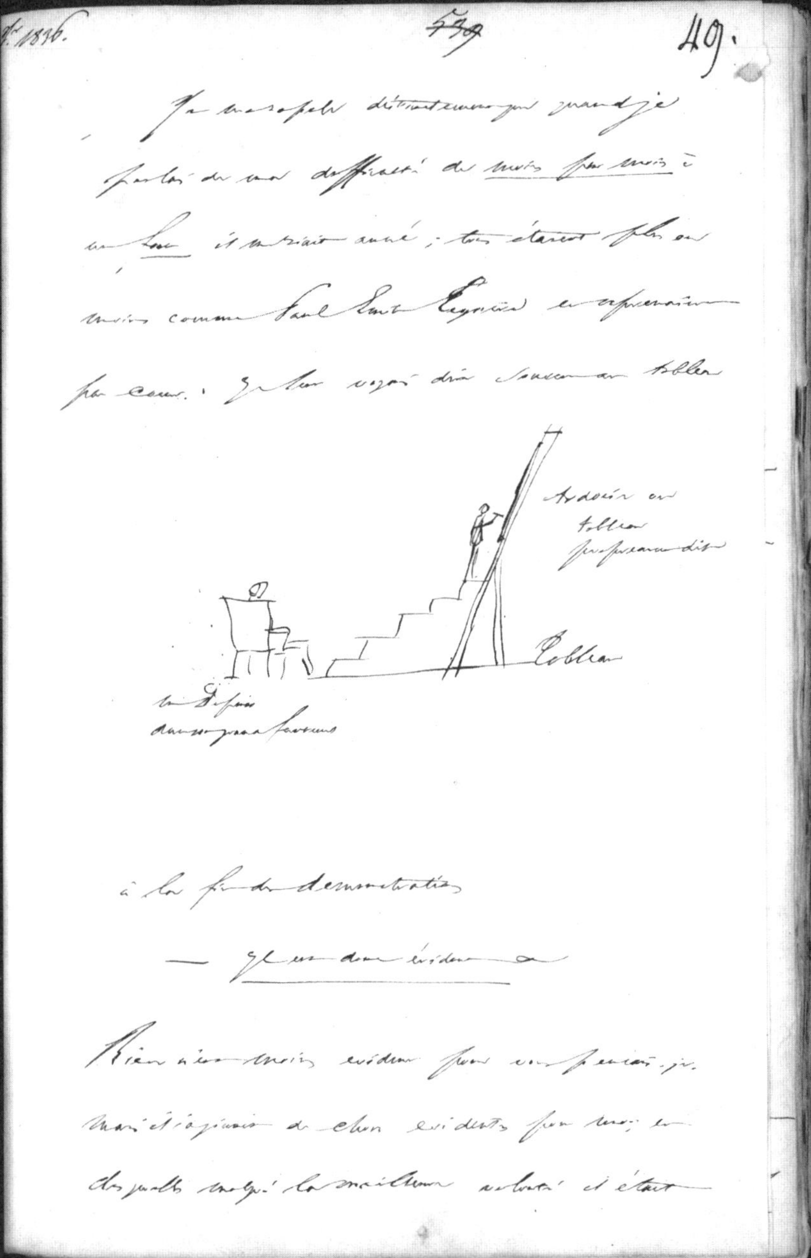

1836. 49.

Je m'aperçus distinctement que quand je parlais de ma difficulté de moins par moins à un fort, il me riait au nez ; tous étaient plus ou moins comme Paul Émile Teisseire et apprenaient par cœur. Je leur voyais dire souvent au tableau

à la fin des démonstrations

— Il est donc évident que

Rien n'est moins évident pour vous pensais-je. Mais il s'agissait de choses évidentes pour moi et desquelles malgré la meilleure volonté il était

Dessin du tableau n° 3. Stendhal, *Vie de Henry Brulard*.
Ville de Grenoble, Bibliothèque municipale, R.299 (3) Rés., folio 49.

provisoire, du lieudit Les Échelles[28] : là, Henri vécut quelques jours d'intense bonheur, en 1790, année de la mort de sa mère, ou 1791 – voilà qui change tout, mais de la mère dans cette excursion aux Échelles, il n'est pas question. Laissons pour un moment cette parenthèse enchantée. Dans la fiction, dans les romans, l'échelle est bien là, comme un motif.

L'échelle, concrète, encombrante, est présente dans *Le Rouge et le Noir*, et à plusieurs reprises[29]. La première se trouve à la cathédrale de Besançon, qu'il faut décorer pour la Fête-Dieu : Julien, plus agile que les tapissiers parisiens, grimpe lui-même à l'échelle pour disposer des bouquets de plumes sur une vieille corniche. Puis il y a l'échelle, achetée à un paysan, qui permet de gagner la chambre de Mme de Rênal ; l'échelle de la bibliothèque de La Mole (il y en a même deux) : en la remportant, Julien, maladroit cette fois, brise une glace ; enfin, « la grande échelle du jardinier » qui permettra à Julien de monter jusqu'à la chambre de Mathilde. Dans *La Chartreuse de Parme*, où l'élévation est essentielle, l'échelle est moins concrète, même si elle entre dans les projets visant à faire évader Fabrice de la forteresse : Ferrante Palla teste une suite d'échelles sur une tour du Moyen Âge, mais c'est à l'aide de trois cordes que Fabrice s'évadera, ce que la police ne pourra pas croire, réactivant l'hypothèse des échelles. Réelle ou imaginaire, l'échelle insiste, au moins littéralement.

Faut-il voir un « sens » à ce motif ? A-t-il un lien avec l'épisode des Échelles ? Posons l'hypothèse que l'échelle, motif, n'est pas un symbole chez Stendhal : elle en manifesterait

28 Voir Yves Ansel, Philippe Berthier, Michael Nerlich (dir.), *Dictionnaire de Stendhal*, Paris, Champion, 2003. Et Philippe Berthier, « Les Échelles du paradis », *Espaces stendhaliens*, Paris, Presses Universitaires de France, 1997.

29 Pour une première version de ce sujet, voir Anouchka Vasak, « L'échelle d'Henri », *Le Nouveau Recueil*, n° 83, juin-août 2007, p. 158-166.

plutôt le refus. L'échelle, certes « exhaustion », l'est, pour parler en termes psychanalytiques, « dans le symbolique » : elle lève en partie le secret du nom propre.

Partons de l'étymologie. L'échelle, sans surprise, vient du latin *scala* – ce qui n'est peut-être pas indifférent pour Stendhal. En italien, *scala* signifie à la fois échelle et escalier. *Scala*, latin, est un dérivé de *scandere* (monter, gravir), qui a donné aussi « scander ». Quant au mot « échelle », selon le *Dictionnaire historique de la langue française*, il désigne d'abord, comme en latin, « un dispositif transportable composé de deux montants réunis par des barreaux servant de marches » ; depuis le XIXe siècle, « échelle » désigne aussi une « place de commerce, une escale », c'est-à-dire un « lieu où l'on pose une échelle pour débarquer » (les échelles du Levant) ; le mot prend aussi le sens de « ligne graduée des cartes marines », d'où celui de « rapport entre une dimension et sa représentation » ; par figure, échelle se dit enfin d'une « série continue et progressive » (échelle sociale, échelle des salaires, des sons, des couleurs[30]).

Le *Robert historique* fait plusieurs renvois d'« échelle », outre « scander », à « escale », « escalier », mais aussi à « scandale », dont l'origine est le mot grec *skandalon*, σκάνδαλον, « piège ». Scandale, Stendhal. Si loin qu'il soit apparemment de l'échelle, le rapprochement est séduisant, et légitimé par ce mot d'esprit, d'Henri à Mareste : « Vous allez encore vous *stendhaliser*, mais je vous assure que je suis froid et vrai[31]. »

Sans revenir au détail des deux textes qui ont guidé mon enquête, *Le Rouge et le Noir* et *La Chartreuse*, je pose les échelles romanesques et je retiens :

---

30 *Dictionnaire historique de la langue française*, Paris, Le Robert, 1re édition, 1992.
31 Lettre du 3 janvier 1818. Stendhal, *Correspondance*, vol. 5, établissement du texte et préface par Henri Martineau, Paris, Le Divan, 1933-1935, p. 634.

– l'échelle est l'occasion pour Julien de montrer aussi bien son agilité (Besançon) que sa maladresse (bibliothèque de la Mole) ;

– l'échelle est encombrante et compromettante. Mme de Rênal veut à tout prix la faire disparaître ; elle disparaît de fait, et mystérieusement : c'est « l'événement de l'échelle » qu'elle commentera avec Julien ;

– l'échelle (*Le Rouge et le Noir*) laisse une empreinte dans le sol, mais cette empreinte, il faut l'effacer ; au matin, après avoir quitté la chambre de Mathilde, Julien doit prendre quelques précautions relatives à l'échelle : « Il coucha l'échelle à sa place ordinaire ; il replaça la chaîne qui la retenait ; il n'oublia point d'effacer l'empreinte que l'échelle avait laissée dans la plate-bande de fleurs exotiques sous la fenêtre de Mathilde » ;

– l'échelle disparaît dans *La Chartreuse*, où Fabrice, virtuose, s'évade à l'aide de trois cordes.

Première hypothèse : l'échelle serait un symbole, au sens d'« incarnation d'une idée abstraite » (dictionnaire *Gradus*). On peut, suivant par exemple le type de lecture pratiquée par Jean-Pierre Richard, tenter une « interprétation symbolique » de l'échelle. On fera alors de l'échelle, dans le paysage de Stendhal, un symbole existentiel. On rapportera l'échelle aux nombreuses scènes de hauteur ou d'élévation : toit de la scierie du père Sorel où se réfugie Julien, rochers des hauteurs de Verrières, citadelle de Besançon où Julien est enfermé, tour Farnèse de *La Chartreuse*, église au-dessus de Rolle, visite du Grand-Saint-Bernard au cours du voyage Genève-Milan évoqué dans la *Vie de Henry Brulard*[32]. Mais on observe aussitôt que Stendhal nous livre les clefs du

32 « Là, ce me semble, a été mon approche la plus voisine du bonheur parfait. » (Stendhal, *Vie de Henry Brulard, op. cit.*, p. 413.)

symbole (position physique / position morale), et donne même un nom, en termes esthétiques, à cette élévation : c'est le *sublime*. « Est sublime, dit Kant, ce en comparaison de quoi tout le reste est petit[33]. » « Sublime » est le mot qui vient à Fabrice au sommet de la tour Farnèse : « Il courut aux fenêtres ; la vue qu'on avait de ces fenêtres grillées était sublime. » « Sublime » aussi, l'amitié de Fouqué qui veut faire évader Julien de la citadelle de Besançon. La lecture que fait Jean-Pierre Richard[34] de la position d'élévation est donc exemplaire de cette interprétation symbolique : « L'espace incarnant en somme la liberté créatrice de l'imagination, c'est tout naturellement que la hauteur revêt dans le monde stendhalien [...] une signification spirituelle et morale. » L'échelle, dans cette perspective, peut être interprétée comme un symbole du désir et de la jouissance stendhaliens. Et cette lecture pourrait en effet nous conduire aux portes de la psychanalyse, du moins de la psychocritique : l'échelle, métaphore obsédante.

Il faut revenir plutôt à ce souvenir d'enfance d'Henri, le séjour au lieudit « Les Échelles », ce paradis (Philippe Berthier). Moment de jouissance suprême, « bonheur subit, complet, parfait », au point qu'Henri (Henry Brulard, Henri Beyle), *peine* à le raconter :

> La difficulté, le regret profond de mal peindre et de gâter un souvenir céleste où le *sujet surpasse* trop le disant me donne une véritable peine au lieu du plaisir d'écrire[35].

---

33 *Critique de la faculté de juger*, 1790. Étymologiquement, « sublime » signifie « haut, élevé ». *Sub* marque un mouvement de bas en haut, *limis* ou *limus* signifie « oblique ». (*Robert historique*.)

34 *Littérature et sensation*, Paris, Seuil, 1954.

35 Stendhal, *Vie de Henry Brulard*, chapitre 13, « Premier voyage aux Échelles », p. 144.

Cette expression, « le sujet surpasse le disant », Henri – Henry ? – la reprendra avec une variante[36].

Moment de bonheur et de découverte de la sensualité, du côté Gagnon, la famille de la mère. Mais il faut l'inscrire dans sa configuration textuelle. Ce chapitre[37] précède dans le texte celui qui relate la « mort du pauvre Lambert », valet de chambre du grand-père (« 1794 ou 95 »). Lambert est mort en cueillant la feuille d'un mûrier sur lequel il élevait des vers à soie ; c'est sur une échelle qu'on rapporte son corps. Henri rapproche cette mort de celle de sa mère, évoquée en quelques lignes au chapitre 3 de la *Vie de Henry Brulard*. Mais ce qu'il écrit au chapitre 14 (mort de Lambert) est *a priori* paradoxal :

> Je connus la douleur pour la première fois de ma vie. Je pensai à la mort.
> L'arrachement produit par la perte de ma mère avait été de la folie où il entrait à ce qu'il me semble beaucoup d'amour. La douleur de la mort de Lambert fut de la douleur comme je l'ai éprouvée tout le reste de ma vie, une douleur réfléchie, sèche, sans larmes, sans consolation[38].

La mère d'Henri, Henriette Gagnon, « périt à la fleur de la jeunesse et de la beauté en 1790, elle pouvait avoir vingt-huit ou trente ans […]. Là, ajoute Stendhal, commence ma vie morale[39] ».

36 « Ici, pour la seconde fois, *le sujet surmonte le disant.* » *Vie de Henry Brulard*, chapitre 35, p. 336. Et encore dans le dernier chapitre, 47, intitulé « Milan », p. 434 : « Ma foi, je ne puis continuer, le sujet surpasse le disant. » L'expression « la parole surmonte le disant » serait une allusion aux vers de François Ier sur Pétrarque. (Note 1 de la p. 144.)

37 Stendhal, *Vie de Henry Brulard*, chapitre 13, « Premier voyage aux Échelles ».

38 *Ibid.*, p. 156.

39 *Ibid.*, chapitre 3, p. 53.

1790 : année du séjour aux Échelles – du moins dans le souvenir subjectif –, année de la mort d'Henriette. Les Échelles : je m'arrêterai moins au lieu qu'à l'empreinte qu'il a laissée dans la mémoire d'Henri, et qu'il laisse à son tour sous forme de croquis. On pourrait dire, c'est vrai, que l'insistance du motif de l'échelle de Stendhal s'explique par l'empreinte métaphorique laissée en lui par le séjour aux Échelles. Oui, c'est bien d'empreinte que je voudrais parler, mais littérale, comme celle laissée par l'échelle au matin dans « la terre molle » sous les fenêtres de Mathilde : quelque chose comme un H. Et le H, qu'il s'agit ici de faire disparaître comme la signature de la faute, est l'initiale par laquelle Henri se désigne dans la *Vie de Henry Brulard*.

On est frappé par la quantité de dessins au chapitre 13 « Premier voyage aux Échelles », et le dessin, souligne Philippe Berthier, « prolifère dans le manuscrit de *Brulard* chaque fois qu'on approche d'une expérience centrale ». Moins d'initiales que de commentaires, pourtant ; surtout, point de ce « H ». Le « point H » apparaît avant, mais surtout après, dans ce chapitre 14, « Mort du pauvre Lambert », lorsque Henri évoque, après ses premières larmes plus d'un an après la mort de sa mère, comme suscitées par la mort du domestique de son grand-père[40], « [s]es plus doux épanchements avec [s]on ami[41] », les illustrant d'un croquis commenté de cette légende :

> L. Lieu où Lambert sciait des bûches pour la cheminée de mon grand-père. – H. Moi. De là, je contemplais les barreaux de bois du bûcher et je me donnais des

40 « Je fondis en larmes tout à coup au point d'avoir des sanglots qui m'étouffaient. Je n'avais jamais pu pleurer la mort de ma mère. Je ne commençai à ne pouvoir pleurer que plus d'un an après, seul, pendant la nuit, dans mon lit. Séraphie, en me voyant pleurer Lambert, me fit une scène. » (*Ibid.*, p. 160.)

41 *Ibid.*

> paroxismes [pâmoisons ?] de [douleur] en portant le sang à la tête en ouvrant la bouche. – T. Thermomètre de mon grand-père.

Une page plus loin : « Les paroxismes [*sic*] d'amour que je me donnais au point H sont incroyables[42]. » Et le chapitre 14 se clôt ainsi :

> Qui se souvient de Lambert aujourd'hui, autant que le cœur de son ami !
> J'irai plus loin, qui se souvient d'Alexandrine, morte en janvier 1815, il y a vingt ans ? Qui se souvient de Métilde, morte en 1825 ?

Paroxysme de douleur, paroxysme d'amour ou de plaisir, point H, comme lors de l'annonce de la mort de la tante honnie :

> Un soir d'hiver, ce me semble, j'étais dans la cuisine vers les sept heures du soir, au point H vis-à-vis l'armoire de Marion. Quelqu'un vint me dire : « Elle est passée. » Je me jetai à genoux au point H pour remercier Dieu de cette grande délivrance[43].

Or ce point H est peut-être lié à l'échelle : non seulement à la notion de gradation (« série continuée et progressive »), étant entendu que le point H serait le *climax* de cette progression, mais aussi à l'échelle ou l'escalier comme objet. Le point H est ce lieu paroxystique du plaisir et de la jouissance, de l'émotion, comme la Scala de Milan. Point, pointe, *punctum*.

---

42 *Ibid.*, p. 161.
43 *Ibid.*, p. 217.

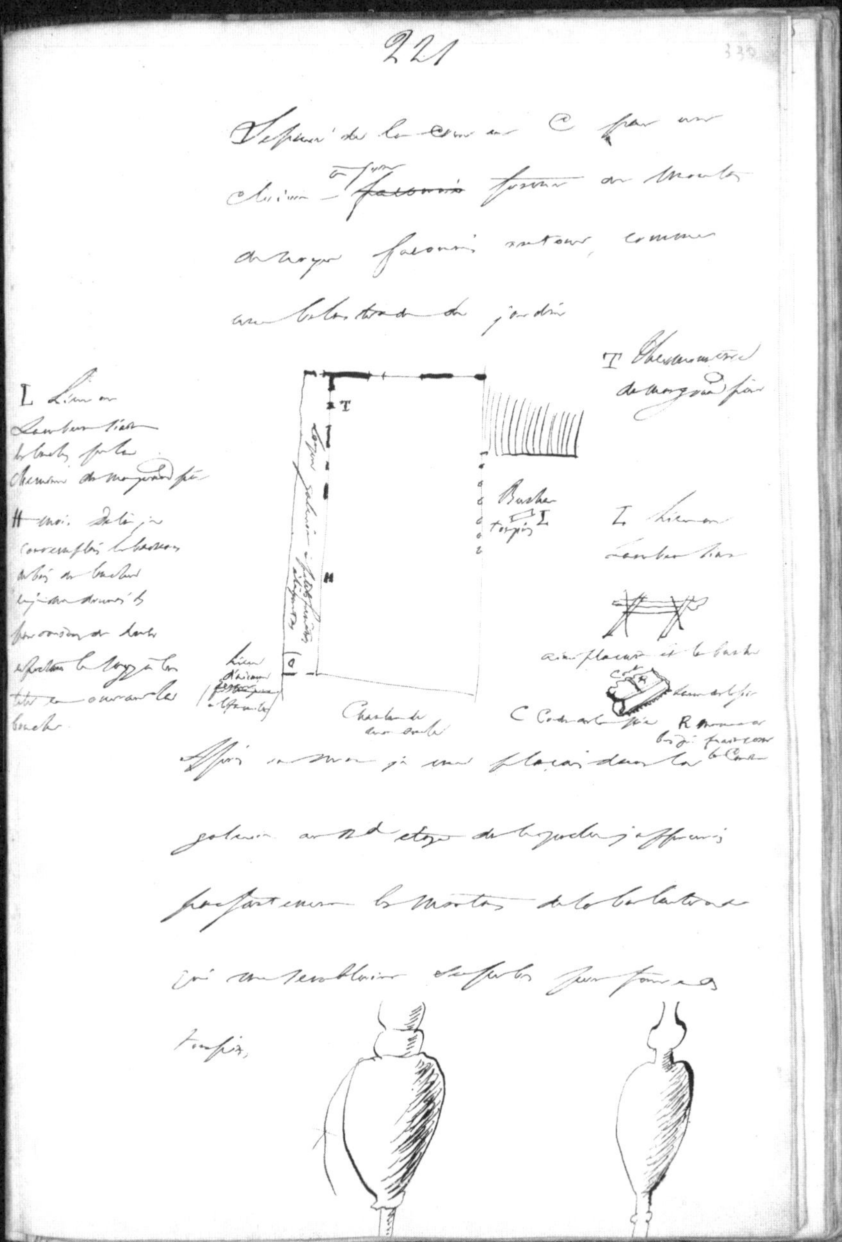

Mort du pauvre Lambert. Stendhal, *Vie de Henry Brulard*.
Ville de Grenoble, Bibliothèque municipale, R.299 (1) Rés., folio 330.

Et le H, celui de l'échelle dont il est l'inscription cryptographique, celui de l'initiale d'Henri, pourrait livrer, en toute signifiance, une clef de la relation au nom-du-père. Nom-du-père ? C'est à voir. « H », il est vrai, n'existe pas comme initiale aux Échelles, tel que le souvenir est écrit – figuré –, dans la *Vie de Henry Brulard*. Cette absence n'a-t-elle pas quelque rapport avec la manie pseudonymique de Stendhal, liée au refus du nom du père, Chérubin Beyle ? Quel est le nom de l'auteur de cette autobiographie inachevée ? Un curieux lapsus de la *Vie de Henry Brulard* nous permet de mettre le doigt sur ce trouble, associant difficulté à porter le nom du père et égotisme honteux :

> Où se trouvera le lecteur qui, après quatre ou cinq volumes de *je* et de *moi*, ne désirera pas qu'on me jette, non plus un verre d'eau sale mais une bouteille d'encre ? Cependant, ô mon lecteur, tout le mal n'est que dans ces sept lettres : B,R,U,L,A,R,D, qui forment mon nom, et qui intéressent mon amour-propre[44].

Stendhal aurait écrit d'abord « tout le mal n'est que dans ces cinq lettres », songeant certainement à BEYLE[45].

Il est temps de rappeler la généalogie de Stendhal, du moins telle qu'elle est évoquée au chapitre 7 de la *Vie de Henry Brulard* :

44 *Ibid.*, p. 283.
45 Stendhal, *Vie de Henry Brulard, op. cit.*, note 1 de la p. 283.

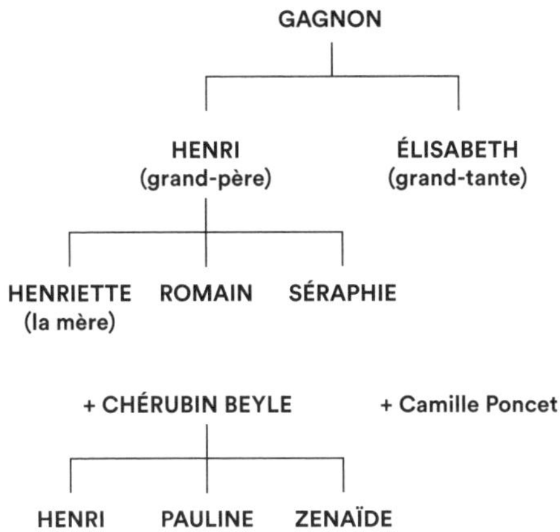

Dans son « Stendhal pseudonyme[46] », Jean Starobinski rappelle certains pseudonymes d'Henri Beyle : Cotonnet, Bombet, Baron de Cutendre, William Crocodile, mais aussi bien sûr « Stendhal » (nom d'une ville prussienne, s'accordait-on à dire depuis Sainte-Beuve) ; Henry Brulard est un de ces pseudonymes, sur lequel plusieurs hypothèses ont été fondées. Ces pseudonymes, selon Starobinski, sont autant de masques empruntés par Stendhal pour échapper à la prison du nom-du-père. La *Vie de Henry Brulard* serait une sorte de « bas les masques », une « tardive quête de soi » entreprise pour « retrouver son visage ».

Quittant l'image pour revenir à la lettre, on note que le H est l'initiale certes d'Henri, mais aussi du grand-père Gagnon et de la mère adorée. Elle est encore celle du prénom d'un frère aîné, premier Henri né le 16 janvier 1782, mort à quatre jours et absent de la généalogie du *Brulard*[47]. Quant au pseudonyme de Stendhal, il

46 Jean Starobinski, *L'Œil vivant*, Paris, Gallimard, 1961. Voir aussi l'article « Pseudonyme » du *Dictionnaire de Stendhal.*

47 Archives municipales de Grenoble. Une fille naquit aussi le 11 octobre 1784, qui mourut le même jour. Henri Beyle (Stendhal) est né le 23 janvier 1783.

n'est pas du tout certain qu'il renvoie à la cité annexée par la Prusse en 1815, parce qu'elle s'écrit… sans H[48]. Point de H non plus chez Métilde Dembrowski, rencontrée en 1818, morte en 1825, qui inspira *De l'Amour* – mais un H dans Mathilde de La Mole.

Que dire alors de ce « H », présent-absent chez Stendhal, étant entendu que « Stendhal » désigne l'ensemble de la production littéraire et graphique d'Henri Beyle[49] ?

Résumons, sans ordre, les remarques que l'on peut faire quant à la pratique de la lettre, la manie littérale de Stendhal :

– La lettre, le code, sont présents dans les œuvres de fiction de Stendhal autant que dans les cryptogrammes qui émaillent ses manuscrits. On pense ici aux lettres ou aux codes qui permettent à Fabrice emprisonné à la tour Farnèse de communiquer avec Clélia (grandes lettres exhibées, croix tracées à l'encre par la jeune fille sur le pain que Fabrice peut manger) ou avec la Sanseverina (l'alphabet lumineux).

– Dans *Henry Brulard*, la lettre ne désigne pas toujours l'initiale du nom ou de la chose (A armoire, C cheminée…), elle « prévaut généralement pour désigner le lieu ou l'objet attachés au souvenir d'[une] personne[50] ».

– À moins que la lettre, le H en particulier, ne réalise un fantasme d'effacement du moi[51]. À ceci près que, souligne Béatrice Didier, le nom du père fait retour sous forme de lapsus, la fiction du pseudonyme Brulard n'étant pas tenue jusqu'au bout du livre. « L'affirmation de l'identité passe par celle du nom, fût-il détesté. »

---

48 Voir sur ce point l'article amusant de Pierre Angrand, « Stendhal n'est pas Steindal. *Est-il… Shetland* ? », *RLC*, n° 30, 1956, p. 209-218.

49 « Tout ce que trace la plume de Beyle (ou sa canne, ou son canif, ou Dieu sait quoi) est Stendhal, sans distinction ni hiérarchie. » (Gérard Genette, « Stendhal », in *Figures II*, Paris, Seuil, 1969.)

50 Martine Reid, « Stendhal en images », *Stendhal, l'autobiographie et la Vie de Henry Brulard*, Genève, Droz, 1991.

51 Béatrice Didier, *Stendhal autobiographe*, Paris, Presses universitaires de France, 1983.

Alors, à quoi sert le H ? Si le nom du père, selon l'expression de Lacan, est « le support de la fonction symbolique », le H en est l'inscription, pour autant que « le signifiant précède et détermine le sujet ».

Faisons le *point* :

– le H pour Henri Beyle serait une manière de compromis entre le nom du père, Beyle, le prénom chéri, Henriette, et le prénom du frère mort volé à l'amour de la mère, le H portant aussi la marque de sa troncature (Henriette-Henri-H) ;

– le H, ou l'échelle qui le figure, est une sorte d'icône, peut-être même un pictogramme : un message remplaçant une phrase.

Ce message serait : j'ai éprouvé de la jouissance (« bonheur complet ») aux Échelles. Dans l'épisode des Échelles, l'interdit de l'inceste est déplacé sur la tante Camille, du point H au point A :

> Un an ou deux avant ce voyage, près du Pont-de-Claix, au point A, j'avais entrevu sa peau blanche à deux doigts au-dessus du genou comme elle descendait de notre charrette couverte. Elle était pour moi, quand je pensais à elle, un objet du plus ardent désir[52].

Mais l'objet du plus ardent désir, c'est, à n'en pas douter, la mère. Dans *Henry Brulard*, l'aveu œdipien est si clairement lisible qu'il décourage, chacun en convient, toute psychanalyse de Stendhal. « Quant à moi j'étais aussi criminel que possible, j'aimais ses charmes avec fureur. » Il en fait l'aveu :

> Un soir, comme par quelque hasard on m'avait mis à coucher dans sa chambre par terre, sur un matelas, cette

52 Stendhal, *Vie de Henry Brulard*, *op. cit.*, p. 143.

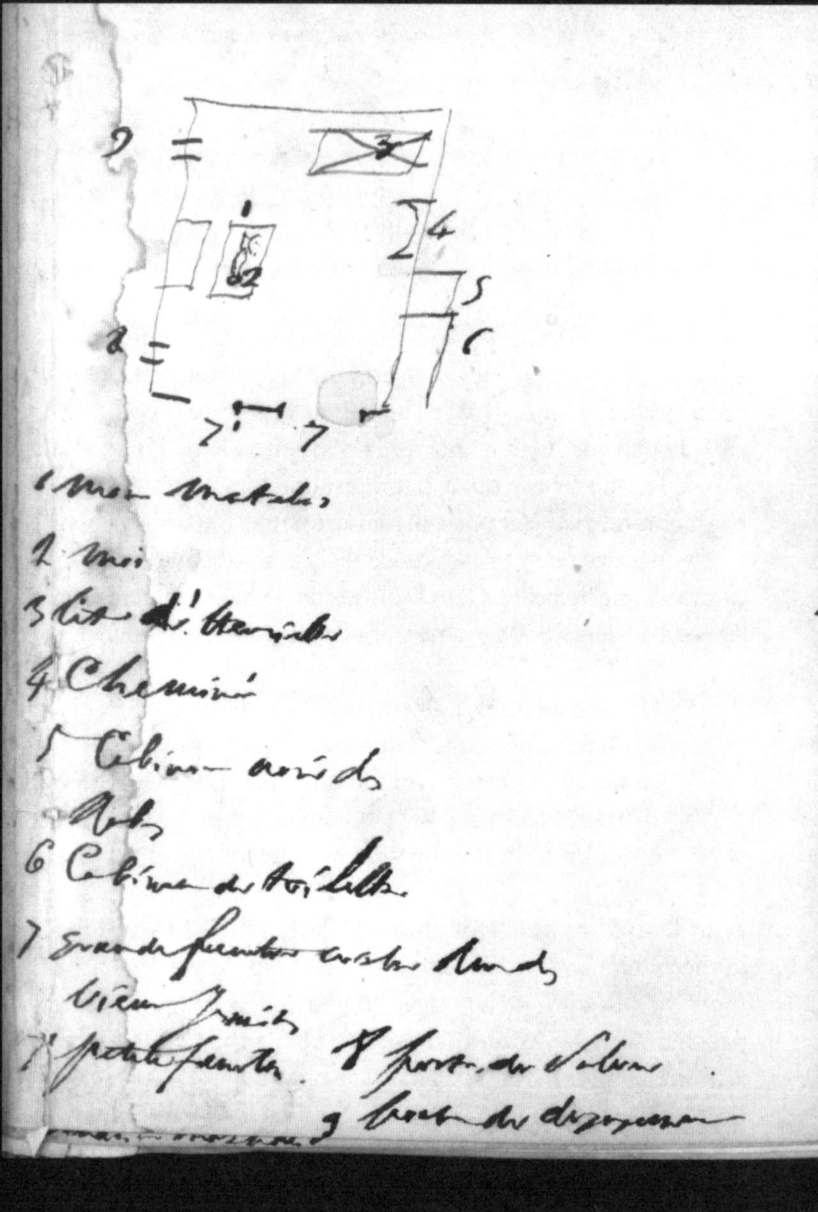

Chambre de la mère. Stendhal, *Vie de Henry Brulard*.
Ville de Grenoble, Bibliothèque municipale, R.299 (1) Rés., folio 102.

> femme vive et légère comme une biche sauta par-dessus mon matelas pour atteindre vite à son lit[53].

C'est dans cette chambre sacrée, sanctuaire après la mort de la mère, qu'un tableau de mathématiques fut installé, en 1798, sous conditions :

> Sa chambre est restée fermée dix ans après sa mort. Mon père me permit avec difficulté d'y placer un tableau de toile cirée et d'y étudier les mathématiques en 1798. Mais aucun domestique n'y entrait, il eût été sévèrement grondé, moi seul j'en avais la clé[54].

Poursuivant la veine psychanalytique et mathématique, je conclurai en trois points :

1. Si le nom du père préexiste à l'enfant – d'autant qu'Henri est le deuxième du nom –, c'est-à-dire que l'enfant entre dans un monde de signifiants, il ne faut pas s'arrêter aux Échelles, souvenir d'enfance, mais poser que l'échelle, les échelles disent ou inscrivent littéralement le désir : retrouver la mère.

2. L'autobiographie, telle qu'elle est entreprise et inachevée avec la *Vie de Henry Brulard*, est peut-être une tentative comparable à celle de l'analyse qui permet au sujet d'accéder à la « complétude du sens par le symbolique où se réconcilie l'universel du langage et le particulier de la parole[55] ». *Henry Brulard* serait à mi-chemin – une manière d'échelle en somme – entre la parole (particulière) et le langage (universel, accessible à tous), car « le sujet surpasse le disant ». De ce point de vue, je me permets de ne pas souscrire à la conclusion de

53 *Ibid.*, p. 53.
54 *Id.*
55 Philippe Julien, *Pour lire Jacques Lacan*, Paris, Seuil, 1995.

Philippe Berthier dans « Les Échelles du paradis » : « Le dessin, écrit-il, manifeste à la fois une objectivité de l'expérience vécue et son enfermement dans les limites du moi [...] ; cet atlas intime n'est dressé que pour soi. » Il me semble au contraire que l'expérience vécue est, à la faveur du dessin, partageable : l'« échelle » (« rapport entre une dimension et sa représentation ») n'est certes pas respectée du point de vue de la règle cartographique. Le moi, point fixe désigné le plus souvent par H, surinvestit le lieu dont il ne montre que les aspects saillants pour lui. Mais l'expérience est transmise, à l'intersection du lieu géographique et de son investissement subjectif.

3. L'échelle peut être aussi, tout simplement, un indice de *sublimation*, elle figure ainsi par métaphore l'entreprise littéraire dans son ensemble pour le dénommé Henri.

Quant à l'entreprise 97, elle m'invite à proposer une autre conclusion. La difficulté où est Stendhal de préciser la date (96, 97, 98 ?) est significative de la période, et conforme à la pensée météore qui s'ouvre avec elle. Pourquoi Stendhal est-il un des premiers à le révéler, avec la désinvolture qui est la sienne, dont témoigne notamment l'inachèvement de l'autobiographie ? Peut-être parce qu'il est un des premiers à accueillir, à assumer et à mettre en scène le travail de la mémoire subjective prise dans l'Histoire. Ce que Stendhal initie aussi, c'est un rapport inconscient au signifiant, structurant du sujet. En France, les œuvres de Jacques Derrida ou d'Hélène Cixous[56], elle-même grande amatrice de Stendhal,

56 Dans un entretien pour la revue *Orages*, Hélène Cixous écrit : « La douleur Stendhal, qu'il a analysée sur le vif, et qui est en lui, qu'il reconnaît, qu'il retrouve et qui revient, c'est une douleur "réfléchie, sèche, sans larmes, sans consolation". C'est la marque de ce qui n'existait pas à son époque, c'est de l'analyse. » (« Entretien autour de Stendhal » du 17 mars 2007 à la Bibliothèque municipale de Grenoble, *Orages*, n° 12, mars 2013, p. 283-302.)

systématiseront ce « travail », au sens analytique : l'empreinte du signifiant dans le sujet. Il me plaît de penser que c'est Stendhal qui, *vers 1797*, a ouvert la voie.

Chapitre XII
Mille gouttelettes

Les brouillards semblent vivants. On ne sait s'ils montent, descendent, se forment ou se dissolvent, s'en vont ou tombent.

Goethe, *Relation d'un voyage en Suisse*, dimanche 1er octobre 1797.

La matière ne m'incommode pas, car je sais immédiatement l'ordonner et l'assimiler, je n'ai jamais été aussi libre de choisir les différentes formes avec lesquelles je forge mes représentations ou les transmets à d'autres.

Goethe, lettre à Schiller, 14 octobre 1797.

C'est par « milliers de gouttelettes » que se transmet, nous dit-on, le virus qui circule à l'heure où j'écris. Sans doute la situation particulière que nous avons traversée m'inspire-t-elle de voir en 1797 des signes de cette exposition : elle commence là, par un nouveau mode de perception, atomisé, rhizomatique, et d'un nouveau régime d'écriture, qui accueille les « bordures mouvantes[1] » et les multiplicités indistinctes. Comment, en peinture, ne pas penser encore à Turner et ses paysages vaporisés ?

Masses mobiles

C'est dans un texte écrit par Goethe en 1797, la relation d'un voyage en Suisse, que je vois cette inspiration en littérature, par la bande, car c'est ainsi ou en contrebande que s'introduit cette *Weltanschauung* neuve. Le texte de Goethe, notes jetées sur le papier et rassemblées en fascicules, n'a pas de prétention à faire œuvre et retient à son insu même les anciennes structurations.

Goethe a fait en réalité trois voyages en Suisse : en 1775, 1779, 1797. Le dernier est largement relaté de la main d'Eckermann, secrétaire des dernières années de la vie de Goethe[2]. Ces trois voyages sont pour Goethe l'occasion d'« apprendre à voir[3] ». Celui de 1797 est un petit objet qui contient en miniature, comme ces boules à neige qu'on secoue pour faire apparaître un micro-paysage magnifié par les flocons

1 Gilles Deleuze, Félix Guattari, *Mille plateaux*, Minuit, 1980, p. 308.

2 *Aus einer Reise in die Schweiz über Frankfurt, Heidelberg, Stuttgart und Tübingen im Jahre 1797*. Claire Jaquier, Introduction « Apprendre à voir », *in Goethe en Suisse et dans les Alpes, voyages de 1775, 1779 et 1797*, édition de Christine Chiadò Rana, Genève, Georg Éditeur, 2003, p. 8.

3 *Id.*

en suspension, tous les éléments d'une nouvelle manière de voir et d'écrire : on parle là de visions morcelées, partielles, et pourtant sans rupture, projetées en mille gouttelettes solidaires. On parle là d'« écriture-météore ».

Tout commence par la présence, en effet, des météores. Et d'abord du brouillard. Ce météore du Nord[4] où Germaine de Staël voit l'origine de la littérature dans son sens moderne est omniprésent dans la littérature et la peinture romantiques, pour qui réduit le romantisme à un « climat[5] ». Mais loin d'être un pur décor, il induit un nouveau mode de perception, et une écriture « pulvérisée ». Crise du sujet, crise des formes, que la littérature allemande assume et théorise dans ces années-là, notamment avec la revue l'*Athenaeum*, dont Goethe pourtant se tiendra à distance.

Si Goethe fait comme d'autres l'éloge de la Suisse, patrie primitive, origine de la nation allemande, il n'est pas l'inventeur du mythe alpestre : avant lui, il y a les poèmes de Haller, ceux de Gessner[6], *La Nouvelle Héloïse* et, bien en amont, toute une littérature savante et « sanitaire » qui fait l'éloge du « bon air des Alpes[7] ». Bien entendu, Goethe n'est pas vierge de références culturelles en abordant le paysage

4 Voir, somme sur le sujet, Karin Becker et Olivier Leplatre (dir.), *La Brume et le brouillard dans la science, la littérature et les arts*, Paris, Hermann, 2014. En particulier pour la période romantique, Clémentine Chasles, « Les fonctions du brouillard dans la littérature anglaise du XIXe siècle » et Anouchka Vasak, « Le parti-pris de la brume. Sur la peinture de Caspar David Friedrich ». Article essentiel, celui de Claude Reichler sur *Oberman* (1803), « Nébulosité, transparence : météorologie et sensibilité dans *Oberman* », *in* Fabienne Bercegol et Béatrice Didier (dir.), *Oberman ou le sublime négatif*, Paris, éditions Rue d'Ulm, 2006.

5 Ce que le romantisme, le premier surtout qui est « surgissement d'une crise », n'est pas. Voir Philippe Lacoue-Labarthe et Jean-Luc Nancy, *L'Absolu littéraire. Théorie de la littérature du romantisme allemand*, Paris, Seuil, 1978, p. 13.

6 Albrecht von Haller, *Les Alpes* (1732 [daté de 1729 mais publié dans le recueil *Versuch Schweizerischer Gedichten* en 1732]) ; Salomon Gessner, *Les Idylles* (1756 et 1772).

7 Reichler, « Nébulosité… », art. cité, p. 94-95.

alpin. Et les chemins parcourus en 97 ne sont pas à l'abri de l'histoire : les armées de Bonaparte alors en Italie menacent d'envahir la Suisse[8]. Ce sera chose faite dès décembre 1797, d'abord pour le sud de l'évêché de Bâle, puis pour d'autres régions intégrées à la République cisalpine par le traité de Campo-Formio ; Genève est annexée à la République française le 15 avril 1798. Sur son chemin, Goethe croise des émigrés français, notamment des cavaliers royalistes portant à leur bras le signe des trois lys noirs[9], ou des voyageurs renonçant au voyage d'Italie. En ces moments troublés par les visées guerrières de Bonaparte, la Suisse devient un microcosme cosmopolite : Goethe espère y retrouver les frères Humboldt, Wilhelm et August, ainsi que le sculpteur Tieck. Mais si Goethe ne peut pas omettre tout à fait les « circonstances actuelles », s'il n'est pas un voyageur sans bagage, son voyage de 97, comme ceux qui l'ont précédé, est d'abord un événement subjectif, physique et polysensoriel. Le réel lui advient comme une expérience cénesthésique. Car le paysage, comme l'écrit Claude Reichler, est avant tout « un événement qui arrive au corps », ce corps affecté par l'air et les météores[10]. L'événement se raconte dans une forme inédite, même si elle emprunte celles du journal et de la lettre. C'est Eckermann qui fera de ce texte, élaboré à partir des fascicules de Goethe, une véritable relation, tout en maintenant son caractère composite. Car Goethe note

---

8 « Depuis quelques jours, écrit-il au conseiller Voigt le 17 octobre, les nouvelles du Rhin sont inquiétantes : les Français semblent même chercher querelle aux Suisses ; si la guerre devait reprendre, il faudrait craindre un effroyable malheur. » (*Goethe en Suisse et dans les Alpes*, *op. cit.*, p. 191.)

9 *Ibid.*, p. 152.

10 Claude Reichler, *La Découverte des Alpes et la question du paysage*, Genève, Georg éditeur, 2002, p. 78. Sur la cénesthésie, l'histoire médicale du concept et son interprétation dans *Oberman*, voir du même auteur « Nébulosité, transparence… », art. cité, p. 97-98.

tout, écrit à Schiller ou à Voigt, dessine, insère des poèmes. Inédite, la forme l'est surtout par l'écriture, nébuleuse de sensations.

Les météores se rencontrent presque à chaque page d'un texte dont on ne peut dire s'il relève, en termes littéraires, de la description ou de la narration : le paysage, mobile, advient au marcheur par touches, fragments. Ces mille gouttelettes sont d'abord celles du brouillard, « hydrométéore » selon la terminologie actuelle. Mais on sait que brouillard, brume et nuages, que décline le texte de Goethe, appartiennent à la même famille de météores. Ici, pas de « mer de nuages » – que l'allemand appelle *Nebelmeer* et non *Wolkenmeer* – comme dans le tableau de Friedrich (1818) : le spectateur est immergé dans le phénomène et y perd souvent ses repères. Tout bouge :

> Nous avions à présent gravi la hauteur du Haggen schwyzois, mais les brouillards proches et lointains bouchaient toute vue. Ils plongeaient étrangement dans les profondeurs, remontaient le long des crêtes. En bas, au-dessus de la vallée de Schwyz, flottait un brouillard blanc nuageux ; un autre, grisâtre, laissait à moitié transparaître la montagne en face ; un autre descendait à notre gauche du Mythen et le recouvrait entièrement[11].

Le double mouvement vers le haut et vers le bas, la lutte entre ce qui monte et ce qui descend, sont d'abord éprouvés par le voyageur à Schaffhouse, sur les lieux mythiques des chutes du Rhin, où débute la relation de 1797.

11 Goethe, *Relation d'un voyage en Suisse, dans Goethe en Suisse et dans les Alpes, op. cit.*, p. 170.

> Depuis une plate-forme en bois, apparition morcelée de la chute du Rhin. Des rochers se dressent au milieu, creusés par l'eau ascendante, contre lesquels l'eau tombante claque. Le combat entre ces deux forces, l'une d'en haut, l'autre d'en bas, les submerge complètement. Des vagues rapides, la chute drapée d'écume blanche, sa mousse en bas dans un chaudron, bouillonnants tourbillons[12].

La syntaxe cède à la parataxe. Il n'y a plus de sujets ni de verbes pour exprimer l'immersion dans le phénomène qu'on ne peut décrire que par touches. Ici, comme un peu plus tard dans le texte, Goethe songe au vers de Schiller, issu de la ballade du *Plongeur* (1797), qui raconte la résurrection puis l'engloutissement d'un jeune homme dans les chutes furieuses dont personne ne revient. Seul le texte allemand rend sensible par son rythme l'effroi éprouvé face au phénomène : « Cela ondule, bouillonne, mugit et siffle[13]. »

Le monde advient par les sens, par touches sensorielles. Rien n'est fixe, le paysage visuel et sonore change à chaque instant. La fin du XVIIIe siècle, comme Alain Corbin l'a montré, est l'époque de la construction du paysage, de la « création du paysage distancié, de l'espace observé par l'individu adoptant la posture du spectateur[14] ». Et cette posture est bien celle de Goethe. Il sait aussi que le paysage change, sous l'effet des météores, ou, comme les savants de son temps, que le sol, travaillé par l'érosion, n'est pas stable, ni ses

12 *Ibid.*, p. 148.

13 « *Es wallet und siedet und brauset und zischt.* » Traduction Christine Chiadò Rana, en collaboration avec Adrien Guignard.

14 Alain Corbin, *L'Homme dans le paysage*, Paris, Textuel, 2001, p. 60.

structures définitives[15]. Quelques années plus tard, Alexander von Humboldt, dont Goethe a fait la connaissance en 1794, systématisera, notamment par la cartographie, bien des intuitions géologiques et botaniques de Goethe[16] ; il distinguera, dans un geste à la fois discriminant et moderne, ces sciences que Goethe appréhende dans une lecture globale du monde (géologie, botanique, météorologie…). En plusieurs lieux du texte, Goethe décrit le paysage en géologue, et perçoit par les sens ces roches sédimentées et ces étagements de végétation qui ont conduit Giraud-Soulavie à distinguer des « climats » et Alexander von Humboldt à préciser la configuration de la Terre. Mais chez Goethe, la perception est globale, esthétique autant que savante :

> On aperçut des versants boisés, leurs sommets étaient enveloppés de nuages. Des éclaircies caressaient la région ; on sentait *la grandeur informe de la nature*. À maints endroits on remarque à nouveau les roches sédimentées penchées au nord et au sud, elles font face au Grütli. À gauche, des rochers escarpés. Leurs couches se mêlent confusément en tous sens, même leurs écarts les rassemblent. […]. Près de Tellsplatte, l'endroit est charmant, on voit de la roche nue et des éboulis, ensuite des alpages paisibles peu escarpés, bordés d'arbres et de buissons admirables. Jusqu'à leurs sommets, les rochers sont couverts de végétation[17].

15 Sur cet aspect, voir Alain Corbin, *Terra incognita : une histoire de l'ignorance, XVIIIe-XIXe siècle*, Paris, Albin Michel, 2020. Pour la découverte de l'érosion, voir *L'Homme dans le paysage, op. cit.*, p. 15-16. Goethe connaît les travaux de Giraud-Soulavie, partisan du transformisme, convaincu des modifications graduelles de la morphologie.

16 La célèbre carte de répartition des plantes sur le mont Chimborazo est de 1805.

17 Goethe, *Relation d'un voyage…*, p. 172-173. Je souligne.

Dans la *Relation* de 97, le propos n'étant ni spécifiquement savant, ni exclusivement esthétique, « l'homme dans le paysage » tend à perdre ses repères : effet discontinu de notes ordonnées par la seule chronologie ou de l'avènement du paysage au rythme de la marche. Il s'efforce de reconstituer le moment et l'espace dont il n'a que des fragments éclatés :

> Une source large et claire, du soleil, des éclaircies de ciel bleu, les nuages s'agglutinent sur les montagnes. D'une grotte on entend des cris d'enfants. À gauche, des roches calcaires escarpées descendent jusqu'aux champs en contrebas ; auparavant elles atteignaient la surface du lac. Derrière nous, au sol et presque à l'horizontale, un large morceau d'arc-en-ciel apparut. On vit à nouveau le zigzag des bancs rocheux[18].

Tout pourrait voler en éclats (éclats de ciel bleu, de voix d'enfants, morceaux d'arc-en-ciel, zigzag rocheux), si le sujet percevant-écrivant n'y mettait quelque ordre. Nous sommes encore, avec ce Goethe post-*Werther* ouvert à toutes les sciences, dans un monde que l'on peut nommer et ordonner : celui-ci n'est pas exactement « romantique ». L'esprit encyclopédique affleure au détour des sensations notées sans souci hiérarchique. Goethe, en minéralogiste, en géologue, sait nommer les pierres et identifier leurs couches : mica, granit, « pierre de quartz mélangée à du talc ». Il s'emploie aussi à nommer les couleurs, recourant de mémoire à un cyanomètre[19] virtuel, cet instrument qu'Horace Bénédict de Saussure conçut pour désigner aussi scientifiquement que

---

18 *Ibid.*, p. 174.

19 *Ibid.*, p. 169. Et p. 177 : « Nous évaluâmes le bleu du ciel d'après l'ultramarin à 30 scudi. »

possible les différentes intensités du bleu du ciel. Le futur auteur de la *Théorie des couleurs* (1810) observe aussi l'arc-en-ciel, autre météore. Le soleil, et l'arc-en-ciel, permettent d'éclairer tel aspect du paysage, qui ne saurait jamais être identique à lui-même. L'arc-en-ciel apparaît d'abord, furtif et incomplet, aux chutes de Schaffhouse :

> Jusqu'alors le brouillard régnait, propice à l'observation heureuse des détails ; le soleil vint à poindre depuis l'arrière, il éclaira la scène en coin de la plus belle façon. Maintenant, sa lumière divisait les masses, elle permettait de distinguer le premier plan de l'arrière-plan, donnant corps au mouvement monstrueux [...]. Ainsi illuminés, les flots giclant vigoureusement des profondeurs se distinguaient de la fine vapeur ; un demi arc-en-ciel apparut[20].

Vaporisation, distinction : tout se joue dans ce double mouvement. Le brouillard n'empêche pas d'ailleurs de voir, il met en relief des détails. Un peu plus loin, l'arc-en-ciel apparaît à nouveau, entier, « dans toute sa splendeur » : « il posait son pied tranquille dans l'incroyable mousse écumante qui, tout en menaçant violemment de le détruire, le faisait naître à chaque instant. » Mousse, écume, vapeur, brouillard et brumes : le paysage jaillit de ces mille gouttelettes.

Au retour, nouvelle halte à la chute du Rhin. L'arc-en-ciel le dispute à la mousse, « vision merveilleuse » d'un paysage d'écume et de vapeur colorées. Goethe peut y étudier le jeu des couleurs, mobiles et simultanées. Le monde est un.

---

20 *Ibid.*, p. 149.

> L'arc-en-ciel semblait déferler sans cesse depuis un gros rocher inondé, et, dans le même moment, naître dans la vapeur de la mousse tombante. Le soleil couchant teintait de jaune une partie des masses mobiles, les courants profonds apparaissaient verts, toute l'écume et la vapeur s'éclairaient de pourpre ; dans chaque profondeur, sur chaque hauteur, on attendait la formation d'un nouvel arc-en-ciel[21].

On voit ici les bases de la théorie des couleurs de Goethe, opposée à celle de Newton pour qui la couleur est issue de la décomposition de la lumière. Selon Goethe, la couleur n'est pas une propriété des corps, ni une propriété physiologique indépendante de son expression dans la nature : elle est au confluent des deux. Dans l'introduction au *Traité des couleurs* de 1810, Goethe écrira : « La nature entière se manifeste au sens de la vue par la couleur[22]. » Les météores sont le laboratoire naturel, à ciel ouvert, d'expérimentation des lois de la couleur, et de la relation de l'homme au monde, de cette interaction qui en est selon Goethe le principe fondateur. C'est une des découvertes de 97, avec la saisie du monde comme tout. La conséquence est une continuité entre le sujet et le monde, mais aussi entre le monde et sa représentation, écriture ou peinture. La couleur est le modèle d'appréhension de cette continuité, elle révèle une loi de notre être au monde : « Le pinceau, écrit Romain Bertrand à propos de la *Théorie des couleurs* de Goethe, n'a pas à prendre le relais du monde : le raccord se fait chose à chose[23]. » Proust fera de

---

21 *Ibid.*, p. 153.

22 Goethe, *Traité des couleurs*, traduction d'Henriette Bideau, Paris, Éditions Triades, 1990, Introduction, p. 80.

23 Romain Bertrand, *Le Détail du monde. L'art perdu de la description de la nature*. Paris, Seuil, 2019, p. 114.

ce raccord chose à chose un mode d'être au monde, sujet et objet mêlés dans une heureuse confusion sensorielle, expérience de jouissance cénesthésique. Douceur, bonheur de se laisser envahir par les sensations fluides, effet d'une présence « météore » au monde.

> Sur la place, le soir posait aux toits en poudrière du château de petits nuages roses assortis à la couleur des briques et achevait le raccord en adoucissant celles-ci d'un reflet. Un tel courant de vie affluait à mes nerfs qu'aucun de mes mouvements ne pouvait l'épuiser ; chacun de mes pas, après avoir touché un pavé de la place, rebondissait, il me semblait avoir aux talons les ailes de Mercure. L'une des fontaines était pleine d'une lueur rouge, et dans l'autre déjà le clair de lune rendait l'eau de la couleur d'une opale. Entre elles des marmots jouaient, poussaient des cris, décrivaient des cercles, obéissant à quelque nécessité de l'heure, à la façon des martinets ou des chauves-souris[24].

Comment dire cette unité, cette simultanéité profuse des phénomènes ? Comment entrer dans « le détail du monde », et le donner à voir ? Proust choisit la phrase lâche et sinueuse, proche de la rêverie. D'autres recourent à la parataxe. « Peut-on mieux dire, demande Romain Bertrand, une nature sans hiérarchies, une réalité où tout se vaut, que par une phrase sans subordonnées ? » « Il n'y a pas de *mais*, ajoute-t-il joliment, entre le vent et la feuille, pas de *si* entre l'herbe et la pluie[25]. » Tout est là, et en même temps : météores, sons, roches, humains et

---

24 Marcel Proust, *Du côté de Guermantes*, I, Paris, Gallimard [1954], coll. « Folio », 1972, p. 114.
25 *Ibid.*, p. 182.

animaux, sans distinction. Il n'y a pas, et Goethe l'éprouve au cours du voyage de 97, de séparation entre ce que le siècle des Lumières appelle les « règnes » (minéral, végétal, animal), pas de solution de continuité entre nature et culture :

> Petite église, et sur la gauche, Sisikon. L'intérieur de la plaine fait voir des alpages inclinés dans un premier temps, abrupts ensuite. Spectacle agréable de la culture au cœur de la nature la plus brute.

C'est d'un monde complet qu'il s'agit, cadré certes en paysage, mais sans rupture avec l'environnement.

> Altdorf. Tôt le matin, nuages de pluie, brouillard, neige sur les sommets. [...].
> Une source large et claire, du soleil, des éclaircies de ciel bleu, les nuages s'agglutinent sur les montagnes. D'une grotte on entend des cris d'enfants. À gauche, des roches calcaires escarpées descendent jusqu'au champ en contrebas ; auparavant elles atteignaient la surface du lac. Derrière nous, au sol et presque à l'horizontale, un large morceau d'arc-en-ciel apparut. On vit à nouveau le zigzag des bancs rocheux. Nous parvînmes à la Reuss. Des granits. Une église proprette et joliment peinte représentait un miracle de chasse qui rappelait celui de Saint Hubert.
> Des vaches se reposaient sur le pâturage[26].

La montagne est le lieu idéal d'une saisie de ce qu'on n'ose pas appeler l'« essence » du paysage, sa mobilité, sa non-éternité. Non éternel, il l'est car il est culturel et fruit d'une histoire ;

26 Goethe, *Relation d'un voyage…*, *op. cit.*, p. 172-174.

le fait même « paysage » est culturel : Alain Corbin l'a bien montré. Mobile, il l'est aussi du point de vue du corps : quand on le découvre au rythme de la marche, c'est par approches progressives qu'on le perçoit.

> Nous rejoignîmes encore une fois une route dégagée, ensevelie peu auparavant sous un éboulement. Les brouillards remontaient rapidement la gorge et voilaient le soleil. Montée pénible. Sorbier aux fruits magnifiques. Nous laissâmes passer les vaches. Les sapins disparaissaient complètement. On arrive au Pont du Diable. À droite une paroi effroyable, la chute de l'eau. Le soleil surgit du brouillard. Forte montée, falaises escarpées aux rochers terrifiants, ravin étroit. Trois corbeaux volèrent vers nous, les brouillards retombèrent, le soleil était clair[27].

À la faveur du voyage de 97, à la faveur aussi de la montagne qui exacerbe les effets de métamorphoses propres au paysage – et ce, même si certains nous paraissent éternels, comme souvent les paysages méditerranéens ou comme ici certaines images d'Épinal –, Goethe découvre les « avant-pays », les seuils et les transitions paysagères que Julien Gracq, Philippe Jaccottet ou Martin de la Soudière ont su dire[28].

---

27 *Ibid.*, p. 177.

28 Ces « avant-pays » nommés par l'ethnologue Pierre Sansot, Martin de la Soudière les perçoit particulièrement dans les zones montagneuses. « Ainsi en est-il dans les Alpes des *bas-plateaux* […] qui, avant Grenoble, laissent deviner le Vercors et la Chartreuse. Pour le massif des Écrins dans les Hautes-Alpes, ce sont le bocage et les vallées du Champsaur qui jouent ce rôle prémonitoire de sentinelle. Quant à elles, bien visibles sur l'horizon pour celui qui voyage de Bâle vers la Haute-Saône, les collines du Sundgau semblent se prolonger et progressivement conduire, déjà bien visibles, aux *ballons* du sud des Vosges. » (Martin de la Soudière, *Arpenter le paysage*, Paris, Anamosa, 2019, p. 27.)

Effet de l'après-coup : pour nous, pour moi, Goethe a saisi à son insu le paysage tel que la modernité l'appréhendera. À son insu, car le projet est celui d'une simple prise de notes, d'un carnet de voyage sans souci de l'« œuvre ». Goethe apparaît dans ce texte à mi-chemin entre la visée encyclopédique issue des Lumières et la fragmentation où nous reconnaissons le romantisme. À la date du 5 octobre, il rapporte avec ironie : « Je parlai avec Meyer du projet d'écrire un voyage, il prendrait la forme d'un demi-roman ! Nous plaisantâmes sur ces nombreux demi-genres littéraires[29]. »

En effet, le demi-genre littéraire n'est pas, sans doute, du goût de Goethe, lui qui, songeant au *Werther*, appellera bien plus tard, dans les *Conversations avec Eckermann*, « classique ce qui est sain, et romantique ce qui est malade[30] ». Mais projetant les mille gouttelettes du voyage en Suisse de 97 sur les écrits qui lui sont contemporains, ceux des romantiques d'Iéna ou de Hölderlin, je suis tentée de trouver dans la relation de Goethe les signes d'une écriture non totalisante, non hiérarchique, où le sujet est à la fois omniprésent et menacé de dissolution, ou d'engloutissement comme le plongeur de Schiller. Dans la lettre à Schiller qui clôt la relation de 97, Goethe évoque « cette grande question disputée par les philosophes, celle de savoir jusqu'à quel point on peut tenir un objet donné par l'expérience pour un objet en soi, ou si on doit le tenir pour notre œuvre et notre bien propre ». Sans doute ne peut-il récuser l'objectalité de la chose, indépendante du sujet qui la perçoit. Mais la *Théorie des couleurs* développera une

29 Goethe, *Relation d'un voyage…*, p. 179.
30 Jeudi 2 avril 1829, *Conversations de Goethe avec Eckermann*, Paris, Gallimard, 1988, p. 287.

phénoménologie du monde, dont Goethe a ici l'intuition, au terme de l'expérience troublante du fouillis du réel ; alors, reconnaît-il à la fin de la lettre, il s'agira de « saisir de manière adéquate la différence entre objet et représentation, alors qu'ils sont *si entremêlés*[31] ».

Le voyage en Suisse de 1797 est pour Goethe la révélation de la « grandeur informe de la nature ». Il saura plus tard y mettre de l'ordre. Mais pour l'heure, sa vision du monde est proche de ce qu'on n'appelle pas encore *Naturphilosophie*. C'est en 1799 que Schelling substituera ce concept à l'expression *Philosophie der Natur*. En 1797, Schelling publie ses *Idées pour une philosophie de la nature*. En cette fin de siècle, la chimie, science reine au siècle des Lumières, est selon lui le mode d'accès privilégié, à la fois scientifique et empirique, à la nature. À distance du newtonisme mécaniste et du cartésianisme, la chimie est la science qui permet, par le primat qu'elle accorde au sensible et la distance prise avec l'abstraction, de décrire au mieux la nature. Et la « décrire comme un ensemble de forces opposées qui [...] engendrent les propriétés phénoménales des corps est un des aspects qui caractérise la *Naturphilosophie*[32] ». La chimie illustre un « continuum philosophico-scientifique[33] » où l'on reconnaît l'esprit de 97 entendu non comme date historique mais comme modèle du penser météore. Les *Idées pour une philosophie de la nature*, où la chimie joue un rôle intermédiaire entre l'empirisme et la philosophie spéculative, sont au plus près de cette pensée. La seconde édition de cet ouvrage, en 1803, conceptualisera

31 Goethe, Lettre à Schiller du 25 octobre 1797, in *Relation d'un voyage...*, *op. cit.*, p. 204. Je souligne.

32 Bernadette Bensaude-Vincent et Mai Lequan, « Chimie et philosophie au 18e siècle », *Dix-Huitième Siècle*, n° 42, 2010, p. 409.

33 Pierre Duhem, *La Chimie est-elle une science française ?*, Paris, Éditions Hermann, 1916, p. 106. Cité par B. Bensaude-Vincent et M. Lequan, art. cité, p. 415.

la *Naturphilosophie* en prenant ses distances avec la chimie au profit de la philosophie spéculative[34]. Lisons le Schelling de 1797 :

> La chimie n'a pas d'autre objet que de mettre en avant devant nos yeux la nature, de raconter ce qu'elle y observe, tel que cela tombe sous les sens et de ramener, autant que possible, les observations éparses à des propositions fondamentales singulières qui cependant ne doivent jamais dépasser les limites de la connaissance sensible[35].

En 1797, la chimie joue le rôle de matrice dynamique pour penser et décrire ce qu'on appelle la « nature », ce que j'ai souvent appelé ici le monde. Monde, nature, est-ce pour autant équivalent ? Ces mots-là sont aujourd'hui l'objet d'une suspicion générale : il est probable que « 97 » porte en germe cette interrogation. Quant à la chimie, dans l'édition des *Idées* de 1803 et d'une façon générale dans l'œuvre de Schelling, elle perdra son autonomie théorique au profit de la physique d'une part, de la spéculation abstraite de l'autre. Mais chez Schelling, souligne Mai Lequan, le *chimisme* « continue, même après 1797, à servir de transition entre l'inorganique et l'organique ». Le chimisme « (comme processus dynamique inorganique) [...] conserve un rôle essentiel de *lien entre les règnes*[36] ». La mise en question des classifications fixistes est, on l'a vu, un des traits de 97.

---

34 C'est la thèse de Mai Lequan, que je suis ici. Voir Mai Lequan, « 1797-1799 : d'une "philosophie de la chimie" au chimisme en philosophie. Les premiers écrits de Schelling sur la nature », *Dix-Huitième Siècle*, n° 42, 2010, p. 491-512.

35 Schelling, *Idées pour une philosophie de la nature*, II, 7, p. 239. Traduction Mai Lequan, art. cité, p. 507.

36 Lequan, art. cité, p. 512.

Exigence fragmentaire

Que nous dit la *Naturphilosophie*, que nous dit ce premier romantisme ? Il nous dit à la fois l'unité et la séparation, la totalité et la fragmentation. Ce double mouvement est-il une « double postulation » ou une ambivalence, voire une contradiction que le romantisme porte en son sein ? Les mille gouttelettes sont-elles celles d'une vaporisation qui englobe le sujet et le monde, ou une diffraction atomisée qui révèle leur séparation ? La forme du « fragment » romantique porte cette ambiguïté.

Car le fragment est le genre romantique par excellence, du moins de ce romantisme dont nous parlons ici, le romantisme allemand, critique et originel (*Frühromantik*). Les romantiques d'Iéna, comme le font observer les deux passeurs de ce moment auprès des lecteurs français des années 1970[37], ne se sont pas appelés « romantiques ». Il s'agit d'un groupe mouvant d'une dizaine de personnes, dont le trio initial, August et Friedrich Schlegel, Caroline Böhmer, s'est étoffé au fil des années avec Dorothea Veit, Schleiermacher, Novalis, Tieck, Schelling. C'est à Iéna, cœur de la philosophie allemande et en particulier lieu de l'enseignement de Fichte, que le groupe se constitue autour de la revue l'*Athenaeum* fondée en 1798 par les frères Schlegel. 1797 est le point d'origine de ce mouvement qui se prolonge jusque vers 1802 ou 1804. Si Goethe, Schiller ou Herder l'ont inspiré, les relations entre les membres du groupe d'Iéna n'ont été ni simples ni fixes : je ne les aborderai pas ici. Quant à la situation de Hölderlin, auquel je

37 Philippe Lacoue-Labarthe et Jean-Luc Nancy, *L'Absolu littéraire*, 1978, *op. cit.* Voir aussi Alain Montandon, *Les Yeux de la nuit. Essai sur le romantisme allemand*, Clermont-Ferrand, Presses Universitaires Blaise Pascal, 2010.

m'attacherai en dernier lieu, elle est également singulière et problématique au regard du romantisme d'Iéna. Ce groupe est une agrégation provisoire et mobile : mille gouttelettes.

Le fragment, caractéristique du romantisme allemand, n'est pas né avec lui. C'est Friedrich Schlegel, le plus sensible à cette forme, qui imposera « l'exigence fragmentaire[38] » dont il a eu la révélation en lisant les *Pensées, Maximes et Anecdotes* de Chamfort. S'inscrit-il pour autant dans la tradition des moralistes, anglais (Shaftesbury) ou français (Chamfort, La Rochefoucauld, voire Pascal, voire Montaigne) ? Il s'agit de bien autre chose, mais l'origine est là, et, comme on le verra, la tradition fragmentaire a un représentant exceptionnel dans la France révolutionnaire et surtout post-révolutionnaire : Joseph Joubert. Le fragment romantique a partie liée avec 1797 : parce qu'il naît cette année-là ou les suivantes, parce que son unicité associée à une multiplicité au sein de laquelle il prend sens l'apparente aux « mille gouttelettes ». Il accueille ou recueille sans distinction, comme le regard de Goethe voyageant dans les Alpes. « Aucun objet particulier ne lui est assigné[39]. » Il n'est pas signé, et renvoie à une pluralité d'auteurs anonymes. Dans leur chronologie, les fragments des romantiques d'Iéna ont pour origine l'année 1797. C'est cette année-là que Friedrich Schlegel publie les *Fragments critiques* dans la revue *Lycée des Beaux-Arts*. 1798 voit la publication des premiers fragments de l'*Athenaeum* et les *Grains de pollen* de Novalis, parus dans la même revue. Ces derniers sont signés et constituent un ensemble. Mais si les grains de pollen se distinguent par là de l'entreprise collective et « anonymiste » de Iéna, ils présentent une parenté évidente avec les mille gouttelettes, par l'effet de dispersion visé dans le titre.

---

38 *L'Absolu littéraire*, p. 57.
39 *Ibid.*, p. 59.

Pourtant, à l'inverse du penser météore, chaque fragment demeure formellement un objet clos, ainsi que le dit le célèbre fragment 206 de l'*Athenaeum* : « Pareil à une petite œuvre d'art, un fragment doit être détaché du monde environnant, et clos sur lui-même comme un hérisson[40]. » N'eût été le malicieux[41] hérisson, il me semble que le fragment reste, de ce point de vue, une forme du passé, non météore, même si « dans le fond » il n'est pas an-historique comme les fragments moralistes : il est travaillé par l'actualité, et celle-ci s'appelle dans ces années-là « Révolution française ». Les métaphores naturelles s'imposent encore :

> On peut considérer la Révolution française comme le plus grand et le plus étonnant phénomène de l'histoire politique, comme un tremblement de terre quasi général, comme un immense raz-de-marée dans l'univers politique[42].

Comme s'impose le modèle chimique cher à Schelling :

> Il est naturel que les Français exercent une certaine domination sur notre époque. Ils sont une nation chimique, le sens chimique connaît chez eux l'éveil le plus universel, et jusque dans la chimie morale ils font toujours leurs expériences en grand. L'époque est de même une époque chimique. Les révolutions sont des mouvements universels, non pas organiques mais chimiques.

40 *Ibid.*, p. 126.

41 *Witzig* est peut-être le mot juste ; on le traduit en français par « drôle ». Mais le *Witz* allemand a bien d'autres implications, célèbres depuis *Le Mot d'esprit et ses rapports avec l'inconscient* de S. Freud (*Der Witz und seine Beziehung zum Unbewussten*). Sur le *Witz* et le romantisme allemand, voir encore *L'Absolu littéraire*, *op. cit.*, notamment p. 79.

42 Fragment 424 de l'*Athenaeum*, attribué à F. Schlegel, *L'Absolu littéraire*, *op. cit.*, p. 170.

Le fragment est donc un genre frontière, comme souvent pour « 1797 » entendu comme penser météore : entre l'ancien (les moralistes) et le moderne (*Witz* comme éclair, chimie, Révolution qui produit mille éclats). Il relève cependant davantage de la minéralité que de l'aérien.

Il est aussi tension entre singularité et multiplicité, fusion vaporisée et diffraction. Beaucoup plus tard, Proust, décidément si souvent croisé, développera cette ambiguïté dans la fameuse description du « jet d'eau d'Hubert Robert », plus imaginaire que réel, dans *Sodome et Gomorrhe.* Ici, c'est l'eau qui *fait retour*, en « mille gouttelettes ». Continuité et éparpillement, unité et multiplicité, classicisme et romantisme, tout est là :

> Dans une clairière réservée par de beaux arbres dont plusieurs étaient aussi anciens que lui, planté à l'écart, on le voyait de loin, svelte, immobile, durci, ne laissant agiter par la brise que la retombée plus légère de son panache pâle et frémissant. Le XVIIIe siècle avait épuré l'élégance de ses lignes, mais, fixant le style du jet, semblait en avoir arrêté la vie ; à cette distance on avait l'impression de l'art plutôt que la sensation de l'eau. Le nuage humide lui-même qui s'amoncelait perpétuellement à son faîte gardait le caractère de l'époque comme ceux qui dans le ciel s'assemblent autour des palais de Versailles. Mais de près on se rendait compte que, tout en respectant, comme les pierres d'un palais antique, le dessin préalablement tracé, c'était des eaux toujours nouvelles qui, s'élançant et voulant obéir aux ordres anciens de l'architecte, ne les accomplissaient exactement qu'en paraissant les violer, leurs mille bonds épars pouvant seuls donner à distance l'impression d'un unique élan. Celui-ci était en réalité aussi souvent interrompu que l'éparpillement de la chute, alors que, de loin, il m'avait paru infléchissable, dense,

> d'une continuité sans lacune. D'un peu près, on voyait que cette continuité, en apparence toute linéaire, était assurée à tous les points de l'ascension du jet, partout où il aurait dû se briser, par l'entrée en ligne, par la reprise latérale d'un jet parallèle qui montait plus haut que le premier et était lui-même, à une plus grande hauteur, mais déjà fatigante pour lui, relevé par un troisième. De près, des gouttes sans force retombaient de la colonne d'eau en croisant au passage leurs sœurs montantes, et, parfois déchirées, saisies dans un remous de l'air troublé par ce jaillissement sans trêve, flottaient avant d'être chavirées dans le bassin. Elles contrariaient de leurs hésitations, de leur trajet en sens inverse, et estompaient de leur molle vapeur la rectitude et la tension de cette tige, portant au-dessus de soi un nuage oblong fait de mille gouttelettes, mais en apparence peint en brun doré et immuable, qui montait, infrangible, immobile, élancé et rapide, s'ajouter aux nuages du ciel[43].

Un nuage oblong fait de mille gouttelettes : voilà 1797, voilà la pensée météore.

Ne faire qu'un avec toutes choses vivantes

En 1797, la question de l'ambivalence propre aux mille gouttelettes trouve une acuité tragique – ou romantique – chez Hölderlin, qui publie cette année-là le premier volume de son roman *Hypérion* ; le second sera publié deux ans plus tard. Il ne sera pas question ici de reprendre les multiples commentaires

43 Marcel Proust, *Sodome et Gomorrhe*, Paris, Gallimard [1954], coll. « Folio », 1972, p. 68-69.

auxquels a donné lieu « l'itinéraire de Hölderlin » (Maurice Blanchot). Simplement de voir en quoi ce roman que Hölderlin écrit au début de cet itinéraire qui le conduit à la folie, s'inscrit dans 97 pensé météore. Ouverture au monde puis séparation, réconciliation finale mais problématique : c'est ce mouvement que je vois dans *Hypérion*. Hölderlin ne peut être assimilé simplement au cercle d'Iéna, mais sa vision du monde relève de la *Naturphilosophie*, entendue poétiquement, non scientifiquement comme chez Schelling. En cela, *Hypérion* rejoint la question de 97, notamment ce mouvement ambivalent d'expansion et de fraction que dit la métaphore des mille gouttelettes. *Hypérion* est tout entier dans cette tension. La fragmentation est au cœur de son écriture, même s'il ne s'agit pas ici de « fragments ». Pour un lecteur français, c'est un roman par lettres en deux livres. Mais la version allemande, fixée par Hölderlin dès 1795, est dite « version fragmentaire », ou « version métrique[44] ». Si c'est un roman par lettres, on l'appellera « monodique », puisque, comme dans *Werther*, nous n'avons pratiquement que les lettres du destinateur, Hypérion : non que nous n'entendions la voix de ses destinataires, Bellarmin, Diotima, Alabanda, mais elle est mise à distance sous forme de discours rapporté, à l'exception de deux lettres de Diotima. Domine la voix d'Hypérion, la forme épistolaire, fragmentation elle-même, signalant son incomplétude, l'appel à l'autre qu'elle porte et la solitude qui lui revient. La deuxième lettre d'Hypérion à Bellarmin est un éloge de la « bienheureuse Nature », et de la dissolution non moins bienheureuse du sujet en elle :

> Mais qu'est-ce que la vie divine, le ciel de l'homme, sinon de ne faire qu'un avec toutes choses ?

---

44 Friedrich Hölderlin, *Œuvres*, traduction et notes de Philippe Jaccottet, Paris, Gallimard, coll. « Bibliothèque de la Pléiade », 1967, p. 1148.

> Ne faire qu'un avec toutes choses vivantes, retourner, par un radieux oubli de soi, dans le Tout de la Nature, tel est le plus haut degré de la pensée et de la joie, la cime sacrée, le lieu du calme éternel où midi perd sa touffeur, le tonnerre sa voix, où le bouillonnement de la mer se confond avec la houle des blés.
> Ne faire qu'un avec toutes choses vivantes[45] !

Aussitôt après, Hypérion regrette cette heureuse fusion avec la nature, car elle n'est plus ; la « réflexion », la « science » l'en ont séparé :

> Oui, je suis devenu bien raisonnable auprès de vous ; j'ai parfaitement appris à me distinguer de ce qui m'entoure : et me voilà isolé dans la beauté du monde, exilé du jardin où je fleurissais[46].

Dès le début donc, le double mouvement est là, fusion (bouillonnement, houle) et séparation. Et ce mouvement se voit redoublé entre les deux volumes : le premier raconte la totalité ou l'unité (car « faire un avec toutes les choses », c'est *tout un*), le second la solitude et la déchirure. Les deux sont cependant présents dès l'origine. Dans le premier volume, l'amour partagé avec Diotima est aussi fusion avec le monde dans son entier, enfants, plantes, animaux :

> Il me semblait souvent que les choses de la terre se purifiaient et fondaient à mon feu comme l'or : d'elles et de moi naissait, à force de joie, une chose divine ; je prenais les enfants dans

---

45 Friedrich Hölderlin, *Hypérion*, traduction de Philippe Jaccottet, Paris, Poésie Gallimard, 1973, p. 55.
46 *Ibid.*, p. 56.

> mes bras, je les serrais sur mon cœur, je saluais toutes les plantes, tous les arbres ! J'aurais aimé disposer d'un pouvoir magique pour rassembler les cerfs timides et les oiseaux sauvages de la forêt, comme un petit peuple familier, autour de mes mains généreuses, si douce était la folie de mon amour.

Vie rêvée, vie météore :

> Et puis, quand je descendais la rejoindre, j'eusse voulu demander aux souffles de l'air, déchiffrer dans la course des nuages ce que cette heure m'apporterait[47].

Diotima elle-même incarne l'union, elle est la *goldene Mittelmässigkeit*, la « mesure juste de la vie[48] ». Pourtant la fermeture au monde est le risque encouru par la fusion des amoureux, sorte d'*hybris* venant rompre la mesure juste :

> Nous demeurâmes longtemps dans ce tendre oubli de nous-mêmes, sans comprendre ce qui nous arrivait, jusqu'à ce que la mesure de la joie en moi fût dépassée et que mon langage perdu se retrouvât parmi les larmes et les gémissements de bonheur, tirant enfin de son absence ma silencieuse exaltée[49].

L'emploi du passé signale à lui seul la finitude. Le Grec Hypérion quitte en effet Diotima pour aller combattre le joug ottoman. Première séparation, dont Diotima sait qu'elle ne peut avoir que de funestes conséquences ; le projet patriotique même est vain selon elle. En effet, la Grèce d'Hypérion n'est pas la Grèce

---

47 *Ibid.*, p. 125.
48 *Ibid.*, p. 206. Philippe Jaccottet précise qu'il ne s'agit pas du « juste milieu » ni de « médiocrité », mais d'un équilibre parfait, doré (*golden*).
49 *Ibid.*, p. 134.

antique rêvée. À quel moment de la Grèce moderne faut-il situer l'entreprise d'Hypérion ? Sans doute s'agit-il de la révolution d'Orloff (1768-1774), moment originaire de la guerre d'indépendance grecque. Les Russes luttent alors contre l'Empire ottoman, aux côtés des Grecs. Lors de la libération de la côte sud-ouest du Péloponnèse, évoquée dans le roman, les Grecs conduits par Hypérion pillent et s'entre-massacrent à Mistra. C'est, pour lui, la fin d'un idéal. Hypérion les abandonne pour s'engager dans la flotte russe. Et se sépare une deuxième fois de Diotima, dont il se sent indigne. Diotima acquiesce dans une lettre :

> Nous nous séparerons. Tu as raison. Je ne veux pas non plus d'enfants : je m'en voudrais d'en offrir à ce monde d'esclaves, et ces pauvres plantes, dans cette aridité, se flétriraient sous mes yeux[50].

Et lorsque Hypérion revient sur sa décision, espérant court-circuiter la lettre de rupture envoyée à Diotima, il est trop tard. Troisième et fatale séparation. Une lettre apprend à Hypérion la mort de Diotima, qui a précisé « qu'elle préférait être séparée de la terre par le feu plutôt qu'ensevelie[51] ». Il n'est plus question d'union avec la terre, mais de disparition du monde. Le feu remplace l'eau, séparation définitive qui met fin à la fluidité, celle du sujet avec le monde, celle de l'union des amants entre eux et avec la nature. Hypérion, qui est en Sicile lorsqu'il reçoit la lettre, monte sur l'Etna, et envisage comme Empédocle – Hölderlin écrit la première version de *La Mort d'Empédocle* dans ces années-là – de se jeter « dans les flammes admirables ». Il part finalement en Allemagne ; le personnage rejoint par là son créateur qui se lance dans une diatribe contre

50 *Ibid.*, p. 205.
51 *Ibid.*, p. 227.

l'Allemagne : c'est l'avant-dernière lettre du roman. L'important est ici la notion de « déchirure » ; pour Hypérion, elle définit le peuple allemand, elle dit l'essentielle dissociation du héros :

> On ne peut concevoir de peuple plus déchiré que les Allemands. Tu trouveras parmi eux des ouvriers, des penseurs, des prêtres, des maîtres et des serviteurs, des jeunes gens et des adultes certes : mais pas un homme. On croirait voir un champ de bataille couvert de bras, de mains, de membres pêle-mêle, où le sang de la vie se perd lentement dans les sables[52]...

Nous voilà au milieu des *membra disjecta*, et revenus aux monstres de 1797, à cette représentation humaine défigurée où Jean Clair voit la naissance de l'art moderne[53]. La fragmentation, la déchirure sont sans doute au cœur de 97 comme point d'origine de « la modernité ». Mais la déchirure, ce qu'en psychanalyse on appelle la « schize », renvoie aussi à « l'itinéraire de Hölderlin », gagné peu à peu par la folie, divisé. Claude Reichler a montré comment la déchirure, liée à la problématique du météore et surtout des nuages, traversait le romantisme allemand[54]. Dans cette histoire-là, Werther est le premier : comme Hypérion au bord de l'Etna, il imagine se jeter du haut du rocher escarpé, « pour, avec l'ouragan, déchirer les nuées [*die Wolken zu zerreißen*], soulever les flots[55] ». Claude Reichler déplie alors tout le réseau de la déchirure et du déchirement, du verbe allemand

52 *Ibid.*, p. 232-233.

53 Jean Clair, *Hubris. La fabrique du monstre. Homoncules, géants et acéphales*, *op. cit.* Voir ici le chapitre VII, « Glissement progressif des Lumières ».

54 Claude Reichler, « Werther, Lenz : dans la déchirure des nuages », *in* Pierre Glaudes et Anouchka Vasak (dir.), *Les Nuages, du tournant des Lumières au crépuscule du romantisme (1760-1880)*, *op. cit.* p. 147-163.

55 Goethe, *Les Souffrances du jeune Werther*, traduction Bernard Groethuysen, Paris, Gallimard, coll. « Folio », 1973, p. 142.

zerreißen et du substantif *der Riss*. Le dernier terme du trajet étant le *Lenz* de Büchner (écrit en 1835), traversé par une « faille » intime. C'est la fin de la *Naturphilosophie* : « Avec le *Lenz* de Büchner, écrit Claude Reichler, l'accord ancien entre le ciel et l'homme s'est brisé : la déchirure bouleverse le réseau des similitudes tissé par l'analogie. » C'est la fin « de cette force vive, naturante, qui faisait le lien entre l'homme et le monde[56] ».

En 1797, l'heure terrible de la déchirure n'est pas encore venue. Hypérion s'achève sur une réconciliation avec le monde, à la faveur du printemps allemand, qui le retient. Hölderlin n'est pas encore exilé du monde, il ne vit pas encore dans cette *Heimatlosigkeit* par laquelle Heidegger a défini l'être au monde du poète[57]. Hypérion, le Grec, retrouve en Allemagne l'union avec la nature :

> Je vivais maintenant avec les arbres en fleurs comme dans une compagnie de génies, et les ruisseaux limpides qui coulaient à leurs pieds emportaient dans leur murmure, pareil à des voix divines, les peines de mon cœur[58].

L'accord est retrouvé. Les derniers mots d'Hypérion sont une apostrophe à Diotima, mais aussi à la Nature par laquelle ils sont unis :

> Les dissonances du monde sont comme les querelles des amants. La réconciliation habite la dispute, et tout ce qui a été séparé se rassemble.

---

56 Reichler, art. cité, p. 161-162.

57 *Heimatlosigkeit* : sentiment de perte de la patrie, exil, « apatrie ». Heidegger, « Hölderlin et l'essence de la poésie », cours d'avril 1936, repris dans *Approche de Hölderlin*, Paris, Gallimard, 1962, collection « Tel », 1996.

58 Hölderlin, *Hypérion, op. cit.*, p. 237.

> Les artères qui partent du cœur y reviennent : tout n'est qu'une seule vie, brûlante, éternelle[59].

Après la rencontre décisive de Susette Gontard, Hölderlin projette une préface à *Hypérion*, écrite aux temps heureux, dont la précarité est à la mesure de l'espoir. Ses accents sont pour nous d'une étonnante actualité :

> Nous avons rompu avec la Nature, et ce qui était naguère, à ce que l'on peut croire, un, maintenant s'est fait contradiction ; souveraineté et servitude alternent de part et d'autre. Souvent il nous semble que le monde est tout et que nous ne sommes rien, mais souvent aussi que nous sommes tout, et le monde rien. Hypérion a connu aussi cet écartèlement entre les deux extrêmes.
> Mettre fin à ce combat entre nous et le monde, rétablir la paix de toute paix qui surpasse toute raison, nous unir avec la Nature en un Tout infini, tel est le but de nos aspirations, que nous nous entendions ou non là-dessus[60].

Ce que nous dit aussi 97, c'est cette aspiration à retrouver l'accord avec la nature. À quoi la pensée écologique contemporaine nous invite. Selon l'anthropologue Philippe Descola, il n'est plus possible d'envisager la nature comme extérieure à nous : nature, hommes, animaux… c'est tout un. Peut-on encore, là est notre actualité, penser « la nature », « le monde », moi distinct de l'autre ? Le « tout un » ? Les frontières s'estompent, le pluriel s'impose. Ce n'est pas tout un. C'est « plus d'un[61] ». Le

---

59 *Ibid.*, p. 240.
60 Hölderlin, notes d'*Hypérion*, in *Œuvres*, *op. cit.* p. 1150.
61 Aurélien Barrau, Jean-Luc Nancy, *Dans quels mondes vivons-nous ?* Paris, Galilée, 2011.

philosophe, dialoguant désormais avec l'astrophysicien, prend ses distances avec la pensée romantique. Ou la pousse à ses limites : et il n'y en a pas.

> Nous ne sommes plus à la découverte d'un monde resté pour partie inconnu, nous sommes dans l'amoncellement vertigineux de morceaux, parties, zones, fragments, parcelles, particules, linéaments, germes, noyaux, clusters, points, scansions, nœuds, arborescences, projections, proliférations, dispersions selon lesquels nous sommes plus que jamais pris, tissés, absorbés et dégorgés par une prodigieuse masse instable, mouvante, plastique et métamorphique, qui nous rend de moins en moins possible la distinction du « sujet » et de l'« objet » comme celle de « l'homme » et de la « nature » ou du « monde[62] ».

62 *Ibid.*, p. 94.

Conclusion

MOI
Qu'est-ce qui est essentiel pour observer les oiseaux ?
L'INCONNUE
Le regard inné pour tout ce qui est dru – für alles was Flügge ist. Le regard-éventail. Der Fächerblick.
Le regard-bordure. Der Säumblick.
Le regard-bourrasque. Der Windwellenblick.
Et avant tout, le regard-plume. Le regard pour tout ce qui est emplumé. Der Gefiederblick.

Peter Handke, *Les Innocents, moi et l'inconnue au bord de la route départementale*.

Un regard à la fois très large et focalisé sur un seul objet : c'est à quoi m'a invitée 1797, à quoi faisait écho soudain l'étrange passage de la pièce de Peter Handke[1]. Regard-éventail, regard-bordure, ces expressions que l'auteur a eu la bonne idée de laisser en allemand dans le continuum du texte français, rencontraient la problématique de ce livre. Regard-plume, regard pour tout ce qui est emplumé, *Gefiederblick* : ainsi ai-je été aux aguets de cette année-là. Regard-éventail, *Fächerblick*, regard-bordure, *Säumblick* : ainsi ai-je pris 1797 comme une année à déplier, comme une invitation à considérer l'histoire par les bords. Non dans un sens chronologique, mais latéralement, par prélèvements et par touches. Avec l'intuition que ce mode d'appréhension de l'histoire s'inaugure dans le moment 97, qui pulvérise sans crier gare les cadres et les limites. Sans crier gare, parce que 1797, si elle n'est pas une année sans histoire, n'est pas non plus une « année-charnière ». Il y a eu, il y a, de nombreux travaux d'historiens consacrés à une année, charnière sans être spectaculaire[2]. On peut citer aussi le livre très personnel de Thomas Bouchet, à la frontière de l'histoire et de la fiction, *De colère et d'ennui. Paris, chronique de 1832*[3].

---

1 Peter Handke, *Les Innocents, moi et l'inconnue au bord de la route départementale*, traduit par l'auteur, Paris, Gallimard, 2019.

2 Guillaume Frantzwa, *1520. Au seuil d'un monde nouveau*, Paris, Perrin, 2020. Jean-Louis Cabanèse, Vincent Laisney (dir.), *L'Année 1855. La littérature à l'âge de l'Exposition universelle*, Paris, éditions Classiques Garnier, 2015. Sophie Grapotte, Mai Lequan, Margit Ruffing (dir.), *Kant. L'année 1784. Droit et philosophie de l'histoire*, Paris, Vrin, 2017. Marc Angenot, *1889, un état du discours social*, Paris, Préambule, 1989. Jean-Claude Bonnet, *L'Année 1768 : à travers la presse traitée par ordinateur*, Paris, Travaux du Centre d'étude du XVIIe et du XVIIIe siècle, 1981. Guillaume Pinson, « L'Année 1873, année normale », Revue *Esquisse(s)*, n° 16, « Entraves », éditions Kimé, printemps 2020, p. 61-67.

3 Thomas Bouchet, *De colère et d'ennui. Paris, chronique de 1832*, Anamosa, 2018.

1797 ne se démarque de ces travaux que par une invitation à lire ce qui se passe « entre », et « à côté ». Le modèle météorologique permet d'apprécier les passages, les moments intermédiaires, il nous apprend les effets de déplacement, parfois sous la forme de phénomènes violents, souvent sans rupture. Les « orages de la Révolution » ont pulvérisé les cadres, mais les traces de l'ordre ancien demeurent.

La « pulvérisation des formes » est ainsi une caractéristique souvent observée[4] de la littérature des années de la Révolution, en dépit de la permanence de codes et registres qui nous semblent fort peu « révolutionnaires ». C'est une conséquence du tremblement de terre ou de la tempête que fut la Révolution française, avant même qu'elle n'éclate, car elle était « dans l'air ». À considérer les années de la Révolution, 1797 est davantage ce ciel de traîne, moment interlope qui interroge d'abord, on l'a vu, les limites historiques : quand s'arrête la Révolution ? Le débat reste ouvert, car ces limites – effet des « bulles de l'histoire » – sont incertaines, encore aujourd'hui. Jean-Clément Martin le dit à sa manière : « On arrête la Révolution en 1794 […] mais en 1795-1797, aux élections, les majorités sont favorables aux royalistes. Il faut des coups d'État pour que la Révolution s'instaure à nouveau[5]. » La Révolution invite à une interrogation permanente de notre présent. L'historien de la Révolution rappelle aussitôt le mot de Benedetto Croce : « L'histoire est toujours contemporaine. »

---

4 Jean-Claude Bonnet : « une activité croissante et désordonnée contribue, à partir de 1789, à une pulvérisation des formes et des circuits institués. » (Introduction à *La Carmagnole des muses. L'homme de lettres et l'artiste dans la Révolution*, Paris, Armand Colin, 1988, p. 8.) Michel Delon parle de « crise de l'unité classique » et d'« émergence de formes discontinues », *ibid.*, p. 292.

5 Jean-Clément Martin, « Le Cours de l'histoire », France culture, octobre 2019.

En ces années-là de la Révolution et de ses entours, certains préfèrent pourtant lui tourner le dos[6]. C'est le cas de Joseph Joubert. Les pensées de Joubert, consignées dans ses *Carnets*, sont comme des éclats post-traumatiques. Jadis Joubert m'avait passionnée comme un des grands penseurs-météore[7]. Aujourd'hui, Emmanuel Terray le lit comme un « penseur politique ». L'auteur du *Procès de la Révolution* rappelle que les *Carnets* de Joubert sont des fragments, dans la lignée des moralistes français du Grand Siècle, et même de Montaigne[8] ; mais aussi contemporains des fragments des romantiques d'Iéna, sans qu'il y ait de lien entre l'un et les autres. Cette écriture éclatée est, dit-il, « la conséquence d'une expérience ». On pourrait parler d'écriture post-traumatique, mais la métaphore météorologique, que Terray emploie, est plus adéquate à ce fil que je m'efforce de suivre. « L'ouragan » de la Révolution est suivi d'une renaissance dont Joubert est le secrétaire, lui qui consigne les mille gouttelettes de l'existence devenue si fragile :

> Soudain s'est déchaîné l'ouragan de la révolution, et tout s'est effondré, en lui comme autour de lui. Au milieu du chemin de sa vie, il a senti la terre se dérober sous ses pas, tandis qu'à perte de vue les ruines s'accumulaient. Puis la vie a repris ; entre les souches calcinées, l'herbe a repoussé ; des fleurs se sont ouvertes au ras du sol ; dans le silence du désastre, des insectes ont recommencé

6 Voir ici le chapitre VIII, « Glissement progressif des Lumières ». Et « Une silhouette le dos tourné, la "Gestalt" romantique ». Anouchka Vasak, art. cité.

7 Anouchka Vasak, *Météorologies. Discours sur le ciel et le climat, des Lumières au romantisme*, Paris, Champion, 2007, chapitre 6 « Après la tempête, le moi météorologique », en particulier p. 354-370.

8 Emmanuel Terray, *Procès de la Révolution*, Paris, Odile Jacob, 2020, Chapitre I, « Joubert, penseur politique ». Joubert : « Je suis comme Montaigne impropre au discours continu. » (*Carnets* II, p. 240.)

> à bourdonner, et les oiseaux sont revenus dans le ciel. C'est de cette renaissance que Joubert se veut le témoin attentif et discret ; il en suit les progrès, dans son esprit et dans son cœur comme dans le monde extérieur. Il s'interdit tout geste brusque, tout éclat de voix, toute intervention prématurée qui risquerait de troubler la résurrection en cours ; il se contente d'observer celle-ci au jour le jour et de l'enregistrer au plus près. En lisant Joubert, nous retrouvons quelque chose de l'émerveillement qui nous saisit chaque fois que nous assistons à la bataille du printemps contre l'hiver[9].

Les mille gouttelettes merveilleuses recueillies par Joubert sont par exemple, le 5 juillet 1797, cet aphorisme qui résonne comme un fragment de l'*Athenaeum*, alors que c'est une vérité physique, alchimique *sur les bords* : « Dans un grain de sable, il y a du feu, de l'eau, de l'air et de la poussière[10]. » L'air a d'ailleurs plus de place que l'eau dans la pensée de Joubert, mais les figures de la bulle, de la perle, de la goutte dessinent sa pensée :

« Poésie. Ce qui la fait. Claires pensées, paroles d'air, et lumineuses. Or, perles, fleurs et diamants. »

« Rien ne presse le poète. [...] comme une suite de mots lumineux et diversement colorés. – ampoules d'encre et bulles de savon. »

Ou : « Le monde est une goutte d'air. »

Ou encore : « Notre vie est du vent tissé[11]. »

---

9 Emmanuel Terray, *Procès de la Révolution*, *op. cit.*, p. 13-14. Auparavant l'auteur a précisé sa convention d'écriture : « J'écrirai Révolution avec une majuscule lorsqu'il s'agira du concept ; et révolution, avec une minuscule, lorsque j'aurai en vue l'une de ses incarnations historiques, française, russe ou chinoise. »

10 Joubert, *Carnets*, I, *op. cit.*, p. 220.

11 Joubert, *Carnets*, II, *op. cit.*, p. 210, 365 et 456.

Penseur météore, Joubert a des couleurs une perception très proche de la *Farbenlehre* de Goethe, très sensible aux bords et à la matérialité :

> Les couleurs opérées aux bords des nuages par le soleil couchant. Il n'y a là rien de terreux, de matériel pour ainsi dire. Donc nos couleurs ne sont pas etc. poussières qui couvrent les surfaces etc. L'encre n'est pas noire, mais le noir est produit de l'encre[12].

Dans cet ouvrage fragmentaire car « voué à l'inachèvement », Emmanuel Terray lit les éléments d'une pensée politique non constituée en théorie. Ce refus de la théorisation, Terray l'appelle romantique. C'est une conséquence de la traversée par l'auteur des « orages de la Révolution[13] » : Joubert n'a pas été inquiété pendant la période, qu'il a au départ accueillie favorablement. Mais rapidement il en condamnera les excès et se range aux côtés du Premier Consul. Son goût du vague et de l'indéterminé est à mettre en relation avec le dos tourné au réel notamment politique, même si par bien des aspects ses métaphores, comme celle de l'arbre, signalent, observe Terray, une parenté avec la contre-révolution.

> Bannissez des mots toute équivoque, toute indétermination ; faites-en, comme ils disent, des chiffres invariables : il n'y a plus de jeu dans la parole, et dès lors plus d'éloquence et plus de poésie ; tout ce qui est mobile et variable dans les affections de l'âme demeurera sans expression possible. [...] C'est l'équivoque,

12 Joubert, *Carnets*, I, *op. cit.*, p. 265.

13 Terray, *Procès de la Révolution*, *op. cit.*, Chapitre III, « Joubert dans la Révolution », p. 23.

> l'incertitude, c'est-à-dire la souplesse des mots qui est un de leurs grands avantages pour en faire un usage exact[14].

Le fragment, souvent abscons par concision et refus de la contextualisation, est une réponse à l'impossibilité de saisir la totalité. Le parti-pris de l'incertitude semble être chez Joubert une conséquence du traumatisme révolutionnaire. L'auteur des *Carnets* a pourtant « des opinions » : selon Terray, en condamnant la Révolution, il fait le procès des Lumières et du tout-rationnel. Il choisit l'obscur et le vague.

De l'autre côté du spectre, Louis-Sébastien Mercier, toujours fidèle à la Révolution et surtout à l'idéal républicain, parvient à des conclusions assez proches en termes d'interprétation de l'événement historique. Un chapitre génial du *Nouveau Paris* (1797), intitulé « Tout est optique », revient sur l'histoire récente et insiste sur l'impossibilité à la saisir. Avant Fabrice à Waterloo, qui n'y comprend rien du tout, Mercier met en exergue le caractère parcellaire du réel pour un témoin pris dans le feu de l'événement. Cette incompréhension ou cette fragmentation de la perception ne pouvait se dire en 89, pas même en 93. En 97, elle est possible. Il faudrait citer tout le chapitre, dont Jean-Claude Bonnet a le premier montré l'importance[15], à travers notamment les images météorologiques (vent, nuages), mais aussi visuelles, chez ce contemporain de la lanterne magique et des fantasmagories de Robertson. Le chapitre s'ouvre ainsi :

14 Joubert, *Carnets*, I, *op. cit.*, p. 430.

15 Voir par exemple Jean-Claude Bonnet, *Les Connivences secrètes. Diderot, Stendhal, Chateaubriand*, Paris, CNRS éditions, 2020. Voir aussi son édition du *Nouveau Paris*, Paris, Mercure de France, 1994.

> Tout est optique.
> Ou jeu d'optique. De près, que les choses sont différentes de ce qu'on les juge de loin ! Tout a ses apparences trompeuses. On se peint Paris bouleversé à chaque commotion politique, et les enfants mis à la broche par les cannibales qui ont pris le château de la Bastille et le palais des Tuileries. C'est le vent qui porte au loin le bruit du canon : tout à côté on l'entend moins[16].

Aussitôt, Mercier évoque les « journées mémorables » auxquelles il a assisté sans y participer activement, comme le 26 décembre 1792, dernier jour du procès de Louis XVI au palais des Tuileries devant la Convention nationale. C'est ce jour-là qu'est votée la mort du roi :

> On se représente sans doute dans cette salle le silence, le recueillement, une sorte d'effroi religieux ; point du tout : le fond de la salle était transformé en loge, où des dames, dans le plus charmant négligé, mangeaient des glaces, des oranges, buvaient des liqueurs, on allait les saluer, on revenait[17].

Il faut faire ici la part du ton presque libertin, du moins bel esprit, d'un auteur qui appartient encore au XVIIIe siècle. Il écrit aussi pour plaire, l'ironie est l'arme plaisante des philosophes. Mais dans le fond, Mercier dit bien qu'il faut savoir regarder à côté : à côté du point lumineux pour bien voir la lumière, et la restituer ; c'est, comme l'écrira

16 Louis-Sébastien Mercier, *Le Nouveau Paris*, vol. 6, chez Fuchs, Ch. Pougens et Ch. Fr. Cramer, Libraires, 1797, p. 156.
17 *Ibid.*, p. 157.

Delacroix, une loi de la peinture[18]. Le ton vrai est à côté. Sans doute faut-il se méfier chez Mercier d'une relativisation de l'événement, manière un peu sacrilège ; mais il donne par là, lui qui sait combien ces journées – 14 juillet, 10 août, 26 décembre, 13 vendémiaire, 18 fructidor – furent précisément historiques, une loi de l'histoire : de l'événement même le témoin « direct » n'a jamais qu'une vision partielle.

> Eh bien ! il en est de même de toutes les journées mémorables ; j'y étais, et je n'ai jamais su où j'étais ; c'est-à-dire, comprendre, ou le péril où je me trouvais, ou toutes les singularités qui m'environnaient[19].

De l'événement donc on ne voit que des fragments, jamais la totalité. Et cette vision fragmentaire nous révélerait autre chose : l'impossibilité de le prévoir. Si ces événements sont proprement incroyables, ils sont aussi imprévisibles :

> Comme les crises révolutionnaires sont composées d'*infiniment petits*, ceux-ci forment la base essentielle de tous les événements. En général ils ont eu lieu d'étonner l'observateur ; presque tous ont été non seulement imprévus, mais ils ne tombaient pas même sous la croyance de l'homme sensé.

---

18 « *Lumière, point lumineux* ou LUISANT. Pourquoi le ton vrai se trouve-t-il toujours à côté du point lumineux ? C'est que ce point ne se prononce que sur les parties frappées en plein par le jour, qui ne fuient point sous le jour. [...] Plus un objet est poli ou luisant, moins on en voit la couleur propre : en effet il devient un miroir qui réfléchit les couleurs environnantes. » Delacroix, 13 janvier 1857, *Journal, 1822-1863*, Paris, Plon, 1996 [1931-1932], p. 609.

19 Mercier, *op. cit.*, p. 159.

Voilà le défi qui attend l'historien, lui qui n'était pas sur « le lieu de la scène ». Qui comprendra ? Ni les infiniment petits, acteurs mais justement pris dans l'action ; ni l'observateur, témoin direct mais qui n'a qu'une vision partielle et éclatée ; ni l'historien, trop loin.

> Et cependant ceux qui sont loin du lieu de la scène prétendent expliquer les causes de tels ou tels événements de la révolution : ils confondent seulement les temps, les lieux et les personnes.
>
> Comment l'historien se retirera-t-il de ce labyrinthe ? Comment évitera-t-il l'empire de sa propre opinion, lorsque les hommes les mieux exercés à voir ont eu peine à saisir un point de vue, et à fixer un objet dans cette extrême et continuelle mobilité d'optique ?

L'entreprise de l'historien est-elle vouée à l'échec ?

> Écrire l'histoire de la révolution sera une tâche presque impossible avant un demi-siècle, parce que ses agents, encore plus mobiles que leurs passions, échappent souvent à l'œil qui les suit plus attentivement, et que l'on voit que les principes qui gouvernaient la veille, n'étaient plus ceux du lendemain. Comment écrire une telle histoire si l'on perd l'enchaînement de chaque jour[20] ?

Un demi-siècle plus tard, c'est Michelet. Son *Histoire de la Révolution française* (1847-1853) est à la hauteur de la tâche ; elle dit aussi qu'on peut écrire dans la tourmente de la révolution, mais pas nécessairement dans l'actualité : pour Michelet, ce sera 1848.

---

20 *Ibid.*, p. 162-163.

Et près de deux siècles plus tard, des historiens du XVIIIe siècle s'attacheront à décrire les « infiniment petits » : ce seront les *diaries of nobody* de Richard Cobb, ou « la vie fragile » décrite par Arlette Farge[21]. Présentant un des grands livres de Richard Cobb, *La Mort est dans Paris*, Pierre Serna insiste également sur la fragmentation de cette méthode historique qui consiste à reconstituer un tableau du Paris de Thermidor à partir des archives consignant les morts violentes, inexpliquées, des gens du peuple.

> « Individus », « dossiers individuels », « destinées individuelles » sont des expressions qui reviennent souvent pour dessiner le contour de la méthode fragmentée et démultipliée du chercheur, refusant d'aborder l'histoire, ni comme une science ni comme un travail d'équipe, mais comme la confrontation d'une myriade d'autres lui-même, d'autres semblables en humanité[22].

Résurrection de la vie intégrale ou méthode fragmentée, l'approche historique est évidemment différente. Deux réponses à la question classique, mais si bien posée par Mercier en 1797 : comment écrire l'histoire ? Avant l'entreprise de Michelet, 97 impose le doute et l'impossibilité à reconstituer une totalité. La philosophie de l'histoire, car c'en est une, qui se déploie dans ce chapitre du *Nouveau Paris* est fondée sur un modèle visuel qui met en évidence fragmentation et mobilité. Mais la météorologie est bien là :

---

21 Arlette Farge, *La Vie fragile. Violence, pouvoirs et solidarités à Paris au XVIIIe siècle*, Paris, Hachette, 1986. *Vivre à Paris dans la rue au XVIIIe siècle*, Paris, Gallimard, 1979.

22 Pierre Serna, introduction à Richard Cobb, *La Mort est dans Paris. Enquête sur le suicide et la mort violente dans le petit peuple parisien au lendemain de la Terreur*, Toulouse, Anacharsis, 2018, p. 31.

> Que d'acteurs sur ce grand théâtre ! […] Vouloir peindre leur physionomie, autant vouloir fixer la couleur des nuages[23].

Le modèle visuel sera aussi celui de Stendhal, sans rien qui pèse ou qui pose, dans *La Chartreuse de Parme*. À ce modèle j'ai donc substitué le météorologique. Il présente un inconvénient majeur : il tend à naturaliser l'histoire et à mettre en question les « forces » qui produisent l'événement – que Mercier appelle si justement les « agents ». Nombre d'historiens, d'abord marxistes, ne souscriraient pas à ce modèle. Pour Sophie Wahnich par exemple, le processus révolutionnaire est le fait de forces sociales : un jour, la coupe est pleine. Sans doute. Mais ce jour est-il prévisible ? Et quand s'arrête le processus révolutionnaire ?

Il faut rappeler les pages de Mona Ozouf sur ce qu'on appelle la « journée révolutionnaire ». Il lui faut, dit-elle, plusieurs ingrédients : « un théâtre urbain », « des foules anonymes », « des razzias de fourches et de fusils, des pillages, des rumeurs folles, des paniques »… Mais plus encore :

> Il faut aussi un déclenchement imprévisible : car on aura beau prêter à la journée des précédents et même des préparatifs, complots souterrains ou sourdes intrigues, ils ne suffiront jamais à rendre compte de l'embrasement soudain des rues et de l'étincelle qui leur met feu[24].

Pour Emmanuel Terray, la Révolution est aussi imprévisible dans son moment qu'un vent qui se lève. L'événement révolutionnaire n'est pourtant ni naturel ni artificiel :

---

23 Mercier, *Nouveau Paris*, chap. cité, p. 145.

24 Mona Ozouf, *Varennes. La mort de la royauté, 20 juin 1791*, Paris, Gallimard, 2005, coll. « Folio histoire », p. 12.

> Il est aussi insensé de le déclarer impossible que de le présenter comme inéluctable. C'est que la Révolution n'est ni un événement artificiel dont on pourrait organiser l'apparition et fixer la date, ni un épisode naturel récurrent dont on pourrait annoncer à coup sûr l'arrivée. Sans céder à quelque tentation messianiste, nous devons plutôt la comparer au vent de l'évangéliste Jean : « Le vent souffle où il veut et tu entends sa voix, mais tu ne sais pas d'où il vient ni où il va » (Jean, 3, 9)[25].

Terray cite alors longuement Rosa Luxemburg, qui recourt elle aussi à une métaphore « naturelle » : celle-ci n'est pas sans relation avec notre actualité. La Révolution est, comme le soleil qui guérit les maladies, un moment purificateur. C'est l'exaltation révolutionnaire, « la vie bouillonnante », qui tend à naturaliser sa perception ; mais l'événement lui-même est bien le fait des humains.

> Seule une vie bouillonnante et sans entraves se diffracte en mille formes nouvelles, en mille improvisations, illumine la puissance créatrice, corrige elle-même toutes ses erreurs.
>
> [...] Contre les infections et les germes morbides, l'action libre des rayons solaires est le moyen le plus efficace pour purifier et pour guérir ; de même la révolution en soi et son principe rénovateur, la vie intellectuelle, l'activité et l'auto-responsabilité des masses qu'elle suscite, en un mot la révolution, sous la forme de la liberté politique la plus large, est le seul soleil qui sauve et purifie[26].

---

25 Terray, *op. cit.*, p. 88.

26 Rosa Luxemburg, *La Révolution russe*, dans *Œuvres*, vol. II, Paris, François Maspero, 1969, p. 86. Cité par E. Terray, *op. cit.*, p. 97.

Face à cette exaltation à laquelle il veut croire encore, Emmanuel Terray achève son livre sur un constat mitigé : le processus révolutionnaire, montre-t-il, tend presque toujours – toujours ? – à se solidifier. La vie bouillonnante se fige ou gèle.

> Mais tous les feux finissent par s'éteindre, et toutes les tempêtes par s'apaiser ; alors l'individualisme reparaît et avec lui l'égoïsme ; les acteurs retournent à leurs intérêts personnels et se désintéressent du destin de la communauté. La révolution n'est plus alors qu'un spectacle : une minorité s'agite sur la scène, sous le regard sceptique d'un public indifférent.

Est-ce remettre en question la révolution que de pointer cet autre processus ? Non. La conclusion de Terray est modeste, mais elle n'est pas pessimiste.

> Au total, [la révolution] n'est plus dans l'histoire qu'un pas en avant, dont nous savons qu'il en appellera beaucoup d'autres.
> Pourquoi faire ce pas ? D'abord, chaque révolution peut présenter un bilan ; elle a infléchi le cours de l'histoire ; au cours de sa période ascendante, elle a réalisé quelque chose d'irréversible, qui survit à l'inévitable étape de la stabilisation et du reflux[27].

Voilà à peu près où j'en suis moi aussi. 1797 révèle ce double mouvement de la Révolution : bouillonnement, stabilisation, reflux, et finalement « simple » pas en avant – mais qui a « infléchi le cours de l'histoire ».

---

27 Terray, *op. cit.*, p. 107-110.

À peu près.

D'abord, parce que réduire la révolution à un pas en avant ne satisfait pas ma passion pour la Révolution. Ensuite, parce que le choix de 1797 procède d'une difficulté à conclure, ou d'un refus de conclure. Il le faut cependant.

Conclure en redisant l'impossibilité de cette entreprise, 1797. Impossible de dire le tout de l'histoire. Ce parcours *at random* aurait pu ne jamais s'arrêter. Tous mes choix ont été subjectifs, sujets glissés de l'un à l'autre comme on a pu parler de « paysages glissés[28] ». Ou comme les transparents de Carmontelle qui en un long rouleau déroulent sans rupture les saisons. Le résultat est ce tour incomplet de l'année. Des zones éclairées, d'autres laissées dans l'ombre. J'aurais aimé dire, par exemple, que 97 inventait, avec Thomas Paine, le revenu universel[29]. Ou que Jenner, ayant mis au point en 96 le principe de la vaccination en inoculant le jeune James Phipps, subit un échec devant la Royal Society qui rejette ses conclusions. Un pas en avant, un en arrière. Tous sujets qui sont au cœur de notre actualité, et un mouvement de progrès-régression, d'espoir et de fermeture que nous entendons bien, tant nous ont envahis le doute et l'incertitude. Le résultat, ce livre, décevra aussi tous les spécialistes : de Lamarck, de Turner, de Stendhal, de Sade, d'histoire de la psychiatrie, d'histoire de la langue, d'histoire du paysage, d'histoire des femmes, d'histoire de la Révolution, d'histoire. Mais en ce lieu 97 sont venues confluer toutes sortes de paroles, paroles des autres ici déposées, « matière de mon livre ». C'est une invitation à continuer, à poursuivre l'histoire météore. D'autres paroles ont disparu de cet ouvrage, et pourtant elles m'ont servi de

28 Pierre Gille, « Paysages glissés chez Julien Gracq », *Littérature*, n° 61, « Paysages », 1986, p. 76-83. Cité par Martin de la Soudière, *Arpenter le paysage*, Paris, Anamosa, 2019, p. 182.

29 Thomas Paine, *Agrarian Justice*, 1797.

modèles d'écriture : je pense à Emmanuel Le Roy Ladurie[30] et à Alain Corbin. Dans *Le Territoire du vide*[31], le grand historien des sensibilités raconte la conquête de cette « surface indécise » entre la terre et la mer, de ce « sol incertain ». J'y vois la métaphore du moment 97, entre deux eaux, entre deux terres. L'extrait des *Mémoires d'outre-tombe* cité par Alain Corbin décrit magnifiquement cet espace intermédiaire qu'est la baie du Mont-Saint-Michel, juste image de ce moment de l'histoire que Chateaubriand lui-même a vécu comme un entre-deux :

> Entre la mer et la terre s'étendent ces campagnes pélagiennes, frontières indécises des deux éléments : l'alouette de champ y vole avec l'alouette marine ; la charrue et la barque, à un jet de pierre l'une de l'autre, sillonnent la terre et l'eau. Le navigateur et le berger s'empruntent mutuellement leur langue[32].

S'il ne se focalise pas évidemment sur un point, ce point qui est pour moi l'année 1797, Alain Corbin met en évidence les modifications subreptices, insensibles. Et souvent son objet est adéquat à sa méthode[33].

---

30 Anouchka Vasak, « Emmanuel le Roy Ladurie et l'écriture de l'histoire du climat », *Revue de la BnF*, n° 36, « Emmanuel Le Roy Ladurie, historien du climat », 2010.

31 Alain Corbin, *Le Territoire du vide. L'Occident et le désir du rivage 1750-1840*, Paris, Flammarion, coll. « Champs », 1988.

32 Chateaubriand, *Mémoires d'outre-tombe*, Paris, Le Livre de poche, 1973, t. I, p. 79. Pélagiennes signifie « maritimes ». Cité par Alain Corbin, *Le Territoire du vide, op. cit.*, p. 199.

33 Ainsi Alain Corbin montre-t-il comment « l'habitant des grèves » tend à disparaître progressivement de la représentation avant de céder la place aux élites qui l'investiront. *Ibid.*, p. 226.

Au bout du compte, ce livre n'a pas d'autre ambition que d'être lu comme un cartogramme subjectif. Le cartogramme est, selon la définition de l'Académie, « un schéma cartographique qui met en évidence des données statistiques[34] ». Du cartogramme, je garde la notion de représentation spatiale. Subjectif, parce que j'ai fait des choix, bien entendu. Le cartogramme n'est pas en soi subjectif, mais, fondé sur les données qu'on veut mettre en évidence, il déforme la représentation de l'espace pour la conformer à ce prisme. Dans *Oncle Vania*, les cartogrammes présentés par le médecin Astrov rendent manifeste une évolution qu'il juge déplorable. Il entend mettre sous les yeux d'Éléna l'état de la région, lui faire prendre la mesure de ce qu'on pourrait appeler une « catastrophe écologique », doublée d'une menace sanitaire. « Le climat est détraqué », dit-il auparavant. Astrov commente ainsi les trois strates temporelles.

Il y a cinquante ans :

> Maintenant, regardez ici. L'image de notre district, tel qu'il était il y a cinquante ans. Le vert sombre et le vert clair indiquent les forêts ; la moitié de toute la surface est occupée par la forêt. Là où le vert est hachuré de rouge, il y avait des élans, des chevreuils… Je montre en même temps la flore et la faune. Sur ce lac, il y avait des cygnes, des oies, des canards, et, comme disent les vieux, force oiseaux de toute plume, il y en avait à perte de vue ; ils volaient par nuées. En dehors des bourgs et

34 *Dictionnaire de l'Académie française*, neuvième édition. Les traducteurs d'*Oncle Vania*, André Markovicz et Françoise Morvan, donnent cette définition : « Carte sur laquelle on représente à l'aide de couleurs, de courbes ou de hachures des données économiques, écologiques, etc. » (Anton Tchekhov, *Oncle Vania*, traduit du russe par André Markovicz et Françoise Morvan, Arles, Actes Sud, « Babel », 2001).

> des villages, vous voyez, çà et là, épars, des hameaux, des petites fermes, des ermitages de vieux-croyants, des moulins à eau…

Il y a vingt-cinq ans :

> Cette fois, la forêt n'occupe plus qu'un tiers de toute la superficie. Les chevreuils ont disparu, les élans pas encore. Le vert et le bleu sont déjà plus rares. Et ainsi de suite, et ainsi de suite.

Aujourd'hui :

> Passons à la troisième partie : l'image du district à l'heure actuelle. Il y a encore du vert çà et là, mais sans continuité – par taches ; les élans, les cygnes, les coqs de bruyère, tout ça a disparu… les hameaux, les fermes isolées, les ermitages, les moulins – plus trace. Bref, l'image d'une dégénérescence graduelle, incontestable, qui ne demandera manifestement pas plus de dix à quinze ans pour devenir totale[35].

Conclusion : « Tout, déjà, presque, est détruit, mais, en retour, rien n'est encore construit. » Éléna lui répond : « Mes pensées sont ailleurs. » Dans cet entre-deux, que je n'appellerai pas pourtant « dégénérescence », et dans l'indifférence de l'un qui répond à l'inquiétude de l'autre, je vois, un peu, notre présent. Mais s'il est subjectif, le cartogramme de 97 n'est pas désespéré : l'année est un suspens, disais-je à l'ouverture de ce livre. L'histoire météore invite ainsi à construire le futur, en l'envisageant poétiquement, sans effroi, mais en conscience.

35 Tchekhov, *Oncle Vania*, *op. cit.*, Acte III, p. 63-65.

CHRONOLOGIE DE L'ANNÉE 1797
(AN V-AN VI)

NIVÔSE AN V

9 janvier	Mort de Séraphie Gagnon, tante d'Henri Beyle. « Je me jetai à genoux au point H pour remercier Dieu de cette grande délivrance. »
25 nivôse *(14 janvier)*	Victoire de Napoléon Bonaparte à Rivoli.
15 janvier	Le premier culte théophilanthropique (1796-1801) a lieu dans l'église Sainte-Catherine à Paris, devant les familles des initiateurs et les élèves de Valentin Haüy, fondateur de l'Institut national des jeunes aveugles.

PLUVIÔSE

23 janvier au 8 avril	Le peintre Thomas Jones tient son *Day book* à Pencerrig (pays de Galles). 23 janvier (2 shillings « *to my Daughter* ») ; 8 avril (18 shillings à Robert « *for Beef* »)
4 février	Une éruption volcanique dans le royaume de Quito fait périr 40 000 Indiens en moins de 20 secondes.
13 février	Inoculation par Jenner de William Rodway, garçon de ferme atteint de la variole (Cas n° 7).
14 février	Bataille du cap Saint-Vincent, gagnée contre les Espagnols par la Royal Navy, où s'illustre le futur héros de Trafalgar, Horatio Nelson.

VENTÔSE

Mars-avril	Jenner poursuit ses essais de vaccin contre la variole. Sa communication est refusée par la Royal Society.
8 mars *(18 ventôse)*	Le gouvernement veut acheter à Lamarck sa collection de coquilles. Le prix étant selon lui sous-estimé, il décide de la conserver.

Le culte naturel. Gravure de Jean-Baptiste Mallet, 1797.
Bibliothèque nationale de France.

16 mars *(26 ventôse)*	Le général Augereau, futur artisan du coup de force du 18 fructidor, « brave compagnon d'armes de Bonaparte », assiste à la séance du Conseil des Cinq-Cents, « dans une des loges destinées aux journalistes » (*Décade philosophique*, trimestre de germinal, floréal, prairial an V). Le 16 avril 1814, dénonçant le « tyran » Napoléon, Augereau demandera à ses soldats d'adopter la cocarde blanche des Bourbons.
Mars ou mai *(ventôse ou floréal)*	Première apparition de l'enfant sauvage de l'Aveyron dans les bois de La Bassine (Tarn).

GERMINAL

Avril	Parution du premier volume d'*Hypérion*.
14 avril	Sade fait un premier versement pour l'achat d'une maison à Saint-Ouen, place de la Liberté, où il vivra avec Constance Quesnet.

FLORÉAL

30 avril *(11 floréal)*	Attribution de la série des 15 ports de France de Joseph Vernet au musée de Versailles, jusque-là exposés au musée central des Arts (Louvre).
Mai	William Turner est à Llangollen Bridge (pays de Galles) avec la future Lady Gordon. Au dos de l'aquarelle de *Cowes Castle*, J.B. a noté au crayon : « *Julia Bennet– With M. Turner. May 1797.* »
12 mai *(23 floréal)*	Venise se rend à Napoléon Bonaparte ; fin de la République de Venise.

PRAIRIAL

20 mai *(1er prairial)*	Fondation du *Mémorial historique, politique et littéraire* de La Harpe, Vauxelles et Fontanes. Le journal est supprimé le 18 fructidor.

27 mai *(8 prairial)*	Exécution de Gracchus Babeuf et Darthé à Vendôme, liquidation de la conjuration des Égaux.
Juin	Soixante-huit écoles centrales sont en activité en France.
Début juin	Publication par souscription de la première édition des *Nuits* de Young illustrée par William Blake : l'ensemble comportera 4 parties et 150 gravures, le tout pour 4 guinées. La première partie, publiée en 97, comprend 43 gravures.
Juin *(prairial)*	Pussin, intendant de Bicêtre, fait supprimer les chaînes aux aliénés.
15 juin *(27 prairial)*	Réouverture de l'hospice de Charenton.

MESSIDOR

26 juin	Fête Jean-Jacques Rousseau à Genève.
27 juin *(9 messidor)*	Création de la République cisalpine. Luigi Galvani, qui prouve cette année-là, contre Volta, l'existence de l'électricité animale, refuse de prêter serment d'allégeance. Il perd son poste à l'université et meurt l'année suivante.
28 juin *(10 messidor)*	Jean-Joseph Sue lit à l'Institut national ses « Recherches physiologiques et expérimentales sur la vitalité ». Elles seront publiées et suivies d'une nouvelle édition de son *Opinion sur le supplice de la guillotine ou sur la douleur qui survit à la décollation*, Paris, an VI (1797).
Été-automne	Épidémie de fièvre puerpérale à Philadelphie. Félix Pascalis-Ouvière, *An Account of the Contagious Epidemic Yellow Fever Which Prevailed in Philadelphia in the Summer and Autumn of 1797.*
5 juillet	« Dans un grain de sable, il y a du feu, de l'eau, de l'air et de la poussière » (Joseph Joubert, *Carnets*).
13 juillet *(25 messidor)*	Jean-Baptiste Belley, nommé chef de la gendarmerie de Saint-Domingue, lutte contre les indépendantistes de l'île.

15 juillet	Lemierre écrit à Chateaubriand que son *Essai sur les révolutions*, paru à Londres, rencontre un grand succès. Mais « si l'Essai fut un moment connu, il fut presque aussitôt oublié » (*Mémoires d'outre-tombe*).
18 juillet *(30 messidor)*	Mémoire du comte de Broutet « sur l'hospice des insensés d'Avignon ».

THERMIDOR

31 juillet *(13 thermidor)*	Jean-Jacques Lequeu est nommé dessinateur 1re classe.

FRUCTIDOR

30 août	Naissance de Mary Godwin, future Mary Shelley. Mary Wollstonecraft, sa mère, meurt le 10 septembre de la fièvre puerpérale.
4 septembre *(18 fructidor)*	Coup de force contre les royalistes des trois directeurs, Barras, La Révellière et Reubell. Les hommes du général Augereau, dépêché par Bonaparte, occupent Paris.
Septembre-octobre	Goethe donne dans ses carnets une description précise des chutes du Rhin à Schaffhouse.

VENDÉMIAIRE AN VI

18 octobre *(27 vendémiaire)*	Signature du traité de Campo-Formio entre la France et l'Autriche. Les Pays-Bas et la Belgique passent sous occupation française, Venise sous occupation autrichienne.

BRUMAIRE

22 octobre *(1er brumaire)*	André-Jacques Garnerin effectue le premier saut en parachute de l'histoire en s'élançant d'un ballon au parc Monceau.

Expérience du parachute, 22 octobre 1797 (1er brumaire an VI), à 5 h 28 du soir, le citoyen Garnerin, s'éleva à ballon perdu au parc de Monceau... Estampe de Simon Petit. Bibliothèque nationale de France.

7 novembre	Fin de la correspondance de Louis-Claude de Saint-Martin, le Philosophe inconnu, avec le théosophe Kirchberger, baron de Liebistorf.
17 novembre	Naissance de Mary Howard, fille de Luke Howard, inventeur de la classification des nuages en 1802. L'année 1797 sert à Luke Howard de référence pour établir la courbe de l'*urban effect*. Le même jour, 17 novembre 1797, Casanova adresse à Cécile de Roggendorf un « Précis de [s]a vie ».

FRIMAIRE

25 novembre *(5 frimaire)*	Xavier Bichat est arrêté pour avoir déterré des cadavres.
14 décembre	Mort de John Robert Cozens.
Décembre	Invasion de la Suisse par les troupes de Napoléon Bonaparte.

NIVÔSE

25 décembre *(5 nivôse)*	Élection de Napoléon Bonaparte à l'Institut, section des arts mécaniques de la section des sciences : « Le suffrage des hommes distingués qui composent l'Institut m'honore. Je sens bien qu'avant d'être leur égal je serai longtemps leur écolier. » L'Institut adhérera au coup d'État de Brumaire.
Fin décembre 1797	De retour de Coppet, Germaine de Staël, qui a séjourné chez Benjamin Constant à Hérivaux jusqu'en mai, rencontre à Paris Napoléon Bonaparte.

PLUVIÔSE

20 janvier (*1er pluviôse*)	Premier spectacle de fantasmagorie au pavillon de l'Échiquier par Roberston, qui a mis au point le procédé fin 1797.

REMERCIEMENTS

À Cinzia Pignatelli, qui a rendu clair ce qui était encore nébuleux, par sa compréhension immédiate de la pensée météore et des transformations silencieuses.
À mes rigoureux relecteurs, bienveillants ou impitoyables, Ariane Dreyfus, Bertrand Chauvet, Odile Miana, Dominique Pelou, Martin de la Soudière.
À Jean-Clément Martin et Pierre Serna pour leur aide et leurs conseils avisés.
À Chloé Pathé pour m'avoir accueillie chez Anamosa, à Marie-Pierre Lajot pour sa lecture attentive et subtile, et son soutien constant.

NOTE AU LECTEUR

Certains chapitres ont fait l'objet d'une première version publiée : chapitre I (revue *Littérales* n°34-35, Presses Universitaires de Nanterre, 2004), chapitre II (*Romantisme et révolution(s), Entretiens de la Fondation des Treilles*, Gallimard, 2008), chapitre III (*Les Discours du corps au XVIIIe siècle*, Presses Universitaires de Laval, Canada, 2009), chapitre IX (*Rousseau et Diderot. Traduire, interpréter, connaître*, Presses Universitaires de Varsovie, 2016), chapitre X (*Le Nouveau Recueil*, 2007).

TABLE DES MATIÈRES

Édition
Marie-Pierre Lajot

Direction artistique
Monika Jakopetrevska

Correction
Fabrice Émont

Composition et maquette
Patrick Leleux PAO

Photogravure
Magali Cazals

Diffusion-distribution
Interforum

La couverture de l'ouvrage est imprimée sur Munken Lynx, l'intérieur est imprimé sur Munken Print White.

Achevé d'imprimer en janvier 2022 sur les presses de l'imprimerie Corlet, à Condé-en-Normandie,
pour le compte des éditions Anamosa, 12, rue de Cotte, 75012 Paris.
www.anamosa.fr

Dépôt légal : janvier 2022
ISBN : 978-2-38191-044-4